STEFAN VON KEMPIS (HG.)

Eintauchen in die Weite des Seins

W0096238

STEFAN VON KEMPIS (HG.)

Eintauchen in die Weite des Seins

Päpste über Tod und ewiges Leben

 bibelwerk

Stefan von Kempis ist Redakteur in der
deutschsprachigen Abteilung von Radio Vatikan.

© Verlag Katholisches Bibelwerk GmbH, Stuttgart 2018
Alle Rechte vorbehalten

Copyright für alle Papst-Texte: © Libreria Editrice Vaticana

Umschlagabbildung: © akg-images.de, Mike Burton (Pantheon, Rom)
Umschlaggestaltung und Satz: Finken & Bumiller, Stuttgart
Herstellung: Finidr s.r.o., Český Těšín
Printed in the Czech Republic

ISBN 978-3-460-32162-5
www.bibelwerk.de

Inhalt

Einleitung

Von Leben und Tod und wieder von Leben zu sprechen, ist nicht leicht. Darum hat dieses Vorwort mehrere Anfänge. Einer davon geht so:

Vor zwei Jahren, im März 2016, starb mit über 90 Jahren mein Vater. Nicht zu Hause, wie er eigentlich gehofft hatte, sondern in einem Krankenhaus in Bonn. Wir waren fast alle dabei, meine Mutter und die meisten meiner Geschwister; wir hielten seine Hand, als er den letzten Atemzug tat. Es war ein aufwühlender Moment, aber nicht nur – der Moment hatte auch seine Schönheit, oder wie soll ich das nennen? Seine Würde ... Das ist es vielleicht. Mein Vater war ein aufrechter, sehr bescheidener Mann gewesen; als wir noch Kinder waren, war uns sein einfaches Auftreten manchmal peinlich. Wir liebten ihn. Dieses Buch ist ihm gewidmet.

Natürlich gab es in den Tagen nach dem Tod – es war die Karwoche, ausgerechnet – viel zu klären und zu organisieren, die Todesanzeigen das Requiem das Grab die Messdiener die Blumen. In unserer Dorfkapelle in Ließem beteten wir für ihn, Psalmen von fotokopierten Zetteln; doch diese uralten Sätze hatten auf einmal einen Sinn, der uns anging. Texte von Päpsten über Tod und Ewiges Leben hatte ich damals keine zur Hand – aber später, als ich diese Formulierung von Benedikt XVI. fand, dass nämlich das Ewige Leben wie ein »Eintauchen« sei, ein »Eintauchen in die Weite des Seins«, da dachte ich: Ja. Das trifft's. Das wünsche ich meinem Vater, und darauf hoffe ich. Für ihn. Für uns.

Wir wissen ja nicht, was jenseits des Grabes auf uns wartet, aber Hoffnung dürfen wir haben. Immerhin Hoffnung.

Oder noch ein Anfang.

Früher gehörte es zum Ritus der Machtübernahme eines Papstes: Nicht nur die dreifache Krone, die Handschuhe mit Diamanten, der Pfauenwedel. Sondern auch dieses Bündel Werg, das auf einen Silberstab gespießt und verbrannt wird vor dem neuen Pontifex, und dazu die Worte:»Sic transit gloria mundi!« Zu Deutsch: So vergeht der Ruhm der Welt. (So ist inzwischen übrigens, im Mahlwerk der Reformen, auch dieser kleine Ritus vergangen.) Ich weiß nicht, ob Werg stinkt, wenn es brennt, aber ich stelle es mir so vor.

So vergehst auch Du, Petrusnachfolger, sollte das heißen, mit all Deinen Gewändern und Ringen und Troddeln. Ende! Das Gegenteil von»Habemus papam«, irgendwann mal – aber unausweichlich. Ein Papst des 16. Jahrhunderts, es war der Reformer Sixtus V., soll auf diesen kleinen verstörenden Ritus geantwortet haben, nein, sein Ruhm werde nicht vergehen, denn er kenne keinen anderen Ruhm als den, Gerechtigkeit zu schaffen[1], aber Sixtus selbst jedenfalls ist dennoch vergangen – in der römischen Basilika Santa Maria Maggiore findet sich sein Grab.

Gestern, vorgestern noch Hausherr am Hochaltar des Petersdoms, heute ein Häufchen Knochen – davon erzählen alle Papstgräber in den Grotten unter St. Peter. Transit.»Vergehen«. Aber auch»Hinübergehen« klingt da an, wie beim Transitbereich im Flughafen. Hinübergehen, wohin denn?

Eines der Papstgräber unter St. Peter ist das Erdloch, in dem vor 2000 Jahren Roms erste Christen den heiligen Petrus unmittelbar nach seinem Martyrium am Vatikanhügel bestattet haben (sollen). Einiges spricht dafür, dass der Ort authentisch ist. Die prachtvolle

---

1 Vgl. Renzo Tosi, Dizionario delle Sentenze latine e greche, Mailand 1991, Nr. 648.

Kuppel des Michelangelo wölbt sich heute genau über diesem Armengrab. Simon, genannt Petrus, ein Fischer vom See Genesaret, gilt heute rückblickend als der erste Papst.

Eine faszinierende Vorstellung, dass unter all dem Marmor und Gold dieses Doms die sterblichen Überreste eines Mannes ruhen könnten, der einstmals Jesus auf den staubigen Wegen durch Galiläa gefolgt ist. Und der ihn sagen hörte: Ich bin der Weg. Ich bin das Leben.

Die Päpste und der Tod. Das klingt wie der Titel eines Dramas von Hugo von Hofmannsthal. Aber der Tod ist immer ein Drama, es wird täglich millionenfach aufgeführt; was können uns die Päpste zu Tod und Ewigem Leben sagen, was wir nicht ohnehin schon glauben oder hoffen oder glauben wollen?

Die Päpste sehen sich als Nachfolger des Petrus. Sie verlängern sein Zeugnis in die Heutezeit. Simon, genannt Petrus, ist der Autor mehrerer spontaner Glaubensbekenntnisse des Neuen Testaments (z. B. Mt 16,16) – und er ist der Zeuge par excellence für die Wiederkehr Jesu nach seinem Kreuzestod. »Er ist am dritten Tag auferweckt worden, gemäß der Schrift, / und erschien dem Kephas, dann den Zwölf« lautet die berühmte Formel, die Paulus zitiert (1 Kor 15,4b.5) – einer der ältesten Sätze des Christentums.

Die katholische Kirche hält es da wie der Islam, es gibt in ihren Augen eine isnad, eine ununterbrochene Kette von Zeugen bis zurück in die Zeit der Offenbarung. Weil Zeugenschaft etwas Persönliches ist und nichts Abstraktes, weil sie ein Gesicht braucht. Dieses Gesicht wollen oder sollten, durch die Jahrtausende hindurch, die Päpste sein.

Selbst im Auf und Ab der Charaktere in der Papstliste spiegelt sich, wenn man so will, noch etwas von der Wankelmütigkeit und Widersprüchlichkeit im Charakter des Petrus. Denn der Fischer war ja nicht nur der große Glaubensbekenner – er bleibt auch der Mann, der aus Kleinmut in den Fluten versank, der die Nacht der Anfechtung von Getsemani verschlief, der bei Jesu Gefangennahme das Schwert zog und den gefangenen Herrn kurz darauf verleugnete. Wackelige Zeugen sind das, Petrus und die Päpste: Menschen mit ihren Grenzen. Aber sie tragen diesen Satz weiter: Ich bin die Auferstehung und das Leben (Joh 11,25).

Im April 2005 – wieder so ein Anfang – starb Johannes Paul II. nach einem der längsten Pontifikate der Geschichte. Das Fernsehen hatte in den Jahren Monaten Wochen zuvor immer wieder sein schmerzverzerrtes, durch die Parkinsonkrankheit wie versteinert wirkendes Gesicht in Nahaufnahme in die Wohnzimmer gesendet; jetzt (es war der Samstag der ersten Osterwoche) beteten Pilger aus aller Welt auf dem Petersplatz bei Kerzenlicht, während er droben in einer Kammer des Apostolischen Palastes mit dem Tod rang. Fern von den Kameras, die ihn so lange auf Schritt und Tritt beobachtet hatten; nur eine Kerze brannte an seinem Bett, wie zu hören war.

Es herrschte eine eigentümliche Stimmung damals in Rom: Schon dass Menschen abends auf der Piazza noch den Rosenkranz murmelten, war ungewöhnlich, normalerweise flanierten hier um diese Zeit Römer und Touristen im letzten Licht. Auf einmal trat mitten in all diesem Beten und Murmeln ein Erzbischof ans Mikrofon und sagte:»Der Heilige Vater ist jetzt ins Vaterhaus zurückgekehrt.«

Ich muss zugeben, ich habe die Formel im ersten Moment gar nicht verstanden. Doch dann sah ich, dann sahen wir alle auf der Piazza, wie oben im Arbeitszimmer des Papstes das Licht anging: das Licht, das dort seit Wochen nicht mehr gebrannt hatte, das aber in all den Jahren zuvor, Abend für Abend, so ein vertrauter Anblick gewesen war. Plötzlich Licht. Da verstand ich erst, der Papst war tot. Irgendjemand fing an, da oben aufzuräumen. Das Licht im päpstlichen Arbeitszimmer – es war immer so etwas wie ein Signal gewesen. Was auch passiert, 11. September 2001 oder andere Krisen: Im Zimmer des Papstes brennt noch Licht. Er sitzt noch da und arbeitet. Es geht alles weiter.

Die Tage nach dem Papsttod wird wohl keiner vergessen, der damals in Rom war. Wie der Leichnam Johannes Pauls im Petersdom aufgebahrt lag, direkt unter der Kuppel des Michelangelo (und über diesem Erdloch des Petrus), und Hunderttausende von Menschen zogen daran vorbei. Der Petersdom, eine Ameisenstraße. Und der Gesichtsausdruck des Toten: fremd, wie geschminkt; er hatte gelitten, das sah man. Ein amtierender und zwei ehemalige US-Präsidenten beteten vor dem Aufgebahrten, zweimal Bush und einmal Clinton – der Vatikan hatte den Dom dennoch nicht räumen lassen, die Ameisenstraße zog einfach weiter, um den Toten und um die Präsidenten herum.

Dann das Requiem auf dem Petersplatz. Auf dem Sarg Johannes Pauls lag ein Evangeliar, und der Wind blätterte die Seiten vor und zurück. Kardinal Ratzinger predigte in einem stark bayerisch gefärbten Italienisch. Zunächst referierte er einiges aus der Biographie des Verstorbenen, aber plötzlich, ganz zum Schluss, sagte er zwei Sätze, die vielen Zuhörern, auch mir, ans Herz griffen:»Wir können sicher sein, dass unser geliebter Papst jetzt am Fenster des Hauses des Vaters steht, uns sieht und uns segnet. Ja, segne uns, Heiliger Vater!«

Auch jetzt also wieder: am Fenster. Unwillkürlich sah man da zu dem Fenster des Palazzo hinüber, an dem *Giovanni Paolo*, ein kleines weißes Pünktchen, Sonntag um Sonntag gestanden hatte in den letzten Jahrzehnten. Auf einmal war das gewohnte Bild wieder da.

Wie soll ich das beschreiben? Es war wieder wie immer, für einen Augenblick. Ein seltsames Gefühl. Johannes Paul war tot, aber er machte einfach weiter – es ging einfach weiter. Da war sie für einen Moment, fast mit Händen zu greifen, die »Weite des Seins«.

Dieses Buch trägt zusammen, was die Päpste seit Paul VI. gesagt haben über Tod und Auferstehung und Ewiges Leben. Aber warum keine Texte von Johannes XXIII. oder sogar von Pius XII., ist die gesetzte Zäsur nicht willkürlich?

Nein. Denn auch von Päpsten der ferneren Vergangenheit gibt es zwar große Texte zu diesem Thema; doch erst mit Paul VI., dem Sohn eines Journalisten, begannen die Päpste in der Sprache der Moderne zu reden. In einer Sprache, die wir auch heute noch verstehen. Ältere Papsttexte sind kaum noch lesbar für Jetztmenschen; das liegt auch, aber keineswegs nur, am gravitätischen »Wir«. Vor allem argumentieren die älteren Texte aus heutiger Sicht zu binnenkirchlich, zu voraussetzungsreich. Erst das Konzil und die Johannes-Enzyklika *Pacem in Terris* von 1963 (der erste große Papsttext, der sich grundsätzlich an »alle Menschen guten Willens« richtete und nicht nur an die eigenen Leute) brachen den begrenzten Kreis der Adressaten auf.

Fünf Päpste. Fünf Menschen, die im Alter ins höchste kirchliche Amt gewählt worden sind, denken nach über die letzten großen Fragen. Warum betrifft uns das? Zum einen, weil hier (diesen Punkt haben wir schon erwähnt) fünf Männer das Zeugnis des Petrus nachsprechen, das Zeugnis des Mannes, der vor 2000 Jahren den Auferstandenen gesehen, mit ihm gegessen, mit ihm gesprochen hat. Sie wissen schon: *isnad*.

Aber vor allem sind diese Männer, diese Päpste, gestandene Seelsorger, die, und das merkt man unseren Texten an, um die letzten Fragen gerungen haben. Die nicht ausgewichen sind vor der Schwere und Leere des *eschaton*[2]. Die auch, jeder für sich, einen eigenen Ansatz gefunden haben, um auf die Frage nach Leben und Tod und wieder Leben zu antworten. Was sie untereinander verbindet? Der Blick auf das Kreuz. Das ist der Knoten im Netz ihrer Gedanken. »Vor dem Kreuz« heißt darum das Kapitel, das fast alle fünf Päpste in diesem Buch gemeinsam haben.

Wir fangen an im Jetzt: **Franziskus** (seit 2013). Der erste lateinamerikanische Papst der Geschichte ist Jesuit – geschult darin, sich betrachtend in die biblischen Geschehnisse zu versetzen. Auch in die Szenerien der Auferstehung Jesu, so wie das Neue Testament sie schildert, hat Jorge Mario Bergoglio gedanklich immer wieder sich selbst eingetragen: Maria Magdalena am Grab, die Emmausjünger unterwegs, und die Erscheinung Jesu am See, nach einer erfolglosen Nacht des Fischens. Und mittendrin immer wieder: Bergoglio. Das ist der Blickwinkel, aus dem er auf Tod und Ewiges Leben sieht.

Hinzu kommt eine Grenzerfahrung aus seiner Zeit als junger Erwachsener, die ihn geprägt hat. Mit 21 hat der heutige Papst einmal dem Tod ins Auge gesehen: Schwere Lungenentzündung, starke Schmerzen, drei Tage zwischen Leben und Tod. Dieser dunkle Moment hat in ihm ein bis heute spürbares Misstrauen gegen hohle Worte des Trostes geweckt[3].

---

2 Griechisch: Das Letzte.
3 Vgl. Franziskus, Mein Leben – mein Weg, Freiburg 2013, S. 42f.

Vor dem Tod sind wir machtlos, so denkt Franziskus; vor allem, wenn kleine Kinder sterben, blitzt eine große Sinnlosigkeit auf, der wir nicht entkommen. Wir sollten uns in einer solchen Lage nicht mit frommen Sprüchen betäuben, sondern das Quälende, die antwortlose Frage zulassen – und weinen.

Wie wir uns auf unseren eigenen Tod vorbereiten können? Durch unser ganzes Leben. Indem wir uns an Jesus halten – hier ist die einzige Brücke, die uns einmal aus der Finsternis des Todes herausführen kann. Und indem wir uns immer vor Augen halten, dass jeder Tag unser letzter sein könnte. Ein Mensch stirbt meistens so, wie er gelebt hat, denkt Franziskus. Das macht das Leben zu einem langen Prolog für den Moment des Todes.

Kennzeichnend für den argentinischen Papst ist die Intensität, mit der er über den Tod, auch den Tod Jesu, spricht. Hier findet er manchmal zu nahezu mystischen Formulierungen. Anders, irgendwie leichtfüßiger wird sein Reden, wenn es um das Ewige Leben geht, das für ihn vor allem in einem großen Wiedersehen aller mit allen zu bestehen scheint.

Ewiges Leben ist aus Franziskus' Sicht vor allem eine Folge von Gottes rettendem Eingreifen, und ein solches Eingreifen hat er als Jugendlicher einmal bei einer Beichte in Buenos Aires selbst gespürt[4]. Mit einem Mal sei er sozusagen übermannt worden vom Gefühl der göttlichen Nähe und Barmherzigkeit. Seine spirituelle Urerfahrung: An ihr macht er seine Berufung zum Priesteramt fest, und sie stärkt ihn noch heute in der Überzeugung, dass wir Gott zutrauen dürfen: Er wird uns nicht alleinlassen im Todesdunkel.

---

4 Ebd., S. 49f.

Vor Franziskus: **Benedikt XVI.** (2005–2013). Joseph Ratzinger, ein Theologe aus Deutschland. Als großes Thema seines Denkens wird immer wieder das Verhältnis von Glaube und Vernunft genannt; doch hat er kein Thema theologisch so ins Letzte durchbuchstabiert wie die Eschatologie, die Lehre vom Letzten. Als Professor in Regensburg verfasste er dazu in den siebziger Jahren ein Buch, das er als sein »am meisten durchgearbeitetes Werk« ansieht[5], und als er Jahrzehnte später als Papst ein neues Vorwort dazu verfasste, stellte sich heraus, dass er die theologische Debatte über all die Jahre *en détail* weiterverfolgt hatte. Der theologische Ansatz, das ist das Eine. Aber noch etwas ist kennzeichnend für Ratzinger-Benedikt, nämlich das tiefe Erleben der Liturgie. In seinen Erinnerungen spricht er bewegt von einem mit Blumen und Lichtern geschmückten Grab Jesu in einer Kirche im bayerischen Tittmoning, »das zwischen Karfreitag und Ostern hier aufgerichtet war und das Geheimnis von Tod und Auferstehung vor allem rationalen Begreifen den äußeren und inneren Sinnen nahekommen ließ«.[6]

Und in der gleichen Tonlage erzählt er davon, wie ihn als Kind die Osternacht in der Kirche von Aschau, ebenfalls ein bayerischer Ort, beeindruckt hat:»Die Kartage hindurch hatten schwarze Vorhänge die Kirchenfenster verhüllt ... Bei den vom Pfarrer gesungenen Worten ›Christus ist erstanden‹ fielen plötzlich die Vorhänge herunter, und strahlendes Licht durchflutete den Raum: Es war die eindrucksvollste Darstellung der Auferstehung des Herrn, die ich mir denken kann.«[7]

An dieser Darstellung überrascht, dass Ratzinger rückblickend von »strahlendem Licht« spricht – schließlich fand die Osternacht

---

5 Joseph Ratzinger, Aus meinem Leben, München 1997, S. 175.
6 Ebd., S. 12.
7 Ebd., S. 22.

doch auch damals schon abends statt, an der Schwelle zur Nacht. So hell kann das Licht also gar nicht gewesen sein wie in seiner Erinnerung. Das sagt wohl etwas über die Tiefe des emotionalen Erlebens beim jungen Joseph Ratzinger. Ich möchte keinen Hehl daraus machen, dass die Texte Benedikts XVI. aus meiner Sicht zu den schönsten dieses Buches gehören. Doch das liegt nicht nur an seiner Meisterschaft des Wortes, sondern auch an der Radikalität des Inhalts. Zwei Beispiele: Unsere Auferweckung aus dem Tod – er zieht den Begriff ›Auferweckung‹ dem der ›Auferstehung‹ vor, weil dadurch klarer wird, dass es Gott ist, der da handelt, und nicht wir – unsere Auferweckung also ist für Ratzinger keine individuelle, sondern eine gemeinschaftliche. Keiner von uns wird allein gerettet, ohne die anderen. Es gibt also kein Privat-Heil für mich, keine Exklusiv-Auferstehung.

Und zweitens: Ewiges Leben ist für ihn »nicht eine immer weitergehende Abfolge von Kalendertagen, sondern etwas wie der erfüllte Augenblick, in dem uns das Ganze umfängt und wir das Ganze umfangen«.[8]

Es ist übrigens in diesem Kontext, dass Benedikt XVI. vom »Eintauchen in die Weite des Seins« spricht. Auf dieses »Eintauchen« bereitet er sich derzeit gedanklich und betend vor. Vor allem deswegen hat er 2013, als erster Papst der Neuzeit, sein Amt niedergelegt.

Vor Benedikt: der heilige **Johannes Paul II.** (1978–2005), ein Jahrhundertpapst. Unerschütterlich und neugierig, »Eiliger Vater« und Dichter.

Seine Mutter, sein Vater, sein Bruder – alle starben bald, der junge Karol Wojtyla stand also früh alleine da im Leben. Das hat ihn geprägt und, natürlich, die Verheerungen, die Krieg und deutsche

---

8 Enzyklika Spe Salvi, 30.11.2007, Nr. 12.

Besatzung über seine Heimat Polen brachten. Um Leben und Tod ging es immer wieder, schon in seiner Kindheit und Jugend; Auschwitz lag gerade mal 30 Kilometer von seinem Geburtsort Wadowice entfernt.

Wer dem alten Papst im Jahr 2000 zuhörte, als er in der Holocaust-Gedenkstätte Yad Vashem bei Jerusalem über diese dunklen Jahre sprach, der bekam eine Vorstellung davon, wie früh Karol Wojtyla den Ernst des Lebens und Sterbens kennengelernt hat. »Ich höre das Zischeln der Menge – Grauen ringsum«, zitierte er aus Psalm 31. »Meine eigenen, persönlichen Erinnerungen betreffen all die Ereignisse, die sich damals zugetragen haben, als die Nazis Polen während des Krieges okkupierten. Ich erinnere mich an meine jüdischen Freunde und Nachbarn: Manche von ihnen kamen um, andere haben überlebt ...«[9].

Auch Johannes Paul war ein Überlebender. Als solcher focht er während seines Pontifikats vehement gegen das, was er die »Kultur des Todes« nannte – eine Kultur, die aus seiner Perspektive überall gefährlich vorrückte, vor allem im Westen. Das Evangelium sah er (so der Titel einer Enzyklika) als ein »Evangelium des Lebens«, als die Frohe Botschaft also, dass das Leben über den Tod siegt, letztlich.

Vor diesem Sieg allerdings lag und liegt der Kampf. Und diesen Kampf hat der Pole auf dem Stuhl des Petrus gekämpft, vor aller Augen, gerade in den letzten Jahren seiner Gebrechlichkeit.

Zu den dichtesten Texten dieses Papstes gehört eine Meditation zum Kreuzweg, die er zwei Jahre vor seinem Tod bei der traditionellen Via Crucis am römischen Kolosseum verlesen ließ. Darin blickte er, der inzwischen von der Parkinsonkrankheit in sich Verkrümmte und Verspannte, auf Jesu Körper am Kreuz. »Ein hohes Lösegeld ist dieser ganze Leib: die Hände, die Füße und jeder Kno-

---

9 Ansprache, 23.3.2000.

chen. Der ganze Mensch in höchster Spannung: Skelett, Muskeln, Nervensystem, jedes Organ, jede Zelle, alles ist in höchstem Maße angespannt ... Die schreckliche Spannung des ganzen Leibes, der, nachdem er wie ein Gegenstand an die Balken des Kreuzes genagelt wurde, im Todeskampf bis zum Äußersten erniedrigt wird.«[10] Das sind Sätze, die von einem genauen, fast unbarmherzigen Blick zeugen. Doch dann dreht sich der Text ins Poetische: Aufhebung der Schwerkraft.»In dieselbe Wirklichkeit der Kreuzigung tritt die ganze Welt ein, die Jesus an sich ziehen will (vgl. Joh 12,32). Die Welt ist der Zugkraft des Leibes ausgesetzt ...« Und »obgleich sich unser Planet immer wieder mit Gräbern bevölkert, obgleich der Friedhof wächst« – wieder so ein scharfer Blick! –, gibt es doch seit der Nacht der Todesspannung von Golgota ein Grab, ein einziges,»in dem der Sohn Gottes, der Mensch Jesus Christus, den Tod durch den Tod besiegt hat«.[11]

Kennzeichnend für Johannes Paul II. ist, wie eng er das Thema Tod und Leben mit dem Thema Menschenwürde zusammenspannte. Das Kreuz Jesu gebe dem Menschen seine Würde wieder, gerade dem leidenden, dem unterdrückten Menschen, proklamierte er in seiner ersten Programmschrift»Redemptor Hominis«, und wer an Jesu Tod und Auferstehung glaube, müsse sich deswegen für das Leben der Menschen einsetzen, ganz auf der Linie des berühmten Diktums»gloria dei homo vivens« des frühchristlichen Kirchenvaters Irenäus von Lyon.[12] Die Auferstehung Jesu besang der Wojtyla-Papst bei seinen Ansprachen vor dem Ostersegen Jahr für Jahr in gedichtähnlicher Form als endgültigen Durchbruch des Lebens und als Vernichtung des Todes.

---

10 Meditation zum Kreuzweg, 18.4.2003.
11 Ebd.
12 »Gottes Ehre ist der lebendige Mensch«, in: Adversus haereses IV, 20, 7. Irenäus fährt fort:»Und das Leben des Menschen besteht in der Anschauung Gottes.«

Vor Johannes Paul II.: der **erste Johannes Paul** (1978), der Papst der 33 Tage. Albino Luciani, vormals Patriarch von Venedig, gewann als »lächelnder Papst« viele Sympathien – doch einen guten Monat nach seiner Wahl auf den Petrusstuhl wurde er tot aufgefunden.

Natürlich schossen bald Spekulationen über talartragende Giftmischer ins Kraut; die Wahrheit dürfte einfacher, auch etwas weniger romantisch sein. Johannes Paul I. starb wohl an Herzkrämpfen, elend auf dem Fußboden, ganz allein in der Papst-Wohnung des Apostolischen Palastes.

Bis heute anrührend ist die Einfachheit, mit der Papst Luciani in seiner letzten Generalaudienz, kurz vor dem Tod, über Leben und Sterben sprach. Das Leben sei eine Reise zu Gott, sagte er, und: »Diese Reise ist schön.«

Und schließlich, vor Johannes Paul I.: **Paul VI.** (1963–1978). Der Papst, der das Zweite Vatikanische Konzil zu Ende führte, von Oktober 2018 an ein Heiliger der Weltkirche.

Während des Zweiten Weltkriegs war Giovanni Battista Montini enger Mitarbeiter von Pius XII. im vatikanischen Staatssekretariat gewesen; als deutsche Truppen Rom 1943 besetzten und das Reich Hitlers bis direkt an den Petersplatz vorgerückt war, fürchtete Montini, die Nazis könnten unter irgendeinem Vorwand den Vatikan stürmen und Hand an den Papst legen. Das waren Tage und Wochen, in denen der Kurienprälat dem drohenden Tod ins Auge sah.

Die Nazis stürmten nicht; der Krieg ging zu Ende, Montini machte Karriere, wurde Erzbischof von Mailand, schließlich Papst. Ein reserviert-verbindlicher Mann, der Dante zitierte und französische Philosophen las. Auf einige wirkte er scheu, ja kalt. Doch als eine Terrorzelle der »Roten Brigaden« 1978 den Politiker Aldo Moro entführte und hinrichtete – einen langjährigen, engen Freund des Papstes –, erhob Paul, damals schon todkrank, eine hiobähnliche Totenklage, die immer noch zu den bewegendsten Texten eines Papstes der Neuzeit gehört. Er haderte mit Gott:»Du hast unser Gebet ... nicht erhört«[13]; er fühlte eine Last auf der Seele,»so schwer wie der Stein, der vor dem Eingang des Grabes Christi lag«; er sprach vom»Tageslicht einer Sonne, die unweigerlich untergeht«. Dieser Papst teilte die Unruhe des modernen Menschen angesichts der letzten Fragen. Und ausgerechnet sein Testament leitete er ein mit einem Hohelied auf»die Schönheit ... dieser flüchtigen Existenz« des Menschen auf Erden.»Ich schließe die Augen auf dieser schmerzerfüllten, dramatischen und großartigen Erde...«[14].

Schmerzerfüllt. Dramatisch. Großartig. Ich hoffe, dass diese Texte von fünf Päpsten über Tod und Ewiges Leben Ihren Blick weiten.

Rom, im Juni 2018
STEFAN VON KEMPIS

---

13 Fürbitte, 13.5.1978.
14 Testament, begonnen im Juni 1965, veröffentlicht nach Pauls Tod im August 1978.

Texte und Worte
von Papst Franziskus

1 Vor dem Geheimnis des Todes sind wir wehrlos

Gott war bestimmt stolz auf deinen Papa

Emanuele hat mir erlaubt, euch seine Frage vorzutragen: Er weint wegen seines (vor kurzem verstorbenen) Papas (...) und will wissen, ob sein Papa jetzt im Himmel ist. (...) Ach, könnten wir doch alle weinen wie Emanuele, wenn wir so einen Schmerz im Herzen haben! Er weint um seinen Vater und hat den Mut, das vor uns allen zu tun, weil er in seinem Herzen diese Liebe zu seinem Papa hat (...) Wie schön, wenn ein Sohn über seinen Papa sagt: Er war ein guter Mensch! (...) Wenn dieser Mann in der Lage war, solche Kinder zu erziehen, dann stimmt es – er war ein guter Mensch. Dieser Mann hatte nicht die Gabe des Glaubens, er war nicht gläubig, aber er hat seine Kinder taufen lassen. Er hatte ein gutes Herz.

Glaubt ihr, dass Gott seine Kinder im Stich lässt, auch wenn sie gut sind?

(...) Gott entscheidet, wer in den Himmel kommt. Aber was denkt Gott über so einen Papa? Was meint ihr? – Das Herz eines Papas! Gott hat das Herz eines Papas. Und wenn er einen Papa sieht, der nicht gläubig war, aber imstande, seine Kinder zu taufen und sie auf den rechten Weg zu führen – glaubt ihr, Gott würde so jemanden fern von sich lassen? – Glaubt ihr, dass Gott seine Kinder im Stich lässt, auch wenn sie gut sind? –

Da hast du die Antwort, Emanuele. Gott war bestimmt stolz auf deinen Papa. Denn es ist einfacher, die Kinder taufen zu lassen, wenn man gläubig ist, als wenn man es nicht ist. Das hat Gott bestimmt sehr gefallen! Sprich mit deinem Papa, tausche dich mit ihm aus ...

(ANTWORT AUF DIE FRAGE EINES ACHTJÄHRIGEN, OB SEIN VERSTORBENER VATER JETZT IM HIMMEL SEI, OBWOHL ER NICHT GLÄUBIG WAR. BEIM BESUCH IN EINER RÖMISCHEN PFARREI, 14.4.2018 – ÜBERSETZUNG DES HERAUSGEBERS)

Wenn ein Kind stirbt:
Ein Abgrund tut sich auf

Der Tod ist eine Erfahrung, die alle Familien betrifft, ohne jede Ausnahme. Und er gehört zum Leben; wenn er jedoch die familiären Bindungen betrifft, erscheint uns der Tod nie als etwas Natürliches.

Die eigenen Kinder zu überleben ist für Eltern etwas besonders Schmerzvolles, das der elementaren Natur der Beziehungen widerspricht, die der Familie ihren Sinn geben. Der Verlust eines Sohnes oder einer Tochter ist so, als würde die Zeit stehenbleiben: Ein Abgrund tut sich auf, der die Vergangenheit und auch die Zukunft verschlingt. Wenn der Tod das eigene Kind im Kindes- oder Jugendalter hinwegrafft, so ist dies ein Schlag für die Verheißungen und für die Gaben und Opfer, die aus Liebe froh dem Leben dargebracht wurden, das wir zur Welt gebracht haben. Oft kommen in die Messe in»Santa Marta« Eltern mit dem Foto eines Sohnes, einer Tochter – ein Kind, ein Junge, ein Mädchen – und sagen zu mir:»Er ist von uns gegangen; sie ist von uns gegangen.« Und ihr Blick ist so schmerzerfüllt. Der Tod berührt uns, und wenn es sich um das eigene Kind handelt, berührt er uns zutiefst. Die ganze Familie ist wie gelähmt, verstummt. Und etwas Ähnliches erleidet auch das Kind, das durch den Verlust eines Elternteils oder beider Eltern allein bleibt. Die Frage:»Wo ist Papa? Wo ist Mama?« –»Er ist im Himmel.« – »Aber warum sehe ich ihn nicht?« Hinter dieser Frage verbirgt sich eine Angst im Herzen des Kindes, das allein bleibt. Die Leere der Verlassenheit, die sich in ihm auftut, ist umso furchterregender, da es nicht einmal genügend Erfahrung hat, um dem Geschehenen »einen Namen zu geben«. »Wann kommt Papa zurück? Wann kommt Mama zurück?« Was soll man antworten, wenn ein Kind leidet? So ist der Tod in der Familie.

Ich verstehe die Menschen, die Gott die Schuld geben

In solchen Fällen ist der Tod gleichsam ein schwarzes Loch im Leben der Familien, für das wir keine Erklärung finden. Und manchmal gibt man sogar Gott die Schuld. Wie viele Menschen – ich verstehe sie – sind wütend auf Gott, schimpfen: »Warum hast du mir den Sohn, die Tochter genommen? Gott gibt es gar nicht, Gott existiert nicht! Warum hat er das getan?« Das haben wir oft gehört. Diese Wut ist jedoch etwas, das mitten aus dem großen Schmerz kommt. Der Verlust eines Sohnes oder einer Tochter, des Vaters oder der Mutter ist ein großer Schmerz. Das passiert ständig in den Familien. In solchen Fällen ist der Tod, wie gesagt, gleichsam ein Loch. Der physische Tod hat »Komplizen«, die noch schlimmer sind als er: Sie heißen Hass, Neid, Hochmut, Geiz, also die Sünde der Welt, die dem Tod zuarbeitet und ihn noch schmerzlicher und ungerechter macht. Die familiären Bindungen scheinen gleichsam vorherbestimmte und wehrlose Opfer dieser Hilfskräfte des Todes zu sein, die die Geschichte des Menschen begleiten. Denken wir an die absurde »Normalität«, mit der zu bestimmten Zeiten und an bestimmten Orten Ereignisse, die dem Tod noch weiteren Schrecken hinzufügen, vom Hass und von der Gleichgültigkeit anderer Menschen hervorgerufen werden. Der Herr bewahre uns davor, uns daran zu gewöhnen! Im Gottesvolk, mit der Gnade seines in Jesus geschenkten Mitgefühls, zeigen viele Familien durch ihr Handeln, dass der Tod nicht das letzte Wort hat: Das ist ein wirklicher Akt des Glaubens. Immer wenn die Familie in der – wenngleich schrecklichen – Trauer die Kraft findet, den Glauben und die Liebe zu bewahren, die uns mit jenen vereinen, die wir lieben, dann hindert sie den Tod schon jetzt daran, sich alles zu nehmen.

»Herr, mach meine Finsternis hell«
Der Finsternis des Todes muss mit einem intensiveren Einsatz für die Liebe begegnet werden. »Herr, mach meine Finsternis hell«, lautet die Anrufung im Abendgebet. Im Licht der Auferstehung des Herrn, der nie auch nur einen von denen verlässt, die der Vater ihm anvertraut hat, können wir dem Tod seinen »Stachel« nehmen, wie der Apostel Paulus gesagt hat (1 Kor 15,55); können wir ihn daran hindern, unser Leben zu vergiften, unsere Bindungen zu zerstören, uns in die finsterste Leere fallen zu lassen. In diesem Glauben können wir einander trösten, im Wissen, dass der Herr den Tod ein für allemal überwunden hat. Unsere Angehörigen sind nicht in der Finsternis des Nichts verschwunden: Die Hoffnung versichert uns, dass sie in den guten und starken Händen Gottes sind. Die Liebe ist stärker als der Tod. Daher besteht der Weg darin, die Liebe wachsen zu lassen, sie zu festigen. Und die Liebe wird uns behüten bis zu dem Tag, an dem jede Träne abgewischt wird: »Der Tod wird nicht mehr sein, keine Trauer, keine Klage, keine Mühsal« (*Offb* 21,4). Wenn wir uns von diesem Glauben stützen lassen, dann kann die Erfahrung der Trauer eine stärkere Solidarität der familiären Bindungen bewirken, eine neue Öffnung für den Schmerz der anderen Familien, eine neue Brüderlichkeit mit den Familien, die in der Hoffnung

geboren und neu geboren werden. In der Hoffnung geboren und neu geboren werden, das schenkt uns der Glaube. Ich möchte jedoch den letzten Satz des Evangeliums hervorheben, das die Auferweckung eines jungen Manns schildert (vgl. Lk 7,11–15). Nachdem Jesus den jungen Mann, den Sohn einer Witwe, wieder zum Leben erweckt hat, heißt es im Evangelium:»Jesus gab ihn seiner Mutter zurück.« Das ist unsere Hoffnung! All unsere Angehörigen, die von uns gegangen sind, wird der Herr uns zurückgeben, und wir werden mit ihnen zusammen sein. Diese Hoffnung wird nicht enttäuscht werden! Erinnern wir uns gut an diese Geste Jesu:»Und Jesus gab ihn seiner Mutter zurück.« Das wird der Herr mit allen unseren Angehörigen in der Familie tun!

Wir müssen uns zu Komplizen der Liebe machen

Dieser Glaube schützt uns vor der nihilistischen Auffassung vom Tod, ebenso wie vor den falschen Tröstungen der Welt,»damit die christliche Wahrheit nicht der Gefahr ausgesetzt wird, mit Mythologien verschiedener Art vermischt zu werden«, und den Versuchungen alten oder neuen Aberglaubens erliegt (Benedikt XVI.). Heute müssen die Hirten und alle Christen angesichts der Erfahrung von Trauer in der Familie den Glaubenssinn konkreter zum Ausdruck bringen. Man darf das Recht auf Weinen nicht leugnen – wir müssen in der Trauer weinen –, auch Jesus»weinte« und war »im Innersten erregt und erschüttert« über die schwere Trauer einer Familie, die er liebte (Joh 11,33–37).

Vielmehr können wir aus dem einfachen und starken Zeugnis vieler Familien schöpfen, die im äußerst harten Übergang des Todes auch den sicheren Übergang des gekreuzigten und auferstandenen Herrn erkannt haben, mit seiner unwiderruflichen Verheißung der Auferstehung der Toten. Was die Liebe Gottes wirkt, ist stärker als das, was der Tod tut. Wir müssen uns mit unserem Glauben zu tatkräftigen »Komplizen« jener, eben jener Liebe machen! Und denken wir an die Geste Jesu: »Und Jesus gab ihn seiner Mutter zurück.« Dasselbe wird er mit allen unseren Angehörigen tun, ebenso wie mit uns, wenn wir einander begegnen werden, wenn der Tod in uns endgültig überwunden sein wird. Er ist durch das Kreuz Jesu besiegt. Jesus wird uns alle unserer Familie zurückgeben!

(GENERALAUDIENZ, 17.6.2015)

Wir haben kein Alphabet für den Tod

Heute möchte ich die christliche Hoffnung der Wirklichkeit des Todes gegenüberstellen, einer Wirklichkeit, die unsere moderne Zivilisation immer mehr auszublenden versucht. So sind wir, wenn der Tod kommt – für jene, die uns nahestehen, oder für uns selbst – unvorbereitet und haben nicht einmal ein geeignetes »Alphabet«, um sinnvolle Worte über sein Geheimnis, das in jedem Fall bleibt, zu formulieren. Und dennoch drehten sich ersten Zeichen der menschlichen Zivilisation um eben dieses Rätsel. Man könnte sagen, dass der Mensch mit dem Totenkult entstanden ist.

Andere Zivilisationen vor uns hatten den Mut, [dem Tod] ins Gesicht zu schauen. Es war ein Geschehen, von dem die alten Menschen den neuen Generationen berichteten, als unvermeidliche Wirklichkeit, die den Menschen zwang, für etwas Absolutes zu leben. In Psalm 90 heißt es: »Unsere Tage zu zählen lehre uns! Dann gewinnen wir ein weises Herz« (V. 12). Die eigenen Tage zu zählen macht das Herz weise! Diese Worte führen uns zu einem gesunden Realitätssinn und vertreiben den Wahn der Allmacht. Was sind wir? Wir sind »vergänglich«, fast ein Nichts, heißt es in einem anderen Psalm (Ps 89,48). Unsere Tage gehen rasch vorbei: Selbst wenn wir 100 Jahre leben, erscheint uns am Ende alles nur wie ein Hauch. Oft habe ich alte Menschen sagen hören: »Mein Leben ist wie im Flug vergangen ...«.

Der Tod legt unser Leben völlig blank

So legt der Tod unser Leben völlig blank. Er lässt uns entdecken, dass all unser Stolz, unser Zorn, unser Hass Nichtigkeit waren: reine Nichtigkeit. Wir merken mit Bedauern, dass wir nicht genug geliebt und nicht nach dem Wesentlichen gesucht haben. Und wir sehen im Gegensatz dazu das wirklich Gute, das wir gesät haben: die liebevollen Beziehungen, für die wir uns aufgeopfert haben und die uns jetzt an der Hand fassen. Jesus hat das Geheimnis unseres Todes erleuchtet. Mit seinem Verhalten gestattet er uns zu trauern, wenn ein geliebter Mensch uns verlässt. Er war »im Innersten erregt und erschüttert« vor dem Grab seines Freundes Lazarus und »weinte« (Joh 11,35). Wir spüren, dass Jesus uns durch diese Haltung sehr nahe ist, dass er unser Bruder ist. Er weinte um seinen Freund Lazarus. Und daher betet Jesus zum Vater, dem Quell des Lebens, und gebietet Lazarus, aus dem Grab herauszukommen. Und so geschieht es. Die christliche Hoffnung schöpft aus dieser Haltung, die Jesus gegenüber dem Tod des Menschen einnimmt: Wenn dieser in der Schöpfung vorhanden ist, so ist er doch eine Wunde, die den Liebesplan Gottes entstellt, und der Erlöser will uns davon heilen.

An einer anderen Stelle berichten die Evangelien von einem Vater, der eine schwerkranke Tochter hat und sich gläubig an Jesus wendet, damit er sie heilen möge (vgl. Mk 5,21–24.35–43). Und es gibt keine Gestalt, die erschütternder ist als ein Vater oder eine Mutter mit einem kranken Kind. Und sofort macht sich Jesus mit jenem Mann, der Jaïrus hieß, auf den Weg. An einem bestimmten

Punkt kommt jemand aus dem Haus des Jaïrus und sagt ihm, dass das Mädchen gestorben sei und man den Meister nicht länger zu bemühen brauche. Jesus aber sagt zu Jaïrus:»Sei ohne Furcht; glaube nur!«(Mk 5,36). Jesus weiß, dass jener Mann versucht ist, mit Wut und Verzweiflung zu reagieren, weil das Mädchen gestorben ist, und rät ihm, die kleine Flamme zu bewahren, die in seinem Herzen brennt: den Glauben.»Sei ohne Furcht; glaube nur!«»Hab keine Angst, halte nur jene Flamme weiterhin am Brennen!« Und als sie dann beim Haus angekommen sind, wird er das Mädchen vom Tod auferwecken und es ihren Angehörigen lebendig zurückgeben. Jesus stellt uns auf diesen»Grat« des Glaubens.

»Glaubst du das?« Das sagt Jesus zu uns, wenn der Tod kommt
Marta, die über den Tod ihres Bruders Lazarus weint, stellt er das Licht eines Glaubenssatzes entgegen:»Ich bin die Auferstehung und das Leben. Wer an mich glaubt, wird leben, auch wenn er stirbt, und jeder, der lebt und an mich glaubt, wird auf ewig nicht sterben. Glaubst du das?«(Joh 11,25–26). Das sagt Jesus immer wieder zu jedem von uns, immer wenn der Tod kommt und das Gefüge des Lebens und der Liebe zerreißt. Unsere ganze Existenz spielt sich hier ab, zwischen der Seite des Glaubens und dem Abgrund der Furcht. Jesus sagt:»Ich bin nicht der Tod, ich bin die Auferstehung und das Leben, glaubst du das? Glaubst du das?« Glauben wir, die wir heute hier auf dem Petersplatz sind, das?

Vor dem Geheimnis des Todes sind wir alle klein und wehrlos. Welch eine Gnade jedoch, wenn wir in jenem Augenblick im Herzen die kleine Flamme des Glaubens bewahren! Jesus wird uns an der Hand fassen, wie er die Tochter des Jaïrus an der Hand fasste, und wird noch einmal sagen:»Talita kum!«»Mädchen, ich sage dir, steh auf!«(Mk 5,41). Er wird es zu uns sagen, zu einem jeden von uns:

»Steh auf, erstehe auf!« Ich lade euch jetzt ein, die Augen zu schließen und an jenen Augenblick zu denken: den Augenblick unseres Todes. Jeder von uns möge an den eigenen Tod denken und möge sich jenen Augenblick vorstellen, der kommen wird, wenn Jesus uns an der Hand fassen und zu uns sagen wird:»Komm, komm mit mir, steh auf.« Dort wird die Hoffnung enden und zur Wirklichkeit werden, zur Wirklichkeit des Lebens. Denkt gut darüber nach: Jesus selbst wird zu einem jeden von uns kommen und uns an der Hand fassen, mit seiner Zärtlichkeit, seiner Güte, seiner Liebe. Und jeder wiederhole in seinem Herzen das Wort Jesu:»Steh auf, komm mit. Steh auf, komm mit. Steh auf, erstehe auf!«

Das ist unsere Hoffnung angesichts des Todes. Für den, der glaubt, ist er eine Tür, die völlig offen steht; für den, der zweifelt, ist er ein Lichtschimmer, der durch einen Spalt eindringt, der nicht völlig verschlossen ist. Für uns alle wird er jedoch eine Gnade sein, wenn das Licht der Begegnung mit Jesus uns erleuchten wird.

(GENERALAUDIENZ, 18.10.2017)

Wenn Gott geweint hat, dann darf auch ich weinen

In den Momenten der Traurigkeit, im Leiden der Krankheit, in der Angst der Verfolgung, im Schmerz der Trauer sucht jeder nach einem Wort des Trostes. Ganz deutlich spüren wir das Bedürfnis, dass jemand uns nahe ist und Mitleid mit uns hat. Wir erfahren, was es bedeutet, orientierungslos, verwirrt und zutiefst getroffen zu sein, wie wir es uns nie vorgestellt hatten. Unsicher schauen wir uns um, um zu sehen, ob wir jemanden finden, der unseren Schmerz wirklich verstehen kann. Der Geist füllt sich an mit Fragen, aber die Antworten bleiben aus. Der Verstand ist alleine nicht fähig, Licht ins Innere zu tragen, den Schmerz, den wir erfahren, zu erfassen und die Antwort zu geben, die wir erwarten. In diesen Momenten brauchen wir mehr die Gründe des Herzens – die einzigen, die imstande sind, uns das Geheimnis begreifen zu lassen, das unsere Einsamkeit umgibt.

Wie viel Traurigkeit können wir entdecken in vielen Gesichtern, denen wir begegnen! Wie viele Tränen werden vergossen in jedem Augenblick in der Welt – eine verschieden von der anderen –, und zusammen bilden sie gleichsam einen Ozean der Trübsal, der nach Erbarmen, Mitleid und Tröstung ruft. (...)

Die Tränen Jesu haben viele Theologen befremdet –
und viele Seelen reingewaschen

In diesem unserem Schmerz sind wir nicht allein. Auch Jesus weiß, was es heißt, über den Verlust eines geliebten Menschen zu weinen. Es ist eine der ergreifendsten Stellen des Evangeliums: Als Jesus Maria den Tod ihres Bruders Lazarus beweinen sah, konnte auch er die Tränen nicht zurückhalten. Es überkam ihn eine tiefe Erschütterung und er weinte (vgl. *Joh* 11,33–35). Der Evangelist Johannes möchte mit dieser Beschreibung die Teilnahme Jesu am Schmerz seiner Freunde und sein Nachempfinden ihres Kummers zeigen. Die Tränen Jesu haben im Laufe der Jahrhunderte viele Theologen befremdet, vor allem aber haben sie viele Seelen reingewaschen und vielen Verwundungen Linderung verschafft. Auch Jesus hat ganz persönlich die Angst vor Leiden und Tod, die Enttäuschung und den Kummer über den Verrat des Judas und des Petrus und den Schmerz über den Tod seines Freundes Lazarus erfahren. Jesus »verlässt die nicht, die er liebt« (Augustinus, *In Johannem* 49,5). Wenn Gott geweint hat, dann darf auch ich weinen und wissen, dass ich verstanden werde. Das Weinen Jesu ist das

Gegenmittel gegen die Gleichgültigkeit gegenüber dem Leiden meiner Brüder und Schwestern. Jenes Weinen lehrt mich, mir den Schmerz der anderen zu Eigen zu machen, Anteil zu nehmen am Ungemach und am Leiden derer, die in den schmerzlichsten Situationen leben. Es rüttelt mich auf, um mich die Traurigkeit und die Verzweiflung derer wahrnehmen zu lassen, die erlebt haben, wie ihnen sogar der Leib ihrer Lieben entrissen wurde, und die nicht einmal mehr einen Ort haben, wo sie Trost finden können. Das Weinen Jesu darf nicht ohne eine Antwort derer bleiben, die an ihn glauben. Wie er tröstet, so sind auch wir berufen, zu trösten.

Das Gebet ist das wahre Heilmittel

Im Moment der Fassungslosigkeit, der Ergriffenheit und des Weinens steigt im Herzen Christi das Gebet zum Vater auf. Das Gebet ist das wahre Heilmittel für unser Leiden. Auch wir können im Gebet die Gegenwart Gottes an unserer Seite spüren. Die Zärtlichkeit seines Blickes tröstet uns, die Kraft seines Wortes stärkt uns und flößt uns Hoffnung ein. Jesus betete am Grab des Lazarus und sagte: »Vater, ich danke dir, dass du mich erhört hast. Ich wusste, dass du mich immer erhörst« (*Joh* 11,41–42). Wir brauchen diese Gewissheit: Der Vater erhört uns und kommt uns zu Hilfe. Die Liebe Gottes, die in unsere Herzen ausgegossen ist, erlaubt uns zu sagen: Wenn man liebt, kann nichts und niemand uns von den Menschen, die wir geliebt haben, losreißen. Daran erinnert uns der Apostel Paulus mit sehr trostreichen Worten: »Was kann uns scheiden von der Liebe Christi? Bedrängnis oder Not oder Verfolgung, Hunger oder Kälte, Gefahr oder Schwert? [...] Doch all das überwinden wir durch den, der uns geliebt hat. Denn ich bin gewiss: Weder Tod noch Leben, weder Engel noch Mächte, weder Gegenwärtiges noch Zukünftiges, weder Gewalten der Höhe oder Tiefe noch irgendeine andere Kreatur können uns scheiden von der Liebe Gottes, die in Christus Jesus ist, unserem Herrn« (*Röm* 8,35.37–39). Die Kraft der Liebe verwandelt das Leiden in die Gewissheit des Sieges Christi – und unseres Sieges mit ihm – und in die Hoffnung, dass wir eines Tages wieder zusammensein und für immer das Antlitz der Heiligsten Dreifaltigkeit, der ewigen Quelle des Lebens und der Liebe, betrachten werden. Bei jedem Kreuz steht immer die Mutter Jesu. Mit ihrem Mantel trocknet sie unsere Tränen. Mit ihrer Hand hilft sie uns aufstehen und begleitet uns auf dem Weg der Hoffnung.

(GEBETSWACHE IM PETERSDOM, 5.5.2016)

Stunden des Verstummens

Wir spüren die Last der Stille angesichts des Todes des Herrn, eine Stille, in der sich ein jeder von uns wiedererkennt und die sich tief in die Risse des Herzens des Jüngers hinabsenkt, der angesichts des Kreuzes ohne Worte bleibt.

Es sind die Stunden des Jüngers, der angesichts des durch den Tod Jesu hervorgerufenen Schmerzes verstummt: Was soll man in Anbetracht dieser Wirklichkeit sagen? Der Jünger, der ohne Worte bleibt, weil er sich seiner Reaktionen während der entscheidenden Stunden des Lebens des Herrn bewusst wird: Angesichts der Ungerechtigkeit, die den Meister verurteilt hat, waren die Jünger still; angesichts der Verleumdungen und der falschen Zeugenaussagen, die der Meister erleiden musste, haben die Jünger geschwiegen. Während der schwierigen und schmerzhaften Stunden der Passion haben die Jünger auf dramatische Weise ihre Unfähigkeit erfahren, für den Meister etwas zu riskieren und zu seinen Gunsten zu sprechen; schlimmer noch, sie haben ihn verleugnet, sie haben sich versteckt, sie sind geflüchtet, sie waren still (vgl. *Joh* 18,25–27).

Der Stein vor dem Grab schrie

Es ist die Nacht des Schweigens des Jüngers, der sich erstarrt und gelähmt wiederfindet, ohne zu wissen, wohin er angesichts so vieler schmerzlicher Situationen gehen soll, die ihn niederdrücken und umzingeln. Es ist der Jünger von heute, der in Anbetracht einer Wirklichkeit verstummt ist, die sich ihm aufzwingt, indem sie ihm den Eindruck vermittelt und – was noch schlimmer ist – glauben macht, dass man nichts tun kann, um so viele Ungerechtigkeiten zu überwinden, die viele unserer Brüder in ihrem Fleisch durchleben.

(...) Und inmitten all unseres Schweigens, wenn wir auf so erdrückende Weise schweigen, dann beginnen die Steine zu schreien (vgl. *Lk* 19,40) und der größten Verkündigung, die die Geschichte jemals in ihrem Schoß tragen konnte, Raum zu lassen: »Er ist nicht hier; denn er ist auferstanden« (*Mt* 28,6). Der Stein vor dem Grab schrie, und mit seinem Schrei verkündete er allen einen neuen Weg.

(PREDIGT IN DER OSTERNACHT, 31.3.2018)

2 Sich auf den Tod vorbereiten

Das letzte »Komm«, das der Vater spricht

Der Christ weiß, dass das Leiden nicht beseitigt werden, aber einen Sinn erhalten kann, dass es zu einem Akt der Liebe und des Sich-Anvertrauens in die Hände Gottes, der uns nicht verlässt, und auf diese Weise zu einer Stufe des Wachstums im Glauben und in der Liebe werden kann. Wenn er betrachtet, wie Christus auch im Augenblick des größten Leidens am Kreuz (vgl. Mk 15,34) mit dem Vater eins ist, lernt der Christ, an der Sicht Jesu selbst teilzunehmen. Sogar der Tod wird hell und kann als letzter Ruf des Glaubens erlebt werden, als letztes »Zieh weg aus deinem Land« (Gen 12,1), als letztes »Komm«, das der Vater spricht. Ihm übergeben wir uns in dem Vertrauen, dass er uns auch beim endgültigen Schritt stark machen wird.

(ENZYKLIKA LUMEN FIDEI, 29.6.2013, NR. 56)

Auferstehung: Das Gute war nicht umsonst

Gewöhnlich wird der Tod bei uns auf falsche Weise betrachtet. Der Tod betrifft uns alle, er stellt uns vor tiefe Fragen, besonders dann, wenn er uns aus der Nähe betrifft oder wenn er die Kleinen, die Wehrlosen heimsucht, auf eine Weise, die uns »skandalös« erscheint. Mich hat stets die Frage bewegt: Warum leiden die Kinder? Warum sterben die Kinder? Wenn man den Tod als das Ende aller Dinge betrachtet, dann erschreckt er, macht Angst, dann wird er zu einer Bedrohung, die jeden Traum, jede Perspektive zerstört, jede

Beziehung zerbricht und jeden Weg abbricht. Das geschieht dann, wenn wir unser Leben als eine zwischen zwei Pole eingespannte Zeit betrachten: Geburt und Tod; wenn wir nicht an einen Horizont glauben, der über das gegenwärtige Leben hinausgeht; wenn man so lebt, als existiere Gott nicht. Diese Auffassung vom Tod ist typisch für das atheistische Denken, das die Existenz als zufällige Anwesenheit in der Welt und Unterwegssein zum Nichts betrachtet. Es gibt jedoch auch einen praktischen Atheismus, der darin besteht, nur für die eigenen Interessen und nur für die irdischen Dinge zu leben. Wenn wir uns von dieser falschen Sichtweise vom Tod vereinnahmen lassen, dann haben wir keine andere Wahl, als den Tod zu verstecken, zu leugnen oder zu banalisieren, damit er uns keine Angst macht.

Gegen diese falsche Lösung rebelliert jedoch das »Herz« des Menschen, das Verlangen, das wir alle nach der Unendlichkeit haben, die Sehnsucht, die wir alle nach der Ewigkeit haben. Was also ist der christliche Sinn des Todes? Wenn wir auf die schmerzlichsten Augenblicke unseres Lebens blicken, in denen wir einen lieben Menschen verloren haben – die Eltern, einen Bruder, eine Schwester, den Ehepartner, ein Kind, einen Freund –, dann merken wir, dass auch im Drama des Verlustes, auch im Schmerz der Trennung aus dem Herzen die Überzeugung aufsteigt, dass nicht alles zu Ende sein kann, dass das Gute, das gegeben und empfangen wurde, nicht umsonst war. Es gibt in uns eine machtvolle Ahnung, die uns sagt, dass unser Leben nicht mit dem Tod endet.

Ein Mensch stirbt in der Regel so, wie er gelebt hat
Dieser Durst nach Leben hat seine wirkliche und verlässliche Antwort in der Auferstehung Jesu Christi gefunden. Die Auferstehung Jesu schenkt nicht nur die Gewissheit des Lebens nach dem Tod, sondern sie erleuchtet auch das Geheimnis des Todes eines

jeden von uns. Wenn wir mit Christus vereint leben, ihm treu, werden wir in der Lage sein, auch dem Übergang des Todes mit Hoffnung und Frieden zu begegnen. Die Kirche betet nämlich: »Bedrückt uns auch das Los des sicheren Todes, so tröstet uns doch die Verheißung der künftigen Unsterblichkeit.« Das ist ein schönes Gebet der Kirche! Ein Mensch stirbt gewöhnlich so, wie er gelebt hat. Wenn mein Leben ein Weg mit dem Herrn war, ein Weg des Vertrauens auf seine unendliche Barmherzigkeit, dann werde ich vorbereitet sein, den letzten Augenblick meines irdischen Daseins als endgültige vertrauensvolle Hingabe in seine liebevollen Hände anzunehmen, in der Erwartung, sein Antlitz von Angesicht zu Angesicht zu betrachten. Das ist das Schönste, was uns geschehen kann: das wunderbare Antlitz des Herrn von Angesicht zu Angesicht zu betrachten, ihn zu sehen wie er ist: schön, voller Licht, voller Liebe, voller Zärtlichkeit. Wir gehen bis zu diesem Punkt: den Herrn schauen.

Vor diesem Horizont versteht man die Aufforderung Christi, stets bereit, wachsam zu sein, im Wissen, dass das Leben in dieser Welt uns auch gegeben ist, um das kommende Leben vorzubereiten, das Leben mit dem himmlischen Vater. Und dafür gibt es einen sicheren Weg: sich gut auf den Tod vorzubereiten, indem man Jesus nahe ist. Das ist die Gewissheit: Ich bereite mich auf den Tod vor, indem ich Jesus nahe bin. Und wie ist man Jesus nahe? Mit dem Gebet, in den Sakramenten und auch in der Übung der Nächstenliebe.

Wer Barmherzigkeit übt, fürchtet den Tod nicht

Erinnern wir uns daran, dass er in den Schwachen und Notleidenden gegenwärtig ist. Er selbst hat sich mit ihnen im berühmten Gleichnis vom Weltgericht identifiziert, wo er sagt: »Ich war hungrig, und ihr habt mir zu essen gegeben; ich war durstig, und ihr habt mir zu trinken gegeben; ich war fremd und obdachlos, und ihr habt mich aufgenommen; ich war nackt, und ihr habt mir Kleidung gegeben; ich war krank, und ihr habt mich besucht; ich war im Gefängnis, und ihr seid zu mir gekommen ... Was ihr für einen meiner geringsten Brüder getan habt, das habt ihr mir getan« (Mt 25,35–36.40). Ein sicherer Weg besteht also darin, den Sinn für die christliche Nächstenliebe und das brüderliche Teilen wiederzuerlangen, sich um die leiblichen und geistlichen Wunden unseres Nächsten zu kümmern. Solidarität im Teilen des Schmerzes und das Schenken von Hoffnung sind Voraussetzung und Bedingung dafür, das für uns vorbereitete Reich als Erbe zu erlangen. Wer Barmherzigkeit übt, fürchtet den Tod nicht. Denkt gut darüber nach: Wer Barmherzigkeit übt, fürchtet den Tod nicht! Seid ihr einverstanden? Wollen wir es zusammen sagen, um es nicht zu vergessen? Wer Barmherzigkeit übt, fürchtet den Tod nicht. Und warum fürchtet er den Tod nicht? Weil er ihm ins Gesicht schaut in den Wunden der Brüder und ihn mit der Liebe Jesu Christi überwindet.

Wenn wir den geringsten Brüdern die Pforte unseres Lebens und unseres Herzens öffnen, dann wird auch unser Tod zu einer Pforte, die uns in den Himmel führt, in die selige Heimat, zu der wir unterwegs sind, mit dem Verlangen, für immer bei unserem Vater, Gott, bei Jesus, bei der Gottesmutter und bei den Heiligen zu weilen.

(GENERALAUDIENZ, 27.11.2013)

Jede Messe ist ein Strahl der Sonne ohne Untergang

Durch sein Leiden, seinen Tod, seine Auferstehung und Himmelfahrt hat Jesus Christus das Pascha vollendet. Und die Messe ist das Gedächtnis seines Pascha, seines »Exodus«, den er für uns vollbracht hat, um uns aus der Knechtschaft zu führen und uns in das

Gelobte Land des ewigen Lebens zu bringen. Sie ist nicht nur eine Erinnerung, nein, sie ist mehr: Sie ist die Vergegenwärtigung dessen, was vor 20 Jahrhunderten geschehen ist.

Die Eucharistie bringt uns immer auf den Höhepunkt des Heilswirkens Gottes: Jesus, der Herr, macht sich für uns zum gebrochenen Brot und gießt all seine Barmherzigkeit und Liebe über uns aus, wie er es am Kreuz getan hat, um so unser Herz, unser Dasein und unsere Beziehung zu ihm und zu den Geschwistern zu erneuern. Das Zweite Vatikanische Konzil sagt: »Sooft das Kreuzesopfer, in dem Christus, unser Osterlamm, dahingegeben wurde, auf dem Altar gefeiert wird, vollzieht sich das Werk unserer Erlösung« (Dogmatische Konstitution *Lumen gentium*, 3).

»Nicht mehr ich lebe, sondern Christus lebt in mir«

Jede Eucharistiefeier ist ein Strahl jener Sonne ohne Untergang, die der auferstandene Christus ist. An der Messe teilzunehmen, insbesondere am Sonntag, bedeutet, in den Sieg des Auferstandenen einzutreten, von seinem Licht erleuchtet, von seiner Wärme gewärmt zu werden. Durch die Eucharistiefeier lässt der Heilige Geist uns am göttlichen Leben teilhaben, das unser ganzes sterbliches Dasein verklären kann. Und in seinem Übergang vom Tod zum Leben, von der Zeit zur Ewigkeit, zieht Jesus, der Herr, auch uns mit sich, um Pascha zu halten. In der Messe wird Pascha gehalten. In der Messe sind wir bei Jesus, der gestorben und auferstandenen ist, und er nimmt uns mit, zum ewigen Leben. In der Messe sind wir mit ihm vereint. Ja, Christus lebt in uns, und wir leben in ihm. Der heilige Paulus sagt: »Ich bin mit Christus gekreuzigt worden; nicht mehr ich lebe, sondern Christus lebt in mir. Soweit ich aber jetzt noch in dieser Welt lebe, lebe ich im Glauben an den Sohn Gottes, der mich geliebt und sich für mich hingegeben hat« (*Gal* 2,19–20). So dachte Paulus.

Denn sein Blut befreit uns vom Tod und von der Angst vor dem Tod. Es befreit uns nicht nur von der Herrschaft des physischen Todes, sondern vom geistlichen Tod – dem Bösen, der Sünde –, der uns immer dann erfasst, wenn wir unserer eigenen Sünde oder der Sünde anderer Menschen zum Opfer fallen. Dann wird unser Leben verunreinigt, verliert es an Schönheit, verliert es an Bedeutung, verwelkt es.

Das ist die Messe: Eintreten in den Tod und die Auferstehung Jesu
Christus dagegen gibt uns das Leben zurück; Christus ist die Fülle des Lebens, und als er den Tod auf sich genommen hat, hat er ihn für immer vernichtet: Er hat »durch seine Auferstehung den Tod bezwungen und das Leben neu geschaffen« (*Viertes Eucharistisches Hochgebet*). Das Pascha Christi ist der endgültige Sieg über den Tod, denn er hat seinen Tod in den höchsten Akt der Liebe verwandelt. Er ist aus Liebe gestorben! Und in der Eucharistie will er uns seine österliche, siegreiche Liebe mitteilen. Wenn wir sie im Glauben annehmen, können auch wir Gott und den Nächsten wirklich lieben, können wir so lieben, wie er uns geliebt hat, in der Hingabe des Lebens.

Wenn die Liebe Christi in mir ist, dann kann ich mich dem anderen ganz hinschenken, in der inneren Gewissheit, dass ich auch dann, wenn der andere mich verletzen sollte, nicht sterben würde; sonst müsste ich mich verteidigen. Die Märtyrer haben gerade aufgrund dieser Gewissheit des Sieges Christi über den Tod das Leben hingegeben. Nur wenn wir diese Macht Christi erfahren, die Macht seiner Liebe, sind wir wirklich frei, uns ohne Angst hinzuschenken. Das ist die Messe: in dieses Leiden, diesen Tod, diese Auferstehung und Himmelfahrt Christi einzutreten. Wenn wir in die Messe gehen, dann ist es, als gingen wir nach Golgota; es ist dasselbe. Denkt einmal darüber nach: dass wir im Augenblick der Messe nach Golgota gehen – stellen wir uns das in Gedanken vor – und wissen, dass dieser Mensch dort Jesus ist.

(...) Ich glaube, dass jetzt deutlicher geworden ist, inwiefern das Pascha vergegenwärtigt wird und wirkt, jedes Mal wenn wir die Messe feiern – also der Sinn des »Gedächtnisses«. Die Teilnahme an der Eucharistie lässt uns in das Paschamysterium Christi eintreten, es lässt uns mit ihm vom Tod zum Leben übergehen, also dort auf Golgota. Die Messe bedeutet, erneut nach Golgota zu gehen; sie ist keine Show.

(GENERALAUDIENZ, 22.11.2017)

In Gottes Händen:
Bericht über eine Frühmesse des Papstes

Wir alle »müssen durch den Tod gehen. Aber es ist eine Sache, diese Erfahrung zu machen, wenn man in den Händen des Teufels ist, und eine andere, sie in den Händen Gottes zu machen.«

»Ich höre diese Worte gern: wir sind in Gottes Hand« (...) Etwas, »das mir sehr gut tut«, sagte der Papst weiter, »ist zu denken: Jesus, Gott hat seine Wundmale behalten. Er zeigt sie dem Vater. Das ist der Preis: die Hände Gottes sind Hände, die aus Liebe verwundet wurden. Und das ist ein großer Trost für uns. Wie oft haben wir doch sagen hören: Ich weiß nicht, wem ich mich anvertrauen soll, alle Türen sind mir verschlossen, ich vertraue mich den Händen Gottes an! Und das ist schön, weil wir dort sicher aufgehoben sind«, beschützt von den Händen eines Vaters, der uns lieb hat. (...)

»Denken wir an die Hände Gottes, der uns wie ein Handwerker erschaffen hat. Er hat uns das ewige Heil gegeben. Es sind verwundete Hände. Er begleitet uns auf dem Weg des Lebens. Vertrauen wir uns den Händen Gottes so an, wie ein Kind sich den Händen seines Vaters anvertraut, denn es sind sichere Hände.«

(FRÜHMESSE, 12.11.2013)

Die letzten Dinge: Bericht über eine Frühmesse des Papstes

Die Welt »denkt nicht gern« an die letzten Dinge, aber auch sie gehören zum Leben des Menschen. Und wenn man »in Treue dem Herrn gegenüber« lebt, dann »fürchten wir uns nicht davor«, nach dem Tod des Leibes vor Jesu Angesicht zu treten, um seinen Urteilsspruch zu vernehmen. Auf den Spuren »der letzten Woche des Kirchenjahrs« widmete Papst Franziskus die heilige Messe, die er am Dienstag, 22. November, in Santa Marta feierte, einer Reflexion über das Ende: »über das Ende der Welt, über das Ende der Geschichte, über das Ende eines jeden von uns, denn ein jeglicher von uns wird ans Ende seiner Tage kommen«.

Über das nachdenken, was wir hinterlassen

Ein Thema, das dem einen oder andern vielleicht »den Tag verbittern« werde, weil, wie der Papst feststellte, »niemand gern an diese Dinge denkt«, oder sich bewusst wird, dass, »wenn einer von uns heimgegangen ist, die Jahre vergehen und dass sich nach einer langen Zeit fast niemand mehr an uns erinnert«. Aber, so fügte er hinzu, »das ist die Wahrheit. Das ist es, was die Kirche uns sagt: Wir alle werden ein Ende erleben«. Eine Wahrheit, mit der wir uns auseinandersetzen müssen. In diesem Zusammenhang verriet der Papst: »Ich habe ein Verzeichnis, einen Kalender, in den ich, wenn jemand stirbt – ein Freund, ein Verwandter – den Namen eintrage, und jeden Tag sehe ich für den jeweiligen Tag nach, wessen Jahrestag es ist: ›Aber der ist schon seit zwanzig Jahren tot! Wie die Zeit vergeht! Dieser andere da seit dreißig Jahren, wie doch die Zeit vergangen ist!‹« Diese uns allen gemeine Realität, so sagte Franziskus, »erlegt uns die Verpflichtung auf, über das nachzudenken, was wir hinterlassen und welche Spuren unser Leben hinterlassen hat«.

Davon ist die Rede (...) im Buch der Offenbarung des Johannes (14,14–19), wo vom »Mähen, von der Weinlese, von der Ernte« die Rede sei, aber auch von der »Qualitätskontrolle des Getreides, der Weintrauben«. Das bedeute, so der Papst, dass »nach dem Ende Gericht gehalten wird. Wir alle werden beurteilt, jeder von uns wird beurteilt«. Daher »wird es gut für uns sein, darüber nachzudenken: ›Aber wie wird jener Tag sein, an dem ich vor Jesus stehen werde‹, wenn der Herr von mir Rechenschaft verlangt über ›die Talente, die er mir mitgegeben hat‹ oder ›wie mein Herz beschaffen war, als der Same ausgesät wurde‹«? Unter Verweis auf die »Gleichnisse vom Reich Gottes« regte der Papst einige Fragen an, die man sich stellen solle: »Wie habe ich das Wort empfangen? Mit offenem Herzen? Habe ich es zum Wohle aller keimen lassen, oder habe ich es heimlich getan?« Eine nützliche und angebrachte Gewissenserforschung, weil »wir alle dem Urteil unterzogen werden« und weil sich ein jeder von uns »vor Jesu Angesicht« wiederfinden werde. Das Datum bzw. die Zeit sei uns nicht bekannt, aber »es wird geschehen«.

»Vater, das erschreckt uns«

Auch im (...) Lukasevangelium (21,5–11) fänden sich diesbezügliche Ratschläge. Und wer sie erteile, sei Jesus selbst, der mahne: »Gebt acht, dass man euch nicht irreführt!« Von welcher Art der Irreführung ist hier die Rede? Es sei, so der Papst, »die Irreführung durch Entfremdung«: Die Irreführung, dank derer »ich abgelenkt bin, nicht nachdenke, so lebe, als müsste ich niemals sterben«. Aber, so fragte er sich, »wie wird mich der Herr vorfinden, wenn er wie ein Blitzschlag kommen wird? Während ich ihn erwarte, oder beschäftigt mit den unzähligen Entfremdungen des Lebens, irregeführt durch Oberflächliches, das nichts Transzendentes an sich hat?« Wir hätten es also mit einem regelrechten »Aufruf des Herrn« zu tun, »ernsthaft ans Ende zu denken: an mein eigenes Ende, an das Gericht, an das Gericht über mich«. In diesem Zusammenhang erinnerte sich der Papst daran, wie ihm »als Kind«, als er »in den Katechismusunterricht« ging, »vier Dinge« gelehrt wurden: »der Tod, das Gericht, die Hölle oder die Herrlichkeit«.

Gewiss, der eine oder andere könne sagen: »Vater, das erschreckt uns.« Aber, so erwiderte Franziskus: »Es ist die Wahrheit. Denn wenn du dein Herz nicht hegst und pflegst, damit der Herr bei dir sei, und du immer in der Gottesferne lebst, dann besteht vielleicht die Gefahr, die Gefahr, auch in der Ewigkeit so fern von Gott zu bleiben. Und das ist schlimm!« Eben deshalb, so schloss der Papst, »wird es uns heute wohl tun, hieran zu denken: Wie wird mein Ende sein? Wie wird es sein, wenn ich mich vor Gottes Angesicht wiederfinde?« Und um denen entgegenzukommen, die durch diese Überlegungen erschreckt oder betrübt werden könnten, zitierte der Papst den Satz aus dem Ruf vor dem Evangelium (*Offb* 2,10): »›Sei treu bis in den Tod‹, sagt der Herr, ›dann werde ich dir den Kranz des Lebens geben.‹« Das sei die Lösung für unsere Ängste: »Die Treue dem Herrn gegenüber: und er wird dich nicht enttäuschen«. Tatsächlich, »wenn jeder von uns dem Herrn treu ist, dann werden wir, wenn der Tod kommt, wie der heilige Franziskus sagen: ›Bruder Tod, komm!‹ Wir haben keine Angst davor«. Und auch am Tag des Gerichts »werden wir den Herrn schauen« und könnten sagen: »Herr, ich habe viele Sünden, aber ich habe mich bemüht, treu zu sein«. Und weil »der Herr gut ist«, so versicherte der Papst, »brauchen wir keine Angst zu haben«.

(FRÜHMESSE, 22.11.2016)

Der Gedanke an den Tod: Bericht über eine Frühmesse des Papstes

»An unseren Tod denken ist keine hässliche Vorstellung«; im Gegenteil, jeden Tag so zu leben, als sei es »der letzte«, und nicht, als sei dieses Leben »eine Normalität«, die für immer dauert, wird helfen können, wirklich bereit zu sein, wenn der Herr ruft. Es war eine Einladung, ruhig und gelassen die wesentliche Wahrheit unseres Daseins anzuerkennen, die Papst Franziskus in der heiligen Messe in Santa Marta (...) zur Sprache brachte.

»In diesen (...) Wochen«, merkte er sofort an, »lässt uns die Kirche in den Lesungen bei der Messe über das Ende nachdenken«. Gewiss, einerseits »über das Ende der Welt, da die Welt zusammenbrechen wird, da sie verwandelt werden« und »am Ende die Wiederkunft Christi« stehen wird. Doch auf der anderen Seite spreche die Kirche auch vom »Ende eines jeden von uns, da ein jeder von uns sterben wird: die Kirche will als Mutter und Lehrerin, dass ein jeder von uns an seinen Tod denkt«.

Der Ruf kommt unvermittelt

»Meine Aufmerksamkeit«, so der Papst unter Bezug auf den Abschnitt aus dem Evangelium nach Lukas (17,26–38), »wird von dem angezogen, was Jesus in diesem Teil sagt, den wir gelesen haben«. Besonders seine Antwort, »als sie ihn fragen, wie das Ende der Welt sein wird«. Doch fürs erste, räumte der Papst ein, der die Worte Jesu aufgriff, »wollen wir daran denken, wie unser Ende sein wird«. Im Evangelium benutze Jesus die Formulierungen »wie es zur Zeit des Noach war« und »es wird ebenso sein, wie es zur Zeit des Lot war«. Um zu sagen, dass die Menschen »in jener Zeit aßen und tranken und heirateten, bis zu dem Tag, an dem Noach in die Arche ging«. Und weiter, »wie es auch zur Zeit des Lot war: sie aßen und tranken, kauften und verkauften, pflanzten und bauten«.

Dann aber, so der Papst, komme »der Tag, da der Herr Feuer und Schwefel vom Himmel regnen lässt«. »Es gibt da eine Normalität«, merkte Franziskus an, »und wir sind an diese Normalität gewohnt. Ich stehe um sechs Uhr auf, ich stehe um sieben Uhr auf, ich mache das, ich mache diese Arbeit, ich besuche den da morgen, Sonntag ist Feiertag, ich mache das«. Und »so sind wir es gewohnt, eine Normalität des Lebens zu leben, und denken, dass das immer so sein wird«. Doch so werde es nur sein, fügte der Papst hinzu, »bis zum Tag, an dem Noach in die Arche ging. Bis zum Tag, an dem der Herr Feuer und Schwefel vom Himmel regnen ließ.« Denn gewiss »wird ein Tag kommen, an dem der Herr zu einem jeden von uns sagen wird: ›Komm!‹«, rief der Papst in Erinnerung. Und »der Ruf wird für einige unvermittelt und eine Überraschung sein: nicht die letzte Überraschung Gottes, nach dieser wird es eine weitere geben – die Überraschung der Ewigkeit –, aber es wird die Überraschung Gottes für einen jeden von uns sein«. Was nun das Ende anbelange, so »gebraucht Jesus einen Ausdruck, wir haben ihn gestern in der Messe gelesen: ›wie der Blitz von einem Ende des Himmels bis zum andern leuchtet, so wird der Menschensohn an seinem Tag erscheinen‹, der Tag, an dem er an unser Leben anklopfen wird«.

Totenwache mit Catering

»Wir sind an diese Normalität des Lebens gewohnt«, fuhr Franziskus fort, »und denken, dass es immer so sein wird«. Aber »der Herr, die Kirche, sie sagen uns in diesen Tagen: halt ein wenig inne, halt ein. Es wird nicht immer so sein. Eines Tages wird es nicht so sein, eines Tages wirst du hinweggenommen werden und der, der neben dir stehen wird, wird bleiben.« »Herr, wann wird der Tag sein, an dem ich hinweggenommen werde?« Gerade dies, so der Papst, »ist die Frage, die zu stellen die Kirche heute einlädt, und sie sagt zu uns: Halt inne, um an deinen Tod zu denken«. Das also sei die Bedeutung des von Franziskus zitierten Satzes, der am Eingang »eines Friedhofs in Norditalien steht: ›Pilger, der du vorübergehst, denk von deinen Schritten an den letzten Schritt‹«. Denn »es wird einen letzten« Schritt geben.

»Die Normalität des Lebens so zu leben, als sei es etwas Ewiges, eine Ewigkeit«, erklärte der Papst, »sieht man auch bei den Gebetswachen für einen Toten, bei den Zeremonien, bei den Bestattungsfeierlichkeiten: oftmals sind es nur wenige, die zu jenem Verstorbenen, für den wir beten, wirklich eine enge Beziehung haben«. Und so »wird eine Totenwache normalerweise in ein gesellschaftliches Ereignis verwandelt: ›Wohin gehst du heute?‹ – ›Heute muss ich dies tun, das, und jenes, und dann zum Friedhof, weil da die Beerdigung stattfindet‹«. So wird daraus »ein Programmpunkt mehr, und dort treffen wir auf die Freunde, wir unterhalten uns: der Tote liegt da, unter uns, aber wir unterhalten uns: völlig normal«. So »wird auch jener transzendente Moment durch die Weise, das normale Leben fortzusetzen, zu einem gesellschaftlichen Ereignis«. Und das – vertraute Franziskus an – »habe ich in meiner Heimat gesehen: bei einigen Totenwachen ist da ein Catering, man isst, man trinkt, der Tote liegt da: aber wir hier halten – ich sage nicht ›ein Fest‹ ab, aber wir unterhalten uns, auf weltliche Weise; das ist einfach eine weitere Versammlung, um nicht nachdenken zu müssen«.

Heute ist vielleicht der letzte Tag
»Heute«, so bekräftigte der Papst, »sagt die Kirche, sagt der Herr mit jener Güte, die ihm eignet, zu einem jeden von uns: Halt inne, halt ein, nicht alle Tage werden so sein. Gewöhne dich nicht daran, als sei dies die Ewigkeit! Es wird ein Tag kommen, an dem du hinweggenommen werden wirst, der andere wird bleiben, du wirst hinweggenommen werden.« Das heiße es also, »mit dem Herrn zu gehen, daran denken, dass unser Leben enden wird. Und das wird gut tun, denn wir können bei Beginn der Arbeit denken: Heute wird vielleicht der letzte Tag sein, ich weiß es nicht, doch ich werde meine Arbeit gut tun.« Und »ich werde mich auch gut in den Beziehungen zuhause verhalten, mit der Familie: mich gut verhalten, vielleicht wird es der letzte Tag sein, ich weiß es nicht«. Dasselbe müssten wir, so Franziskus weiter, »auch denken, wenn wir zu einer ärztlichen Untersuchung gehen: Wird das nur eine weitere Untersuchung sein, oder wird es der Anfang der allerletzten Arztbesuche sein?« »An den Tod denken ist keine hässliche Vorstellung, es ist die Wirklichkeit«, unterstrich der Papst erneut, der erklärte: »Ob sie hässlich oder nicht hässlich ist, hängt von mir ab, wie ich sie denke, doch es wird sie geben, und dort wird die Begegnung mit dem Herrn sein. Das ist das Schöne des Todes: Der Herr wird es sein, der mir entgegenkommt. Er wird es sein, der sagt: ›Komm, komm, der du von meinem Vater gesegnet bist, kommt zu mir‹«. Es nütze nichts, zu sagen: »Aber Herr, warte, ich muss das und das noch in Ordnung bringen«. Denn »man kann da nichts in Ordnung bringen: Wer dann auf der Terrasse ist und seine Sachen im Haus hat, soll

nicht hinabsteigen. Wo du bist, werden sich dich holen, sie werden dich holen, und du lässt alles zurück.«

Doch »wir werden den Herrn haben, das ist die Schönheit der Begegnung«, beruhigte der Papst. »Neulich«, so fügte er hinzu, »habe ich einen Priester getroffen, er war ungefähr fünfundsechzig Jahre alt, und er fühlte sich nicht gut. Er ging zum Arzt«, der ihm »nach der Untersuchung sagte: ›Sehen Sie, Sie haben das, das ist eine schlimme Sache, aber vielleicht können wir es noch stoppen, wir werden das tun. Wenn es nicht gestoppt wird, dann werden wir etwas Anderes versuchen. Und wenn es nicht aufhört, dann werden wir anfangen zu gehen, und ich werde Sie bis zum Ende begleiten‹«. Deshalb kommentierte Franziskus: »Ein tüchtiger Arzt! Mit wie viel Milde hat er die Wahrheit gesagt: Begleiten auch wir einander auf diesem Weg. Gehen wir gemeinsam, arbeiten wir, tun wir Gutes und alles, doch immer mit dem Blick dorthin gewandt.« »Heute sollen wir dies tun«, so der Papst abschließend, denn »es wird uns allen gut tun, ein wenig innezuhalten und an den Tag zu denken, an dem der Herrn kommen wird, um mich aufzusuchen. Er wird kommen, mich zu holen, um zu ihm zu gehen.«

(FRÜHMESSE, 17.11.2017)

Der Augenblick und die Ewigkeit: Bericht über eine Frühmesse des Papstes

Der Tod ist »eine Tatsache, ein Erbe und ein Gedächtnis«, das uns daran erinnert, dass wir weder »Herren der Zeit sind« noch »vorübergehend« noch »ewig«, und es bewahrt uns vor der Gefahr, »im egoistischen Labyrinth des gegenwärtigen Augenblicks gefangen« zu bleiben. Doch gerade der Blick auf den Tod hilft, das Leben gut zu leben. (...)

»Wir sind wir weder ewig noch vorübergehend: wir sind Männer und Frauen, die unterwegs in der Zeit sind, in der Zeit, die ihren Anfang nimmt, und in der Zeit, die endet«. Und »das lässt uns denken, dass es gut ist, zu beten und um die Gnade des Sinns für die Zeit zu bitten, um nicht zu Gefangenen des Augenblicks zu werden, der immer in sich selbst verschlossen ist (...). Der Tod ist eine Tatsache, der Tod ist ein Erbe und der Tod ist ein Gedächtnis«.

Die Übung des guten Todes

Vor allem »ist der Tod eine Tatsache: Wir können an vieles denken, uns auch vorstellen, ewig zu sein, doch die Tatsache des Todes kommt unausweichlich«. Früher oder später kommt der Tod, und »es ist eine Tatsache, dass er uns alle angeht«. Denn »wir sind unterwegs, wir sind keine Streuner oder Männer und Frauen in einem Labyrinth«. Nein, wir sind »unterwegs, das müssen wir tun«. Doch, so die Mahnung des Papstes, »da ist die Versuchung des Augenblicks, der sich des Lebens bemächtigt und dich dazu führt, in diesem egoistischen Labyrinth des Augenblicks ohne Zukunft zu kreisen, immer vorwärts und rückwärts, vorwärts und rückwärts«. Aber »der Weg endet im Tod: das wissen wir alle«.

Aus diesem Grund, erinnerte der Papst, »versuche die Kirche immer, uns zum Nachdenken über unser Ende anzuregen, über unser Ende, den Tod«. Diesbezüglich erwähnte der Papst eine persönliche Erinnerung: »Als wir im Seminar waren, ließen sie uns die Übung des guten Todes machen: Das erschreckte ein wenig, weil das eine Leichenhalle zu sein schien.« Doch »es gibt die Übung des guten Todes, die ein jeder in sich tun kann: Ich bin nicht Herr der Zeit. Das ist eine Tatsache. Ich werde sterben. Wann? Gott weiß es.« Doch »gewiss werde ich sterben«.

Das Leben ist keine Kette

»Sich das zu wiederholen hilft«, sagte der Papst, denn das sei »eine rein realistische« Gegebenheit, die »uns vor dieser Illusion des Augenblicks bewahrt, nämlich das Leben wie eine Kette zu nehmen, deren Glieder die gegenwärtigen Augenblicke sind, was keinen Sinn hat«. Die Wirklichkeit dagegen sei, dass »ich unterwegs bin und vorwärts blicken muss«. Franziskus teilte dann weiter die »Erinnerung« mit, wie »ich als Kind das Lesen lernte. Ich war vier Jahre alt. Eines der ersten Dinge, die ich lesen gelernt habe, weil mir das die Großmutter zu lesen gegeben hatte, war ein Schild, das sie unter dem Glas ihrer Kommode hatte und das so lautete: ›Denk daran, dass Gott auf dich blickt. Denk daran, dass er dich anschaut. Denk daran, dass du sterben wirst, und nicht weißt, wann.‹« An jenen Satz, so gestand der Papst, »erinnere ich mich bis heute, und er hat mir in den Momenten der Überheblichkeit, der Verschlossenheit gut getan, wo der Augenblick der König war«. Also »die Zeit, die Tatsache: wir werden sterben«. Als sich der Tod näherte, habe (König) David zu seinem Sohn gesagt: »Ich gehe nun den Weg alles Irdischen.« Und so war es.

Die zweite Idee sei »das Erbe«. Es komme oft vor, dass man es beim Sterben mit einem »Erbe zu tun hat und sofort kommen die Neffen und Nichten und wollen herausfinden, wie viel Geld der Onkel dem und dem und dem anderen hinterlassen hat«. Denn »diese Geschichte ist so alt wie die Geschichte der Welt«. In Wirklichkeit zähle »das Erbe des Zeugnisses: Welches Erbe werde ich hinterlassen?« (...)

Der Verstorbene war immer ein Heiliger

»Es ist wahr: Wenn wir zu einer Totenwache gehen«, fuhr der Papst fort, »dann war der Verstorbene immer ein Heiliger«, so dass es »zwei Plätze gibt, um die Leute heiligzusprechen: den Petersplatz und die Totenwachen, denn immer ist er ein Heiliger und stellt keine Bedrohung mehr für dich dar«.

»Das wahre Erbe« sei also das Zeugnis des Lebens. So müssten wir uns »fragen: Welches Erbe hinterlasse ich, sollte mich Gott heute rufen?« (...)

Ein rückwärtsgewandtes Gedächtnis

»Nein, wir alle werden diesen Weg gehen.« Mit dieser grundlegenden Frage: »Was wird das Erbe sein, das ich als Zeugnis des Lebens hinterlasse?« Der dritte Aspekt – neben der »Tatsache« und dem »Erbe«–, den der Papst hinsichtlich des Todes ansprach, war »das Gedächtnis«. Denn, so erklärte er, »auch der Gedanke an den Tod ist Gedächtnis, doch ein vorweggenommenes Gedächtnis, ein nach rückwärtsgewandtes Gedächtnis«. Also »Gedächtnis« und »auch Licht in diesem Augenblick des Lebens«. Doch, fuhr Franziskus fort, die Frage, die man sich selbst stellen müsse, laute: »Wenn ich sterben werde, was hätte ich heute gern bei dieser Entscheidung getan, die ich heute fällen muss, in der Art, wie ich heute lebe?« Und dies »ist ein vorweggenommenes Gedächtnis, das den heutigen Moment beleuchtet«. Es handle sich an und für sich darum, »die Entscheidungen, die ich Tag für Tag fällen muss, mit der Tatsache des Todes zu beleuchten«. (...)

Franziskus lud dazu ein, »auch daran zu denken, dass ich unterwegs bin, an die Tatsache, dass ich sterben werde. Was wird das Erbe sein, das ich hinterlassen werde, und wie kann mir das Licht, das vorweggenommene Gedächtnis des Todes, bei den Entscheidungen helfen, die ich heute treffen muss?« Eine Betrachtung, die »uns allen gut tun wird«.

(FRÜHMESSE, 1.2.2018)

3 Schriftworte geben uns Hoffnung auf Auferstehung

Rahels Tränen – und ihre Hoffnung

In der heutigen Katechese möchte ich mit euch die Gestalt einer Frau betrachten, die von der in Zeiten der Tränen gelebten Hoffnung zu uns spricht. Die unter Tränen gelebte Hoffnung. Es handelt sich um Rahel, die Ehefrau des Jakob und Mutter von Josef und Benjamin. Wie das Buch Genesis uns berichtet, stirbt sie bei der Geburt ihres Zweitgeborenen, also Benjamins.

Der Prophet Jeremia nimmt Bezug auf Rahel, als er sich an die in der Verbannung lebenden Israeliten wendet, um sie zu trösten, mit gefühlvollen und poetischen Worten. Er greift also Rahels Tränen auf, schenkt jedoch Hoffnung.

So spricht der Herr: »Ein Geschrei ist in Rama zu hören, bitteres Klagen und Weinen. Rahel weint um ihre Kinder und will sich nicht trösten lassen, um ihre Kinder, denn sie sind dahin« (Jer 31,15).

In den Versen präsentiert Jeremia diese Frau aus seinem Volk, die große Erzmutter seines Stammes, in einer Wirklichkeit des Schmerzes und der Tränen, aber gleichzeitig in einer unerwarteten Perspektive des Lebens. Nach dem Bericht der Genesis war Rahel bei der Geburt gestorben und hatte jenen Tod angenommen, damit ihr Sohn leben konnte. Jetzt dagegen wird sie vom Propheten in Rama, wo die Vertriebenen sich versammelt haben, als lebendig dargestellt: Sie weint um die Kinder, die in gewissem Sinne gestorben sind, als sie in die Verbannung gegangen sind. Diese Kinder, wie sie selbst sagt, »sind dahin«, sind für immer verschwunden. Und darum will Rahel nicht getröstet werden. Diese Weigerung bringt die Tiefe ihres Schmerzes und die Bitterkeit ihrer Tränen zum Ausdruck.

Rahel will gar nicht getröstet werden
Angesichts der Tragödie des Verlustes der Kinder kann eine Mutter Worte oder Gesten des Trostes nicht annehmen: Sie sind immer unzulänglich und nie in der Lage, den Schmerz einer Wunde zu lindern, die nicht geheilt werden kann und werden will: ein Schmerz, der proportional zur Liebe ist. Jede Mutter weiß das alles; und auch heute gibt es viele Mütter, die weinen, die sich mit dem Verlust eines Kindes nicht abfinden, die untröstlich sind angesichts eines Todes, den man unmöglich annehmen kann. Rahel schließt den Schmerz aller Mütter der Welt, aller Zeiten ein sowie die Tränen eines jedes Menschen, der um unwiederbringliche Verluste weint.

Diese Weigerung Rahels, die nicht getröstet werden will, lehrt uns auch, wie viel Einfühlsamkeit von uns verlangt wird angesichts des Schmerzes anderer Menschen. Um zum Verzweifelten von Hoffnung zu sprechen, muss man seine Verzweiflung teilen; um eine Träne auf dem Gesicht des Leidenden zu trocknen, müssen wir uns im Weinen mit ihm vereinen. Nur so können unsere Worte wirklich in der Lage sein, etwas Hoffnung zu schenken. Und wenn ich die Worte nicht so sagen kann, mit Tränen, mit Schmerz, dann ist es besser zu schweigen: eine Liebkosung, eine Geste und keine Worte.

Und Gott mit seiner Zärtlichkeit und seiner Liebe antwortet auf Rahels Weinen mit wahren, nicht mit falschen Worten. Denn der Text des Jeremia geht so weiter:

So spricht der Herr – er antwortet auf dieses Weinen:
»Verwehre deiner Stimme die Klage
und deinen Augen die Tränen!
Denn es gibt einen Lohn für deine Mühe
– Spruch des Herrn:
Sie werden zurückkehren aus dem Feindesland.
Es gibt eine Hoffnung für deine Nachkommen
– Spruch des Herrn:
Die Söhne werden zurückkehren in ihre Heimat.«
(*Jer* 31,16–17).

Nicht leicht zu verstehen, aber wahr

Gerade wegen des Weinens der Mutter gibt es noch Hoffnung für die Kinder, die wieder ins Leben zurückkehren werden. Diese Frau, die akzeptiert hatte, im Augenblick der Geburt zu sterben, damit der Sohn leben kann, ist mit ihrem Weinen jetzt der Beginn neuen Lebens für die verbannten, gefangenen Kinder, die fern der Heimat sind. Auf Rahels Schmerz und ihr bitteres Weinen antwortet der Herr mit einer Verheißung, die jetzt für sie Grund wahren Trostes sein kann: Das Volk kann aus der Verbannung zurückkehren und im Glauben, frei, seine Beziehung zu Gott leben. Die Tränen haben Hoffnung hervorgebracht.

Und das ist nicht leicht zu verstehen, aber es ist wahr. Oft säen in unserem Leben die Tränen Hoffnung, sind sie Samen der Hoffnung. Bekanntlich wurde dieser Text des Jeremia später vom Evangelisten Matthäus aufgegriffen und auf den Kindermord von Betlehem übertragen (vgl. 2,16–18): ein Text, der uns mit der Tragödie der Ermordung wehrloser Menschen konfrontiert, mit den Schrecken der Macht, die das Leben verachtet und auslöscht. Die Kinder von Betlehem sind wegen Jesus gestorben. Und er, das unschuldige

Lamm, sollte später seinerseits für uns alle sterben. Der Sohn Gottes ist in den Schmerz der Menschen eingetreten. Das darf man nicht vergessen. Wenn jemand sich an mich wendet und mir schwierige Fragen stellt, zum Beispiel:»Sagen Sie mir, Vater: Warum leiden die Kinder?«, dann weiß ich wirklich nicht, was ich antworten soll. Ich sage nur:»Betrachte den Gekreuzigten: Gott hat uns seinen Sohn geschenkt, er hat gelitten, und vielleicht findest du dort eine Antwort.« Aber Antworten von hier [er zeigt auf seinen Kopf] gibt es nicht. Nur die Betrachtung der Liebe Gottes, der seinen Sohn hingibt, der sein Leben für uns hinschenkt, kann einen Weg des Trostes aufzeigen. Und daher sagen wir, dass der Sohn Gottes in den Schmerz der Menschen eingetreten ist; er hat den Tod geteilt und angenommen; sein Wort ist endgültig ein Wort des Trostes, weil es aus dem Weinen hervorgeht.

Und am Kreuz schenkt er, der sterbende Sohn, seiner Mutter neue Fruchtbarkeit, indem er ihr den Jünger Johannes anvertraut und sie zur Mutter des Volkes der Gläubigen macht. Der Tod ist besiegt, und so gelangt Jeremias Prophezeiung zur Erfüllung. Auch Marias Tränen haben, ebenso wie die von Rahel, Hoffnung und neues Leben hervorgebracht.

(GENERALAUDIENZ, 4.1.2017)

Jona auf der Flucht

Auf seiner Flucht kommt der Prophet in Kontakt mit einigen Heiden, den Seeleuten des Schiffes, auf dem er sich eingeschifft hatte, um sich von Gott und von seiner Sendung zu entfernen. Er flieht weit weg, denn Ninive lag im Gebiet des Irak, und er flieht nach Spanien, er flieht ernsthaft. Und gerade das Verhalten dieser heidnischen Männer, ebenso wie später das der Bewohner von Ninive, gestattet uns heute, etwas über die Hoffnung nachzudenken, die angesichts der Todesgefahr im Gebet zum Ausdruck kommt. Denn auf der Überfahrt über das Meer bricht ein gewaltiger Sturm los, und Jona steigt in den Laderaum des Schiffes hinab und legt sich schlafen. Die Seeleute dagegen sehen sich verloren, und »jeder schrie zu seinem Gott um Hilfe«: Sie waren Heiden (*Jona* 1,5). Der Kapitän des Schiffes weckt Jona und sagt zu ihm: »Wie kannst du schlafen? Steh auf, ruf deinen Gott an; vielleicht denkt dieser Gott an uns, so dass wir nicht untergehen« (*Jona* 1,6). Die Reaktion dieser »Heiden« ist die richtige Reaktion angesichts des Todes, angesichts der Gefahr: denn dann erfährt der Mensch in ganzer Fülle seine eigene Schwäche und seine Heilsbedürftigkeit. Der instinktive Schauder vor dem Tod offenbart die Notwendigkeit, auf den Gott des Lebens zu hoffen. »Vielleicht denkt dieser Gott an uns, so dass wir nicht untergehen«: Es sind Worte der Hoffnung, die zum Gebet wird, zu jenem ängstlichen Flehen, das dem Menschen angesichts einer unmittelbaren Todesgefahr über die Lippen kommt. Zu leicht verschmähen wir die Anrufung Gottes in der Not, so als sei es nur ein eigennütziges und daher unvollkommenes Gebet. Aber Gott kennt unsere Schwäche, er weiß, dass wir uns an ihn erinnern, um Hilfe zu erbitten, und mit dem milden Lächeln eines Vaters gibt Gott eine gütige Antwort.

Als Jona die eigene Verantwortung erkennt und sich ins Meer werfen lässt, um seine Reisegefährten zu retten, legt sich der Sturm. Der bevorstehende Tod hat jene heidnischen Männer zum Gebet gebracht, er hat dafür gesorgt, dass der Prophet trotz allem seine Berufung im Dienst der anderen lebt und bereit ist, sich für sie zu opfern. Jetzt führt er die Überlebenden zur Erkenntnis des wahren Herrn und zum Lobpreis. Die Seeleute, die von Angst ergriffen gebetet und sich an ihre Götter gewandt hatten, erkennen jetzt mit aufrichtiger Gottesfurcht den wahren Gott, bringen Opfer dar und machen ihm Gelübde. Die Hoffnung, die sie dazu gebracht hatte zu beten, um nicht zu sterben, erweist sich als noch mächtiger und bringt eine Wirklichkeit hervor, die über das, was sie gehofft hatten, sogar hinausgeht: Sie kommen nicht nur nicht im Sturm um, sondern öffnen sich für die Erkenntnis des wahren und einzigen Herrn des Himmels und der Erde.

(GENERALAUDIENZ, 18.1.17)

Das Leben finden, indem wir es verlieren

Wer dient und gibt, ist in den Augen der Welt ein Verlierer. In Wirklichkeit findet er das Leben, wenn er es verliert. Weil ein Leben, das sich seiner selbst entäußert, indem es sich in Liebe verliert, Christus nachahmt: es besiegt den Tod und schenkt der Welt Leben. Wer dient, rettet. Im Gegenteil dient der nicht dem Leben, der nicht lebt, um zu dienen.

Das Evangelium erinnert uns daran. »Gott hat die Welt *so sehr* geliebt«, sagt Jesus (*Joh* 3,16). Es handelt sich in der Tat um eine so sehr konkrete Liebe, so konkret, dass er unseren Tod auf sich genommen hat. Um uns zu retten, hat er uns von dort geholt, wohin wir geraten waren, als wir uns von Gott, dem Geber des Lebens, entfernt hatten: in den Tod, in ein Grab ohne Ausweg. Das ist die Entäußerung, die der Sohn Gottes vollbracht hat, als er sich wie ein Diener zu uns herabgebeugt hat, um all das Unsere auf sich zu nehmen, und so hat er die Türen des Lebens für uns weit geöffnet. Im Evangelium vergleicht sich Christus mit der »erhöhten Schlange«. Das Bild verweist auf die Begebenheit mit den Giftschlagen, die das Volk auf dem Weg in der Wüste angriffen (vgl. *Num* 21,4–9). Die von den Schlangen gebissenen Israeliten starben nicht, sondern blieben am Leben, wenn sie zur Kupferschlange aufblickten, die Mose auf

Geheiß Gottes an einer Fahnenstange aufgehängt hatte. Eine Schlange rettete vor den Schlangen. Dieselbe Logik gilt für das Kreuz, auf das sich Christus in seinem Gespräch mit Nikodemus bezieht. Sein Tod rettet uns aus unserem Tod.

Jesus ist dem Tod nicht ausgewichen *zentral*

In der Wüste bewirkten die Schlangen einen qualvollen Tod, dem die Angst vorausging und der durch giftige Bisse verursacht wurde. Auch in unseren Augen erscheint der Tod immer als etwas Dunkles und Angst Einflößendes. So wie wir ihn erleben, ist er durch den Neid des Teufels in die Welt gekommen, sagt uns die Schrift (vgl. *Weish 2,24*). Jesus jedoch ist ihm nicht ausgewichen, sondern hat ihn mit all seinen Widersprüchen ganz auf sich genommen. Jetzt werden wir von ihm gerettet, wenn wir auf ihn blicken, wenn wir an ihn glauben: »Jeder, der (an ihn) glaubt, hat in ihm das ewige Leben«, wiederholt Jesus zweimal im heutigen kurzen Evangeliumsabschnitt (vgl. *Joh 3,15–16*).

Dieser Stil Gottes, der uns rettet, indem er uns dient und sich entäußert, hat uns viel zu sagen und zu lehren. Wir würden einen triumphierenden göttlichen Sieg erwarten; Jesus dagegen zeigt uns einen äußerst demütigen Sieg. Am Kreuz erhöht, lässt er zu, dass das Böse und der Tod sich gegen ihn erbittern, während er nicht  *So muss es sein* aufhört zu lieben. Uns fällt es schwer, diese Wirklichkeit zu akzeptieren. Es ist ein Mysterium, aber das Geheimnis dieses Mysteriums, dieser außerordentlichen Demut, liegt ganz in der Stärke der Liebe.

Das Kreuz: eine Brücke zum Leben

Im Pascha Jesu sehen wir zugleich den Tod und das Heilmittel gegen den Tod, und das ist möglich aufgrund der großen Liebe, mit der Gott uns geliebt hat; aufgrund der demütigen Liebe, die sich erniedrigt; aufgrund des Dienens, das die Rolle eines Sklaven anzunehmen weiß. So hat Jesus nicht nur das Böse weggenommen, sondern es in Gutes verwandelt.

Er hat die Dinge nicht mit Worten verändert, sondern mit Taten; nicht dem Anschein nach, sondern im Wesen; nicht an der Oberfläche, sondern an der Wurzel. Er hat aus dem Kreuz eine Brücke zum Leben gemacht. Auch wir können gemeinsam mit ihm siegen, wenn wir die dienstbereite und demütige Liebe wählen, die in Ewigkeit siegreich bleibt. Es ist eine Liebe, die nicht lärmt und sich nicht aufdrängt, sondern die vertrauensvoll und geduldig zu warten weiß, denn, wie es das Buch der Klagelieder gesagt hat: »Gut ist es, schweigend zu harren auf die Hilfe des Herrn« (3,26).

(...) Das Pascha des Herrn möge für unser Leben genügen, um frei zu sein von der übertriebenen Sorge um die vergänglichen Dinge, die keinen Bestand haben und sich in Nichts auflösen. Er möge uns genügen, in dem das Leben, das Heil, die Auferstehung und die Freude ist.

(PREDIGT, 3.11.2015)

Der Tod ist hinter uns, nicht vor uns

Das Evangelium (Lk 20,27–39) zeigt uns Jesus, wie er es mit den Sadduzäern zu tun hat, die die Auferstehung leugneten. Und gerade zu diesem Thema stellen sie Jesus eine Frage, um ihn in Verlegenheit zu bringen und den Glauben an die Auferstehung der Toten ins Lächerliche zu ziehen. Sie gehen von einem fiktiven Fall aus: »Eine Frau hat sieben Ehemänner gehabt, von denen einer nach dem anderen gestorben ist«, und sie fragen Jesus: »Wessen Frau wird sie nach ihrem Tod sein?« Jesus, der immer mild und geduldig ist, antwortet zunächst, dass das Leben nach dem Tod nicht nach denselben Größen wie das irdische zu bemessen sei. Das ewige Leben ist ein anderes Leben, in einer anderen Dimension, wo es unter anderem keine Ehe mehr geben wird, die an unser Dasein in dieser Welt gebunden ist. Die Auferstandenen – sagt Jesus – werden den Engeln gleich sein, und sie werden in einem anderen Zustand leben, den wir jetzt weder erfahren noch uns vorstellen können. Und so also erklärt es Jesus.

Dann aber geht Jesus sozusagen zum Gegenangriff über. Und er tut dies, indem er die Heilige Schrift zitiert, mit einer Einfachheit und Originalität, die uns mit Bewunderung für unseren Meister erfüllen, den einzigen Meister! Den Beweis für die Auferstehung findet Jesus in der Geschichte von Mose und dem brennenden Dornbusch (vgl. Ex 3,1–6), als sich Gott als der Gott Abrahams, Isaaks und Jakobs offenbart. Der Name Gottes ist an die Namen der Männer und Frauen gebunden, an die er sich bindet, und dieses Band ist stärker als der Tod. Und wir können auch von der Beziehung Gottes zu uns, zu einem jeden von uns, sagen: er ist *unser* Gott! Er ist der Gott eines jeden von uns! Als trage er unseren Namen.

Das Gegenteil von dem, was die Sadduzäer erwarteten
Gern sagt er dies, und das ist der Bund. Deshalb erklärt Jesus: »Er ist doch kein Gott von Toten, sondern von Lebenden; denn für ihn sind alle lebendig« (*Lk 20,38*). Und das ist das entscheidende Band, der grundlegende Bund, der Bund mit Jesus: Er selbst ist der Bund, er selbst ist das Leben und die Auferstehung, da er mit seiner gekreuzigten Liebe den Tod besiegt hat. In Jesus schenkt uns Gott das ewige Leben, er schenkt es allen, und alle haben durch ihn die Hoffnung auf ein noch wahreres Leben als dieses. Das Leben, das Gott für uns vorbereitet, ist keine einfache Verschönerung dieses

aktuellen Lebens: es übersteigt unsere Vorstellungskraft, weil Gott uns fortwährend mit seiner Liebe und mit seinem Erbarmen in Erstaunen versetzt. Daher ist das, was geschehen wird, das Gegenteil von dem, was die Sadduzzäer erwarteten. Nicht dieses Leben ist Bezugspunkt für die Ewigkeit, für das andere Leben, für jenes, das uns erwartet, sondern die Ewigkeit – jenes Leben – erleuchtet und schenkt dem irdischen Leben von uns allen Hoffnung! Wenn wir nur mit menschlichen Augen blicken, neigen wir dazu zu sagen, dass der Weg des Menschen vom Leben zum Tod führt. Das ist es, was man sieht! Doch so ist es nur, wenn wir es mit menschlichen Augen betrachten.

Jesus kehrt diese Perspektive um und erklärt, dass unsere Pilgerreise vom Tod zum Leben führt: zum Leben in Fülle! Wir sind unterwegs, auf einer Pilgerreise zum Leben in Fülle, und jenes Leben in Fülle ist das Leben, das uns auf unserem Weg erleuchtet! Somit ist der Tod hinter uns, hinter unserem Rücken, nicht vor uns. Vor uns ist der Gott der Lebenden, der Gott des Bundes, der Gott, der meinen Namen trägt, unseren Namen, wie er gesagt hat: »Ich bin der Gott Abrahams, Isaaks und Jakobs«, auch der Gott mit meinem Namen, mit deinem Namen, mit deinem Namen ..., mit unserem Namen. Der Gott der Lebenden! ... Vor uns liegt die endgültige Niederlage der Sünde und des Todes, der Anfang einer neuen Zeit der Freude und des Lichts ohne Ende. Doch bereits auf dieser Erde begegnen wir Jesus und seiner Liebe im Gebet, in den Sakramenten, in der Brüderlichkeit, und so können wir im Vorhinein etwas vom auferstandenen Leben verkosten.

Die Erfahrung, die wir von seiner Liebe und von seiner Treue machen, entflammt wie ein Feuer unser Herz und vermehrt unseren Glauben an die Auferstehung. Wenn nämlich Gott treu ist und liebt, kann er dies nicht auf begrenzte Zeit sein: Die Treue ist ewig, sie kann sich nicht ändern. Die Liebe Gottes ist ewig, sie kann sich nicht ändern! Es ist nicht für eine begrenzte Zeit: es ist für immer!

(ANGELUS, 10.11.2013)

Meditation über Leben und Tod

Ausgehend von dem Wort Gottes (...) möchte ich euch drei einfache Meditations-Impulse für unseren Glauben geben:
Vor allem: Die Bibel offenbart uns den lebendigen Gott, den Gott, der Leben und Quelle des Lebens ist.
Zweitens: Jesus Christus schenkt das Leben, und der Heilige Geist erhält uns im Leben.
Drittens: Dem Weg Gottes zu folgen, führt zum Leben, den Götzen zu folgen, führt dagegen zum Tod.

Nur Gott ist der Lebende

1.) Die erste Lesung aus dem Zweiten Buch Samuel spricht uns von Leben und Tod. Der König David möchte den Ehebruch verheimlichen, den er mit der Frau des Hetiters Uria, eines Soldaten aus seinem Heer, begangen hat, und um das zu erreichen, befiehlt er, Uria an die vorderste Front zu stellen, damit er im Kampf getötet wird. Die Bibel zeigt uns das menschliche Drama in seiner ganzen Wirklichkeit, das Gute und das Böse, die Leidenschaften, die Sünde und ihre Folgen. Wenn der Mensch sich durchsetzen will, indem er sich in seinem Egoismus verschließt und sich an die Stelle Gottes setzt, sät er schließlich Tod. Der Ehebruch des Königs David ist ein Beispiel dafür. Und der Egoismus führt zur Lüge, mit der man sich selbst und den Nächsten zu täuschen versucht. Doch Gott kann man nicht täuschen, und wir haben gehört, wie der Prophet zu David sagt: Du hast getan, was dem Herrn missfällt (vgl. *2 Sam* 12,9). Der König wird mit seinen Werken des Todes konfrontiert – und wirklich, er hat ein Werk des Todes getan, nicht des Lebens! Er begreift und bittet um Vergebung: »Ich habe gegen den Herrn gesündigt!« (V. 13), und der barmherzige Gott, der das Leben will und uns immer vergibt, vergibt ihm und schenkt ihm das Leben zurück. Der Prophet sagt zu ihm: »Der Herr hat dir deine Sünde vergeben; du wirst nicht sterben.« Was für ein Bild haben wir von Gott? Vielleicht erscheint er uns als ein strenger Richter, als jemand, der unsere Freiheit zu leben einschränkt. Aber die ganze Heilige Schrift erinnert uns doch daran, dass Gott der Lebende ist, derjenige, der das Leben schenkt und den Weg zum erfüllten Leben weist. Ich denke an den Anfang des Buchs Genesis: Gott formt den Menschen aus Erde vom Ackerboden, bläst in seine Nase den Lebensatem, und so wird der Mensch zu einem lebendigen Wesen (vgl. 2,7). Gott ist die Quelle des Lebens; seinem Atemhauch verdankt der Mensch sein Leben, und sein Atemhauch ist es, der den Gang seines irdischen Lebens erhält. Ich denke auch an die Berufung des Mose, als der Herr sich als der Gott Abrahams, Isaaks und Jakobs, als der Gott der Lebenden vorstellt. Und als er Mose zum Pharao schickt, um sein Volk zu befreien, offenbart er seinen Namen: »Ich bin der ›Ich-bin-da‹« (Ex 3,14), der Gott, der in der Geschichte gegenwärtig wird, der von der Sklaverei, vom Tod befreit und dem Volk Leben bringt, weil er der Lebende ist. Ich denke auch an das Geschenk der Zehn Gebote: ein Weg, den Gott uns weist, zu einem wirklich freien Leben, zu einem erfüllten Leben. Sie sind kein Hymnus an das Nein, – dies darfst du nicht tun, dies darfst du nicht tun, dies darfst du nicht tun ... Nein! Sie sind ein Hymnus, (...) das Ja zu Gott, zur Liebe, zum Leben. Liebe Freunde, nur in Gott ist unser Leben erfüllt, denn nur er ist der Lebende!

Leben, das Leben hervorbringt

2.) Das heutige Evangelium führt uns einen Schritt weiter. Während eines Essens im Hause eines Pharisäers begegnet Jesus einer Sünderin und erregt den Anstoß der Anwesenden: Er lässt eine Sünderin an sich herankommen und vergibt ihr sogar ihre Sünden, indem er sagt: »Ihr sind ihre vielen Sünden vergeben, weil sie (mir) so viel Liebe gezeigt hat. Wem aber nur wenig vergeben wird, der zeigt auch nur wenig Liebe« (*Lk 7,47*). Jesus ist die Inkarnation des lebendigen Gottes, derjenige, der angesichts vieler Werke des Todes, angesichts der Sünde, des Egoismus, der Verschlossenheit in sich selbst das Leben bringt. Jesus nimmt auf, liebt, erhebt, ermutigt, verzeiht und schenkt erneut die Kraft voranzugehen, schenkt das Leben zurück. Im ganzen Evangelium sehen wir, wie Jesus mit Gesten und Worten das Leben Gottes bringt, das verwandelt. Das ist die Erfahrung der Frau, die die Füße des Herrn mit duftendem Öl salbt: Sie fühlt sich verstanden, geliebt und reagiert mit einer Geste der Liebe; sie lässt sich von der Barmherzigkeit Gottes anrühren und empfängt die Vergebung, beginnt ein neues Leben. Gott, der Lebende, ist barmherzig. Seid ihr einverstanden? Sagen wir es gemeinsam: Gott, der Lebende, ist barmherzig! Alle: Gott, der Lebende, ist barmherzig. Noch einmal: Gott, der Lebende, ist barmherzig!

Das war auch die Erfahrung des Apostels Paulus (...): »Das Leben, das ich jetzt noch in dieser Welt lebe, lebe ich im Glauben an den Sohn Gottes, der mich geliebt und sich für mich hingegeben hat« (vgl. *Gal 2,20*). Was ist das für ein Leben? Es ist das Leben Gottes selbst. Und wer führt uns in dieses Leben hinein? Der Heilige Geist, die Gabe des auferstandenen Christus. Er ist es, der uns in das göttliche Leben führt als wahre Kinder Gottes, als Söhne und Töchter im Eingeborenen Sohn Jesus Christus. Sind wir offen für den Heiligen Geist? Lassen wir uns von ihm führen? Der Christ ist ein geistlicher

Mensch, und das bedeutet nicht etwa, dass er einer ist, der »in den Wolken« lebt, außerhalb der Wirklichkeit als sei er ein Geist. Nein! Der Christ ist ein Mensch, der im täglichen Leben Gott gemäß denkt und handelt, ein Mensch, der zulässt, dass sein Leben vom Heiligen Geist belebt und genährt wird, damit es ein erfülltes Leben sei, in der wirklichen Gotteskindschaft. Und das bedeutet Realismus und Fruchtbarkeit. Wer sich vom Heiligen Geist leiten lässt, ist ein Realist, versteht die Wirklichkeit einzuschätzen und zu beurteilen und ist auch fruchtbar: Sein Leben bringt rings um ihn Leben hervor.

Sagen wir ja zum Leben und nein zum Tod
3. Gott ist der Lebende, er ist der Barmherzige. Jesus bringt uns das Leben Gottes, der Heilige Geist führt uns in die lebendige Beziehung der Gotteskindschaft ein und erhält uns darin. Doch oft – das wissen wir aus Erfahrung – wählt der Mensch nicht das Leben, nimmt das »Evangelium des Lebens« nicht an, sondern lässt sich von Ideologien und Logiken leiten, die dem Leben Hindernisse bereiten, es nicht respektieren, weil sie vom Egoismus, vom Eigennutz bestimmt und auf Gewinn, Macht und Genuss ausgerichtet sind und nicht von der Liebe und dem Bemühen um das Wohl des anderen ausgehen. Das ist die beständige Illusion, die Stadt des Menschen ohne Gott aufbauen zu wollen, ohne das Leben und die Liebe Gottes – ein neuer Turmbau zu Babel; es ist die Meinung, die Ablehnung Gottes, der Botschaft Christi, des Evangeliums des Lebens führe zur Freiheit, zur vollkommenen Selbstverwirklichung des Menschen. Das Ergebnis ist, dass an die Stelle des lebendigen Gottes menschliche und vergängliche Götzen treten, die einen Augenblick des Freiheitsrausches bieten, am Ende aber neue Versklavungen und Tod bringen. Die Weisheit des Psalmisten sagt: »Die Befehle des Herrn sind richtig, sie erfreuen das

Herz; das Gebot des Herrn ist lauter, es erleuchtet die Augen«
(Ps 19,9). Erinnern wir uns immer: der Herr ist der Lebende, er ist
barmherzig. (...)

Liebe Brüder und Schwestern, schauen wir auf Gott als den Gott
des Lebens, betrachten wir sein Gesetz, die Botschaft des Evangeliums als einen Weg der Freiheit und des Lebens. Der lebendige Gott
macht uns frei! Sagen wir ja zur Liebe und nein zum Egoismus, sagen wir ja zum Leben und nein zum Tod, sagen wir ja zur Freiheit
und nein zur Versklavung durch die vielen Götzen unserer Zeit; in
einem Wort: Sagen wir ja zu Gott, der Liebe, Leben und Freiheit ist
und niemals enttäuscht (vgl. 1 Joh 4,8; Joh 11,25; Joh 8,32), zu Gott
dem Lebenden und dem Barmherzigen. Allein der Glaube an den
lebendigen Gott rettet uns – der Glaube an den Gott, der uns in Jesus Christus sein Leben geschenkt hat mit der Gabe des Heiligen
Geistes und als wahre Kinder Gottes mit seiner Barmherzigkeit
leben lässt. Dieser Glaube macht uns frei und glücklich.

(PREDIGT, 16.6.2013)

Die Auferweckung des Lazarus

Lazarus war bereits seit drei Tagen tot, als Jesus ankam; und er
sprach zu den Schwestern Marta und Maria Worte, die sich für immer in das Gedächtnis der christlichen Gemeinde eingeprägt haben. Jesus sagt:»Ich bin die Auferstehung und das Leben. Wer an
mich glaubt, wird leben, auch wenn er stirbt, und jeder, der lebt
und an mich glaubt, wird auf ewig nicht sterben« (Joh 11,25–26).
Auf dieses Wort des Herrn hin glauben wir, dass das Leben dessen,
der an Jesus glaubt und seinem Gebot folgt, nach dem Tod in ein
neues, erfülltes und unsterbliches Leben verwandelt werden wird.
Wie Jesus mit seinem Leib auferstanden, aber nicht in ein irdisches

Leben zurückgekehrt ist, so werden wir mit unserem Leib auferstehen, der in einen glorreichen Leib verklärt werden wird. Er erwartet uns beim Vater, und die Kraft des Heiligen Geistes, der ihn auferweckt hat, wird auch den auferwecken, der mit ihm vereint ist.

Wir sollen heraustreten aus unserem Grab
Vor dem versiegelten Grab des Freundes Lazarus »rief er mit lauter Stimme: Lazarus, komm heraus! Da kam der Verstorbene heraus; seine Füße und Hände waren mit Binden umwickelt, und sein Gesicht war mit einem Schweißtuch verhüllt« (*Joh* 11,43–44). Dieser gebietende Ruf gilt jedem Menschen, da wir alle vom Tod gezeichnet sind, wir alle; es ist die Stimme dessen, der der Herr des Lebens ist und will, dass alle »es in Fülle haben« (*Joh* 10,10). Christus findet sich nicht mit den Gräbern ab, die wir uns mit unseren Entscheidungen für das Böse und den Tod, mit unseren Fehlern, mit unseren Sünden geschaffen haben. Er findet sich damit nicht ab! Er lädt uns ein, ja fast befiehlt er uns, aus dem Grab herauszukommen, in das unsere Sünden uns haben sinken lassen. Er ruft uns eindringlich, aus der Finsternis des Gefängnisses herauszutreten, in das wir uns eingeschlossen haben, weil wir uns mit einem falschen, egoistischen, mittelmäßigen Leben begnügt haben. »Komm heraus!«, sagt er uns, »Komm heraus«! Das ist eine schöne Einladung zur wahren Freiheit, eine Einladung, sich von diesen Worten Jesu ergreifen zu lassen, die er heute einem jeden von uns wiederholt. Eine Einladung, uns von den »Binden« befreien zu lassen, von den Binden des Stolzes. (...)
Die Geste Jesu, der Lazarus auferweckt, zeigt, wie weit die Kraft der Gnade Gottes gehen kann, und somit, bis wohin unsere Umkehr, unsere Veränderung reichen kann.

(ANGELUS, 6.4.2014)

Zur Auferstehung kommen wir nur über die Erfahrung des Kreuzes

[Das Evangelium vom Weg der beiden Emmausjünger, die Jerusalem verließen, lässt] sich in drei Worten zusammenfassen: Tod, Auferstehung und Leben.

Tod: Die beiden Jünger kehren enttäuscht und hoffnungslos in ihren Alltag zurück. Der Meister ist tot, daher ist es sinnlos zu hoffen. Sie waren orientierungslos, ernüchtert und enttäuscht. Ihr Weg ist ein Davonlaufen; ein Sich-Entfernen von der schmerzlichen Erfahrung des Gekreuzigten. Die Krise des Kreuzes, ja das »Ärgernis« und die »Torheit« des Kreuzes (vgl. 1 Kor 1,18.23), scheint all ihre Hoffnung begraben zu haben. Er, auf den sie ihre Existenz aufgebaut hatten, ist gestorben, er ist besiegt und hat alle ihre Erwartungen mit sich ins Grab genommen.

Sie waren die Toten im Grab ihres begrenzten Verstehens

Sie konnten es nicht glauben, dass der Meister und Heiland, der Tote auferweckt und Kranke geheilt hatte, am Schandkreuz enden könnte. Sie konnten nicht begreifen, warum der allmächtige Gott ihn nicht vor einem solch schändlichen Tod gerettet hatte. Das Kreuz Christi war das Kreuz für ihre Vorstellungen über Gott; mit dem Tod Christi war das gestorben, wovon sie dachten, dass es Gott wäre. Denn sie waren die Toten im Grab ihres begrenzten Verstehens.

Wie oft lähmt sich der Mensch selbst, wenn er sich weigert, seine Vorstellung von Gott – nämlich eines Gottes, der nach dem Bild des Menschen und ihm ähnlich geschaffen ist – zu überwinden. Wie oft verzweifelt er, wenn er sich weigert zu glauben, dass die Allmacht Gottes nicht Allmacht der Gewalt, der Autorität bedeutet, sondern allein Allmacht der Liebe, der Vergebung und des Lebens!

Die Jünger erkannten Jesus, »als er das Brot brach«, an der Eucharistie. Wenn wir uns den Schleier nicht abreißen lassen, der unsere Augen verdunkelt, wenn wir uns die Verhärtung unserer Herzen und unserer Vorurteile nicht aufbrechen lassen, werden wir nie das Antlitz Gottes erkennen.

Unsere begrenzten Vorstellungen von Gott kreuzigen

Auferstehung: Im Dunkel der finstersten Nacht, in der zutiefst erschütternden Verzweiflung nähert sich Jesus den beiden Jüngern und geht auf ihrem Weg mit, damit sie entdecken können, dass er »der Weg und die Wahrheit und das Leben« ist (*Joh* 14,6). Jesus verwandelt ihre Verzweiflung in Leben, denn wenn die menschliche Hoffnung schwindet, beginnt die göttliche Hoffnung zu strahlen: »Was für Menschen unmöglich ist, ist für Gott möglich« (*Lk* 18,27; vgl. 1,37). Wenn der Mensch ganz am Boden des Scheiterns und des Unvermögens angelangt ist, wenn er seine Illusion ablegt, der beste, unabhängig und der Mittelpunkt der Welt zu sein, dann reicht Gott ihm die Hand, um seine Nacht in einen Morgen zu verwandeln, seine Niedergeschlagenheit in Freude, seinen Tod in Auferstehung, seinen Rückzug in eine Rückkehr nach Jerusalem, das heißt in eine Rückkehr zum Leben und zum Sieg des Kreuzes (vgl. *Hebr* 10,34).

Nachdem die beiden Jünger dem Auferstandenen begegnet sind, kehren sie nämlich voller Freude, Vertrauen und Begeisterung zurück, bereit, Zeugnis zu geben. Der Auferstandene ließ sie vom Grab ihres Unglaubens und ihrer Niedergeschlagenheit auferstehen. Durch die Begegnung mit dem gekreuzigten und auferstandenen Herrn haben sie die Erklärung und Erfüllung der ganzen Schrift, des Gesetzes und der Propheten gefunden; sie haben den Sinn der scheinbaren Niederlage des Kreuzes gefunden.

Wer nicht über die Erfahrung des Kreuzes zur Wahrheit der Auferstehung geht, verurteilt sich selbst zur Verzweiflung! Denn wir können Gott nicht begegnen, ohne vorher nicht unsere begrenzten Vorstellungen eines Gottes, der unser Verständnis von Macht und Allmacht widerspiegelt, zu kreuzigen.

Besser, nicht zu glauben, als ein Heuchler zu sein
Leben: Die Begegnung mit dem auferstandenen Jesus hat das Leben dieser beiden Jünger verändert. Denn dem Auferstandenen zu begegnen verändert jedes Leben und macht jegliche Sterilität fruchtbar. Die Auferstehung ist nämlich nicht ein Glaube, der in der Kirche entstanden ist, sondern die Kirche ist aus dem Glauben an die Auferstehung entstanden. So sagt der heilige Paulus: »Ist aber Christus nicht auferweckt worden, dann ist unsere Verkündigung leer, leer auch euer Glaube« (1 Kor 15,14).

Der Auferstandene entschwindet ihren Blicken, um uns zu lehren, dass wir Jesus in seiner geschichtlichen Sichtbarkeit nicht festhalten können: »Selig sind, die nicht sehen und doch glauben« (Joh 20,29; vgl. Joh 20,17). Die Kirche muss wissen und glauben, dass er mit ihr lebt und sie in der Eucharistie, in der Schrift und in den Sakramenten lebendig macht. Die Emmausjünger haben dies verstanden und kehrten nach Jerusalem zurück, um mit den anderen diese Erfahrung zu teilen: »Wir haben den Herrn gesehen ... Ja, er ist wirklich auferstanden!« (vgl. Lk 24,33f).

Die Erfahrung der Emmausjünger lehrt uns, dass es nichts nützt, die Gotteshäuser zu füllen, wenn unsere Herzen leer sind ohne Gottesfurcht und Ehrfurcht vor seiner Gegenwart; es nützt nichts, zu beten, wenn unser Gebet zu Gott nicht zur Liebe zum Mitmenschen wird; es nützt nichts, sehr religiös zu sein, wenn die Frömmigkeit nicht von großem Glauben und großer Nächstenliebe beseelt wird;

es nützt nichts, den äußeren Schein zu pflegen, denn Gott sieht die Seele und das Herz (vgl. *1 Sam* 16,7) und verabscheut die Heuchelei (vgl. *Lk* 11,37–54; *Apg* 5,3–4). Bei Gott ist es besser, nicht zu glauben, als ein falscher Gläubiger, ein Heuchler zu sein!

(PREDIGT IN KAIRO/ÄGYPTEN, 29.4.2017)

Tod und Leben: alles in Gottes Hand

»Denn ich bin gewiss: Weder Tod noch Leben, weder Engel noch Mächte, weder Gegenwärtiges noch Zukünftiges, weder Gewalten der Höhe oder Tiefe noch irgendeine andere Kreatur können uns scheiden von der Liebe Gottes, die in Christus Jesus ist, unserem Herrn« (*Röm* 8,38–39).

Der Apostel (Paulus) beschreibt die Liebe Gottes als den tiefsten, unbesiegbaren Grund des christlichen Vertrauens und der christlichen Hoffnung. Er zählt die widrigen und geheimnisvollen Kräfte auf, die den Glaubensweg bedrohen können. Aber sofort bekräftigt er mit sicherer Gewissheit, dass – auch wenn unser gesamtes Dasein von Bedrohungen umstellt ist – nichts uns jemals trennen kann von der Liebe, die Christus selbst für uns durch seine vollkommene Hingabe verdient hat. Auch die dem Menschen feindlich gesinnten dämonischen Kräfte halten machtlos ein angesichts der tiefen Einheit der Liebe zwischen Jesus und demjenigen, der ihn gläubig annimmt. Diese Realität der treuen Liebe, die Gott zu jedem von uns hat, hilft uns, zuversichtlich und kraftvoll den Weg eines jeden Tages in Angriff zu nehmen, der manchmal rasch vorangeht, zuweilen aber nur langsam und mühevoll.

Allein die Sünde des Menschen kann diese Verbindung unterbrechen; aber auch in diesem Fall wird Gott ihn immer suchen, er wird ihm nachgehen, um wieder eine Einheit mit ihm herzustellen, die auch nach dem Tod andauert, ja vielmehr eine Einheit, die in der endgültigen Begegnung mit dem Vater ihren Höhepunkt erreicht.

Wir wissen das Datum nicht, aber die Begegnung wird stattfinden
Diese Gewissheit gibt dem irdischen Leben einen neuen und vollen Sinn und sie eröffnet uns die Hoffnung auf ein Leben über den Tod hinaus. Denn jedes Mal, wenn wir mit dem Tod eines lieben Menschen konfrontiert werden oder mit dem Tod von jemandem, den wir gut gekannt haben, dann steigt in uns die Frage auf: »Was wird sein mit seinem Leben, seiner Arbeit, seinem Dienst für die Kirche?« Das Buch der Weisheit hat uns geantwortet: Sie sind in Gottes Hand! Die Hand ist Zeichen des Aufnehmens und des Beschützens, sie ist Zeichen einer persönlichen, von Achtung und Treue geprägten Beziehung: die Hand geben, die Hand drücken. So ist es: Diese eifrigen Hirten, die ihr Leben dem Dienst an Gott und den Brüdern gewidmet haben, sind in Gottes Hand. Alles von ihnen ist gut behütet und wird nicht vom Tod zerstört werden. All ihre Tage – geprägt von Freud und Leid, von Hoffnung und Mühsal, von Treue zum Evangelium und von der Leidenschaft für das geistliche Heil und das materielle Wohl der ihnen anvertrauten Herde – sind in Gottes Hand.

Auch die Sünden, unsere Sünden sind in Gottes Händen; jene Hände sind barmherzig, »verwundet« von der Liebe. Nicht ohne Grund wollte Jesus die Wunden an den Händen beibehalten, um uns seine Barmherzigkeit spüren zu lassen. Und das ist unsere Kraft, unsere Hoffnung. Diese hoffnungsvolle Wirklichkeit ist die Perspektive der definitiven Auferstehung, des ewigen Lebens, zu dem die »Gerechten« bestimmt sind, jene, die das Wort Gottes annehmen und fügsam sind gegenüber seinem Geist.

(...) Beten wir in diesem Gebet auch für uns selbst, damit der Herr uns für diese Begegnung bereit machen möge. Wir wissen das Datum nicht, aber die Begegnung wird stattfinden.

(PREDIGT, 4.11.2013)

Gegen alle Hoffnung glauben

Im Text (des Römerbriefs) heißt es, dass Abraham an den Gott glaubte, »der die Toten lebendig macht und das, was nicht ist, ins Dasein ruft« (Röm 4,17). Und dann wird erläutert: »Ohne im Glauben schwach zu werden, war er, der fast Hundertjährige, sich bewusst, dass sein Leib und auch Saras Mutterschaft erstorben waren« (Röm 4,19). Genau das ist die Erfahrung, die zu leben auch wir berufen sind. Der Gott, der sich Abraham offenbart, ist der Gott, der rettet, der Gott, der aus Verzweiflung und Tod befreit, der Gott, der ins Leben ruft. In der Geschichte Abrahams wird alles zum Lobpreis Gottes, der befreit und zu neuem Leben erweckt, alles wird zur Prophezeiung. Und das wird es für uns: für uns, die wir jetzt die Erfüllung all dieser Dinge im Ostergeheimnis erkennen und feiern. Denn Gott hat »Jesus [...] von den Toten auferweckt« (Röm 4,24), damit auch wir in ihm vom Tod ins Leben übergehen können. Abraham kann also zu recht »Vater vieler Völker« genannt werden, denn er erstrahlt als Vorbote einer neuen Menschheit – und das sind wir! –, die durch Christus von der Sünde und vom Tod erlöst und ein für alle Mal in die liebevolle Umarmung Gottes geführt wurde.

Unsere Hoffnung stützt sich nicht auf Prognosen

An diesem Punkt hilft uns Paulus, die sehr enge Verbindung zwischen dem Glauben und der Hoffnung genauer zu betrachten. Denn er sagt von Abraham: »Gegen alle Hoffnung hat er voll Hoffnung geglaubt« (*Röm* 4,18). Unsere Hoffnung stützt sich nicht auf menschliche Erwägungen, Prognosen und Versicherungen, sondern sie zeigt sich da, wo keine Hoffnung mehr ist, wo es nichts mehr gibt, auf das man hoffen kann, genau wie bei Abraham angesichts seines bevorstehenden Todes und der Unfruchtbarkeit seiner Ehefrau Sara. Ihr Ende ist nahe, sie konnten keine Kinder bekommen, und in dieser Situation glaubte Abraham und hatte Hoffnung gegen alle Hoffnung. Und das ist großartig! Die große Hoffnung wurzelt im Glauben, und eben deshalb ist sie in der Lage, über jede Hoffnung hinauszugehen. Ja, denn sie gründet nicht auf unserem Wort, sondern auf dem Wort Gottes.

Auch in diesem Sinne sind wir also aufgerufen, dem Vorbild Abrahams zu folgen, der selbst angesichts einer Wirklichkeit, die offensichtlich dem Tod geweiht zu sein scheint, Gott vertraut, »fest davon überzeugt, dass Gott die Macht besitzt, zu tun, was er verheißen hat« (*Röm* 4,21). Ich möchte euch gerne eine Frage stellen: Sind wir, wir alle, davon überzeugt? Sind wir überzeugt, dass Gott uns liebt und dass er bereit ist, alles zu tun, was er uns verheißen hat? Aber Vater, wie viel müssen wir dafür bezahlen? Es gibt nur einen Preis: »das Herz zu öffnen«. Öffnet eure Herzen, und diese Kraft Gottes wird euch voranbringen, wird wunderbare Dinge tun und euch lehren, was die Hoffnung ist. Das ist der einzige Preis: das Herz für den Glauben zu öffnen, und er wird das Übrige tun. Das ist das Paradoxon und gleichzeitig das stärkste, das höchste Element unserer Hoffnung! Einer Hoffnung, die auf einer Verheißung gründet, die vom menschlichen Gesichtspunkt her ungewiss und unvorhersehbar erscheint, die jedoch auch angesichts des Todes nicht weniger wird, wenn es der Gott der Auferstehung ist, der uns die Verheißung macht! Die Verheißung kommt nicht von irgendwem! Die Verheißung kommt vom Gott der Auferstehung und des Lebens.

Wir werden uns auf dem Platz des Himmels begegnen

Liebe Brüder und Schwestern, bitten wir heute den Herrn um die Gnade, nicht nur auf unseren Sicherheiten, auf unseren Fähigkeiten gegründet zu bleiben, sondern auf der Hoffnung, die aus der Verheißung Gottes als wahre Kinder Abrahams entspringt. Wenn Gott etwas verheißt, bringt er das, was er verheißt, zur Erfüllung. Nie bricht er sein Wort. Und dann wird unser Leben ein neues Licht annehmen, im Bewusstsein, dass er, der seinen Sohn auferweckt hat, auch uns auferwecken wird und uns wirklich eins machen wird mit ihm, zusammen mit allen unseren Brüdern im Glauben. Wir alle glauben.

Heute sind wir alle hier auf dem Platz, loben den Herrn, beten das Vaterunser, empfangen dann den Segen ... Aber das vergeht. Aber das ist auch eine Verheißung der Hoffnung. Wenn wir heute ein offenes Herz haben, dann versichere ich euch, dass wir uns alle für immer begegnen werden auf dem Platz des Himmels, der nie vergeht. Das ist die Verheißung Gottes, und das ist unsere Hoffnung, wenn wir unsere Herzen öffnen. Danke.

(GENERALAUDIENZ, 29.3.2017)

4 Vor dem Kreuz

Der zerbrochene Christus ist noch mehr Christus

Wir haben uns zu Füßen des Kruzifixes von Bojayá versammelt, das am 2. Mai 2002 das Gemetzel von Dutzenden von Menschen, die in der Kirche Zuflucht genommen hatten, erleben und erleiden musste. Dieses Bild hat einen großen symbolischen und geistlichen Wert. Wenn wir es anschauen, betrachten wir nicht nur das, was an jenem Tag geschah, sondern auch den vielen Schmerz, den vielen Tod, die vielen gebrochenen Leben und das viele vergossene Blut im Kolumbien der letzten Jahrzehnte. Christus so zu sehen, verstümmelt und verwundet, ist ein Weckruf an uns. Er hat keine Arme mehr und sein Leib ist nicht mehr vorhanden, aber er bewahrt sein Antlitz und mit ihm schaut er uns an und liebt uns. Der zerbrochene und amputierte Christus ist für uns »noch mehr Christus«, weil er uns einmal mehr zeigt, dass er gekommen ist, um für sein Volk und mit seinem Volk zu leiden; und um uns auch zu lehren, dass der Hass nicht das letzte Wort hat, dass die Liebe stärker ist als Tod und Gewalt. Er lehrt uns, den Schmerz in einen Quell des Lebens und der Auferstehung zu verwandeln, damit wir mit ihm und von ihm die Kraft der Vergebung und die Größe der Liebe erlernen.

(...) O schwarzer Christus von Bojayá,
du erinnerst uns an dein Leiden und deinen Tod;
mit deinen Armen und Füßen
hat man dir deine Kinder entrissen,
die Zuflucht suchten bei dir.

O schwarzer Christus von Bojayá,
du schaust uns zärtlich
und mit heiterem Antlitz an;
es schlage auch dein Herz,
um uns in deiner Liebe aufzunehmen.

(GEBETSTREFFEN ZUR NATIONALEN VERSÖHNUNG IN KOLUMBIEN
NACH DEM BÜRGERKRIEG, VILLAVICENCIO, 8.9.2017)

Warum lässt Gott das zu?

(Jesus) selbst sagt ganz deutlich: »Ich gebe mein Leben hin (...)
Niemand entreißt es mir, sondern ich gebe es aus freiem Willen
hin. Ich habe Macht, es hinzugeben, und ich habe Macht, es wieder
zu nehmen« (vgl. Joh 10,17–18). Und so beginnt mit diesem Verrat
der Weg der Erniedrigung, der Entäußerung Jesu. So als wäre er
auf dem Markt: Dieser kostet 30 Silberstücke (...) Nachdem Jesus
den Weg der Erniedrigung und der Entäußerung einmal einge-
schlagen hat, geht er ihn bis zum Ende. Jesus erfährt schließlich die
völlige Erniedrigung durch den »Tod am Kreuz«. Es handelt sich
um den schlimmsten Tod; er war Sklaven und Schwerverbrechern
vorbehalten. Jesus wurde als Prophet betrachtet, aber er stirbt wie
ein Schwerverbrecher.

Wenn wir auf Jesus in seinem Leiden schauen, dann sehen wir
gleichsam in einem Spiegel die Leiden der Menschheit und finden
die göttliche Antwort auf das Geheimnis des Bösen, des Schmerzes,
des Todes. Oft empfinden wir Entsetzen aufgrund des Bösen und
des Leids, das uns umgibt, und wir fragen uns: »Warum lässt Gott
das zu?« Es ist eine tiefe Wunde für uns, das Leiden und den Tod zu
sehen, besonders, wenn Unschuldige davon betroffen sind! Wenn
wir die Kinder leiden sehen, ist es eine Verwundung des Herzens:

Es ist das Geheimnis des Bösen. Und Jesus nimmt all dieses Böse, all dieses Leiden auf sich. In dieser Woche wird es uns allen guttun, auf den Gekreuzigten zu schauen, die Wunden Jesu zu küssen, sie am Gekreuzigten zu küssen. Er hat das ganze menschliche Leiden auf sich genommen, er hat sich mit diesem Leiden bekleidet.

Ein Sieg, der wie ein Scheitern wirkt

Wir erwarten, dass Gott in seiner Allmacht das Unrecht, das Böse, die Sünde und das Leiden mit einem triumphierenden göttlichen Sieg überwindet. Gott dagegen zeigt uns einen demütigen Sieg, der aus menschlicher Sicht als Scheitern erscheint. Wir können sagen, dass Gott im Scheitern siegt! Denn der Sohn Gottes erscheint am Kreuz als besiegter Mensch: Er leidet, er wird verraten, er wird verhöhnt, und am Ende stirbt er. Aber Jesus lässt es zu, dass das Böse über ihn hereinbricht, und er nimmt es auf sich, um es zu besiegen. Sein Leiden ist kein Unfall; sein Tod – eben dieser Tod – stand »geschrieben«. Tatsächlich finden wir nicht viele Erklärungen. Es handelt sich um ein erschütterndes Geheimnis, das Geheimnis der großen Demut Gottes: »Denn Gott hat die Welt so sehr geliebt, dass er seinen einzigen Sohn hingab« (Joh 3,16). Denken wir in dieser Woche viel an den Schmerz Jesu und sagen wir uns: Das ist für mich. Auch wenn ich der einzige Mensch auf der Welt gewesen wäre, hätte er es getan. Er hat es für mich getan. Küssen wir den Gekreuzigten und sagen: für mich, danke Jesus, für mich.

Auferstehung ist kein Happy End

Wenn alles verloren scheint, wenn niemand mehr bleibt – denn sie werden »den Hirten erschlagen, dann werden sich die Schafe der Herde zerstreuen« (Mt 26,31) –, dann greift Gott ein mit der Macht der Auferstehung. Die Auferstehung Jesu ist nicht das glück-

liche Ende eines schönen Märchens, sie ist nicht das »Happy End«
eines Films, sondern sie ist das Eingreifen Gottes, des Vaters – dort,
wo die menschliche Hoffnung zerbricht.

Der Augenblick, in dem alles verloren scheint, der Augenblick
des Schmerzes, in dem viele Menschen gleichsam das Bedürfnis
verspüren, vom Kreuz hinabzusteigen, ist der Augenblick, an dem
die Auferstehung am nächsten ist. Die Nacht ist am dunkelsten, bevor der Morgen anbricht, bevor das Licht beginnt. Im dunkelsten
Augenblick greift Gott ein und erweckt zum Leben.

(GENERALAUDIENZ, 16.4.2014)

Wie sehe ich auf das Kreuz?

Wer Jesus kennenlernen will, muss in das Innere des Kreuzes
blicken, wo seine Herrlichkeit offenbar wird. In das Kreuz hinein blicken. Das (...) Evangelium lädt uns ein, unseren Blick auf
das Kreuz zu richten, das kein ornamentaler Gegenstand oder ein
Modeschmuck ist – der manchmal missbraucht wird! –, sondern
ein religiöses Zeichen, das betrachtet und verstanden werden soll.
Das Bild des gekreuzigten Jesus offenbart das Geheimnis des Todes
des Sohnes als den höchsten Akt der Liebe, Quell des Lebens und
des Heils für die Menschheit aller Zeiten. In seinen Wunden sind
wir geheilt worden.

Ich kann darüber nachdenken: »Wie sehe ich auf das Kreuz? Wie
auf ein Kunstwerk, um zu sehen, ob es schön oder nicht schön ist?
Oder schaue ich hinein, trete ich in die Wunden Jesu bis zu seinem
Herzen ein? Blicke ich auf das Geheimnis des wie ein Sklave, wie ein
Verbrecher bis zum Tod entäußerten Gottes?« Vergesst das nicht:
auf das Kreuz blicken, aber von innen darauf blicken. Es gibt da
diese wunderbare Verehrung, für jede der fünf Wunden ein Vater-

unser zu beten: Wenn wir dieses Vaterunser beten, versuchen wir, durch die Wunden Jesu ins Innere vorzudringen, hinein, zu seinem Herzen. Und dort werden wir die große Weisheit des Geheimnisses Christi lernen, die große Weisheit des Kreuzes.

Geh zu seinen Wunden; sieh Jesus, aber von innen
Und um die Bedeutung seines Todes und seiner Auferstehung zu erklären, verwendet Jesus ein Bild und sagt: »Wenn das Weizenkorn nicht in die Erde fällt und stirbt, bleibt es allein; wenn es aber stirbt, bringt es reiche Frucht« (V. 24). Er möchte uns begreifen lassen, dass die letzten Ereignisse seines Lebens – das heißt Kreuz, Tod und Auferstehung – ein Akt der Fruchtbarkeit sind – seine Wunden haben uns geheilt –, eine Fruchtbarkeit, die für viele Früchte tragen wird. So vergleicht er sich mit dem Weizenkorn, das in der Erde zugrunde geht und neues Leben erzeugt. Mit der Menschwerdung kam Jesus auf die Erde; aber das ist nicht genug: er muss auch sterben, um die Menschen aus der Knechtschaft der Sünde zu erlösen und ihnen ein neues Leben zu schenken, das in Liebe versöhnt ist. Ich sagte, »um die Menschen zu erlösen«: Nun, um mich zu erlösen, dich, uns alle, einen jeden von uns, hat er diesen Preis bezahlt. Das ist das Geheimnis Christi. Geh zu seinen Wunden, geh hinein, betrachte; sieh Jesus, aber von innen.

(ANGELUS, 18.3.2018)

An diese Liebe kann man glauben

Der äußerste Beweis für die Verlässlichkeit der Liebe Christi findet sich in seinem Tod für den Menschen. Wenn der stärkste Beweis für die Liebe darin liegt, sein Leben für die Freunde hinzugeben (vgl. Joh 15,13), so hat Jesus das seine für alle geopfert, auch für diejenigen, die Feinde waren, um auf diese Weise die Herzen zu verwandeln. Deshalb haben die Evangelisten den Höhepunkt der Sicht des Glaubens in die Stunde des Kreuzes gelegt, denn in dieser Stunde erstrahlt die Größe und Weite der göttlichen Liebe. Der heilige Johannes setzt an diese Stelle, da er gemeinsam mit der Mutter Jesu auf den blickte, den sie durchbohrt haben (vgl. *Joh* 19,37), sein feierliches Zeugnis: »Und der, der es gesehen hat, hat es bezeugt, und sein Zeugnis ist wahr. Und er weiß, dass er Wahres berichtet, damit auch ihr glaubt« (*Joh* 19,35). F. M. Dostojewski lässt in seinem Werk *Der Idiot* den Protagonisten, den Fürsten Myschkin, beim Anblick des Gemäldes des toten Christus im Grab von Hans Holbein dem Jüngeren sagen: »Aber beim Anblick dieses Bildes kann ja mancher Mensch seinen Glauben verlieren«. Das Gemälde stellt nämlich auf sehr drastische Weise die zerstörende Wirkung des Todes auf den Leichnam Christi dar. Und doch wird gerade in der Betrachtung des Todes Jesu der Glaube gestärkt und empfängt ein strahlendes Licht, wenn er sich als ein Glaube an Jesu unerschütterliche Liebe zu uns erweist, die fähig ist, in den Tod zu gehen, um uns zu retten. An diese Liebe, die sich dem Tod nicht entzogen hat, um zu zeigen, wie sehr sie mich liebt, kann man glauben; ihre Totalität ist über jeden Verdacht erhaben und erlaubt uns, uns Christus voll anzuvertrauen.

Nun offenbart jedoch der Tod Christi die völlige Verlässlichkeit der Liebe Gottes im Licht seiner Auferstehung. Als Auferstandener ist Christus zuverlässiger, glaubwürdiger Zeuge (vgl. *Offb* 1,5; *Hebr* 2,17), eine feste Stütze für unseren Glauben. »Wenn aber Christus nicht auferweckt worden ist, dann ist euer Glaube nutzlos«, sagt der heilige Paulus (1 *Kor* 15,17). Wenn die Liebe des Vaters Jesus nicht von den Toten hätte auferstehen lassen, wenn sie nicht vermocht hätte, seinem Leib wieder Leben zu geben, dann wäre sie keine vollkommen verlässliche Liebe, die in der Lage wäre, auch das Dunkel des Todes zu erhellen. Wenn der heilige Paulus von seinem neuen Leben in Christus spricht, bezieht er sich auf den »Glauben an den Sohn Gottes, der mich geliebt und sich für mich hingegeben hat« (*Gal* 2,20). Dieser Glaube an den Sohn Gottes ist sicherlich der Glaube des Völkerapostels an Jesus, doch er setzt auch die Verlässlichkeit Jesu voraus, die sich zwar auf seine Liebe bis in den Tod gründet, aber auch darauf, dass er Sohn Gottes ist. Gerade weil Jesus der Sohn ist, weil er ganz im Vater verwurzelt ist, hat er den Tod überwinden und das Leben in Fülle erstrahlen lassen können. Unsere Kultur hat die Wahrnehmung dieser konkreten Gegenwart Gottes, seines Handelns in der Welt, verloren. Wir meinen, Gott befinde sich nur jenseits, auf einer anderen Ebene der Wirklichkeit, getrennt von unseren konkreten Beziehungen. Wenn es aber so wäre, wenn Gott unfähig wäre, in der Welt zu handeln, wäre seine Liebe nicht wirklich mächtig, nicht wirklich real und wäre folglich nicht einmal eine wahre Liebe, die das Glück zu vollbringen vermag, das sie verspricht. Dann wäre es völlig gleichgültig, ob man an ihn glaubt oder nicht. Die Christen bekennen dagegen die konkrete und mächtige Liebe Gottes, der wirklich in der Geschichte handelt und ihr endgültiges Los bestimmt — eine Liebe, der man begegnen kann, die sich im Leiden und Sterben und in der Auferstehung Christi vollends offenbart hat.

(ENZYKLIKA *LUMEN FIDEI*, 29.6.2013, NR. 16f.)

Werkzeug des Todes und Weg der Auferstehung

O Kreuz Christi, Symbol der göttlichen Liebe und der menschlichen Ungerechtigkeit, Ikone des höchsten Opfers aus Liebe und des größten Egoismus aus Stolz, Werkzeug des Todes und Weg der Auferstehung, Zeichen des Gehorsams und Sinnbild des Verrats, Galgen der Verfolgung und Banner des Sieges.

O Kreuz Christi, auch heute noch sehen wir dich aufgerichtet in unseren Schwestern und Brüdern, die getötet werden, lebendig verbrannt werden, denen die Kehlen durchgeschnitten werden und die geköpft werden mit barbarischen Schwertern und mit dem feigen Stillschweigen.

O Kreuz Christi, auch heute noch sehen wir dich in den Gesichtern der Kinder, der Frauen und der Menschen, die erschöpft und verängstigt vor den Kriegen und der Gewalt fliehen und oft nur den Tod finden oder viele wie Pilatus mit gewaschenen Händen antreffen.

O Kreuz Christi, auch heute noch sehen wir dich in denen, die Lehrer des Buchstabens und nicht des Geistes sind, des Todes und nicht des Lebens, die Strafe und Tod androhen und den Gerechten verurteilen, anstatt die Barmherzigkeit und das Leben zu lehren.

O Kreuz Christi, auch heute noch sehen wir dich in den untreuen Dienern, die sogar die Unschuldigen ihrer Würde berauben, anstatt die eigenen eitlen Ambitionen abzulegen.

O Kreuz Christi, wir sehen dich auch heute noch in den versteinerten Herzen derer, die bequem über die anderen urteilen, Herzen, die bereit sind, sie sogar zur Steinigung zu verurteilen, ohne die eigenen Fehler und Sünden zu bemerken.

O Kreuz Christi, wir sehen dich auch heute noch in den Fundamentalismen und im Terrorismus von Anhängern mancher Religionen, die den Namen Gottes schänden und ihn dazu benutzen, ihre unerhörte Gewalt zu rechtfertigen.

O Kreuz Christi, wir sehen dich auch heute noch in denen, die dich aus den öffentlichen Räumen entfernen und aus dem öffentlichen Leben ausschließen wollen im Namen eines gewissen laizistischen heidnischen Denkens oder sogar im Namen der Gleichheit, die du selbst uns gelehrt hast.

O Kreuz Christi, wir sehen dich auch heute noch in den Mächtigen und in den Waffenhändlern, die den Glutofen der Kriege mit dem unschuldigen Blut der Brüder und Schwestern beschicken und die ihren Kindern blutbeflecktes Brot zu essen geben.

O Kreuz Christi, wir sehen dich auch heute noch in den Verrätern, die für dreißig Silberstücke jedermann dem Tod ausliefern.

O Kreuz Christi, wir sehen dich auch heute noch in den Räubern und in den Korrupten, die sich dem elenden Markt der Unmoral verkaufen, anstatt das Gemeinwohl und die Ethik zu bewahren.

O Kreuz Christi, wir sehen dich auch heute noch in den Narren, die Lager für vergängliche Schätze bauen, während sie Lazarus vor ihren Türen den Hungertod sterben lassen.

O Kreuz Christi, wir sehen dich auch heute noch in den Zerstörern unseres »*gemeinsamen Hauses*«, die aus Egoismus die Zukunft der kommenden Generationen vernichten.

O Kreuz Christi, wir sehen dich auch heute noch in den Alten, die von ihren Angehörigen verlassen wurden, in den Menschen mit Behinderung und in den Kindern, die unterernährt sind und von unserer egoistischen und heuchlerischen Gesellschaft ausgesondert werden.

O Kreuz Christi, wir sehen dich auch heute noch auf dem Mittelmeer und in der Ägäis, die zu einem unersättlichen Friedhof geworden sind, ein Bild unseres abgestumpften und betäubten Gewissens.

O Kreuz Christi, Bild der Liebe ohne Ende und Weg der Auferstehung, wir sehen dich auch heute noch in den guten und gerechten Menschen, die das Gute tun, ohne den Beifall oder die Bewunderung durch andere zu suchen.

O Kreuz Christi, wir sehen dich auch heute noch in den treuen und demütigen Dienern, die das Dunkel unseres Lebens erleuchten, so wie Kerzen, die sich selbstlos verzehren, um den Geringsten Licht für ihr Dasein zu schenken.

O Kreuz Christi, wir sehen dich auch heute noch in den Gesichtern der Ordensschwestern und der Personen geweihten Lebens – die guten Samariter – die alles aufgeben, um still im Geist des Evangeliums die Wunden der Armut und der Ungerechtigkeit zu verbinden.

O Kreuz Christi, wir sehen dich auch heute noch in den Barmherzigen, die in der Barmherzigkeit den höchsten Ausdruck der Gerechtigkeit und des Glaubens finden.

O Kreuz Christi, wir sehen dich auch heute noch in den einfachen Menschen, die fröhlich ihren Glauben im Alltag und in der kindlichen Befolgung der Gebote leben.

O Kreuz Christi, wir sehen dich auch heute noch in den Reumütigen, die aus dem tiefen Elend ihrer Sünden herausschreien: Herr, denk an mich, wenn du in dein Reich kommst!

O Kreuz Christi, wir sehen dich auch heute noch in den Seligen und Heiligen, welche durch die dunkle Nacht des Glaubens zu gehen vermögen, ohne das Vertrauen in Gott zu verlieren und ohne vorzugeben, sein geheimnisvolles Schweigen zu begreifen.

O Kreuz Christi, wir sehen dich auch heute noch in den Familien, in denen treu und fruchtbar die eheliche Berufung gelebt wird.

O Kreuz Christi, wir sehen dich auch heute noch in den Ehrenamtlichen, die großzügig den Bedürftigen und Heimgesuchten zu Hilfe kommen.

O Kreuz Christi, wir sehen dich auch heute noch in den um ihres Glaubens willen Verfolgten, die in ihrem Leiden weiter ein authentisches Zeugnis für Christus und das Evangelium geben.

O Kreuz Christi, wir sehen dich auch heute noch in denen, die Träume haben, die mit dem Herzen eines Kindes leben und jeden Tag dafür arbeiten, dass die Welt besser, menschlicher und gerechter wird.

In dir, du heiliges Kreuz, sehen wir Gott, der bis zur Vollendung liebt, und sehen wir den Hass, der sich als Herr aufspielt und Herz und Geist derer blind macht, die dem Licht die Finsternis vorziehen.

O Kreuz Christi, du Arche des Noach, welche die Menschheit vor der Sintflut der Sünde gerettet hat, rette uns vor dem Übel und vor dem Bösen! O Thron Davids und Siegel des göttlichen und ewigen Bundes, wecke uns auf angesichts der Verlockungen der Eitelkeit! O Liebesschrei, entfache in uns das Verlangen nach Gott, nach dem Guten und nach dem Licht.

O Kreuz Christi, lehre uns, dass der Aufgang der Sonne stärker ist als die Dunkelheit der Nacht. O Kreuz Christi, lehre uns, dass der scheinbare Sieg des Bösen sich vor dem leeren Grab verflüchtigt, vor der Gewissheit der Auferstehung und der Liebe Gottes, die nichts zu besiegen, zu verdunkeln oder abzuschwächen vermag. Amen!

(KREUZWEG AM KOLOSSEUM, 25.3.2016)

5 Unsere Verstorbenen sind uns nahe

Keines deiner Kinder soll verloren gehen

Es ist schön daran zu denken, dass Jesus selbst uns aufwecken wird. Jesus selbst hat offenbart, dass der Tod des Leibes einem Schlaf gleicht, aus dem er uns erweckt. Mit diesem Glauben halten wir – auch geistlich – bei den Gräbern unserer Lieben inne, bei denen, die uns gern gehabt und uns Gutes getan haben. Doch heute sind wir aufgerufen, aller zu gedenken, auch derer, an die sich keiner erinnert. Wir gedenken der Opfer von Kriegen und Gewalt; der vielen »Kleinen« auf der Welt, die von Hunger und Elend erdrückt werden; wir gedenken der Namenlosen, die gemeinsam in den Ossuarien ruhen. Wir gedenken der Brüder und Schwestern, die getötet wurden, weil sie Christen sind; und all derer, die ihr Leben aufgeopfert haben, um anderen zu dienen. Wir empfehlen dem Herrn besonders alle, die uns im Lauf dieses letzten Jahres verlassen haben.

Die Tradition der Kirche hat immer zum Gebet für die Verstorbenen aufgerufen, besonders, indem man für sie eine Messe feiern lässt: das ist die beste geistliche Hilfe, die wir ihren Seelen geben können, besonders den verlassensten. Das Fundament des Fürbittgebets für die Seelen der Verstorbenen liegt in der Gemeinschaft des mystischen Leibes. Wie das II. Vatikanische Konzil unterstreicht: »Aus der tiefen Anerkennung dieser Gemeinschaft des ganzen mystischen Leibes Jesu Christi hat die pilgernde Kirche seit den Anfängen der christlichen Religion das Gedächtnis der Verstorbenen mit großer Ehrfurcht gepflegt« (*Lumen gentium*, 50).

Der Mensch ist zu einem Leben ohne Grenzen bestimmt

Das Gedächtnis der Verstorbenen, die Pflege der Gräber und die Fürbittgebete sind Zeugnis zuversichtlicher Hoffnung, die in der Gewissheit verwurzelt ist, dass der Tod nicht das letzte Wort über das menschliche Schicksal ist, da der Mensch zu einem Leben ohne Grenzen bestimmt ist, das seine Wurzel und seine Erfüllung in Gott hat.

An Gott richten wir dieses Gebet: »Unendlich barmherziger Gott, deiner unermesslichen Güte empfehlen wir alle, die diese Welt für die Ewigkeit verlassen haben, wo du die ganze Menschheit erwartest, erlöst durch das kostbare Blut Christi, deines Sohnes, der gestorben ist als Lösegeld für unsere Sünden. Schau nicht, o Herr, auf unsere vielen menschlichen Armseligkeiten, unser Elend und unsere Schwächen, wenn wir vor dein Gericht treten werden, um den Richtspruch zu Glückseligkeit oder Verdammnis zu empfangen. Lass deinen erbarmungsvollen Blick auf uns ruhen, der der Zärtlichkeit deines Herzens entspringt, und hilf uns, den Weg vollständiger Läuterung zu beschreiten. Keines deiner Kinder soll im ewigen Feuer der Hölle verloren gehen, wo es keine Reue mehr geben kann. Dir, o Herr, empfehlen wir die Seelen unserer Lieben, der Menschen, die ohne den sakramentalen Trost gestorben sind oder nicht einmal am Ende ihres Lebens die Gelegenheit zur Reue gefunden haben.

Keiner soll die Begegnung mit dir nach der irdischen Pilgerschaft fürchten, in der Hoffnung, in den Armen deiner unendlichen Barmherzigkeit Aufnahme zu finden. Der leibliche Tod, unsere Schwester, finde uns wachsam im Gebet und beladen mit all dem Guten, das wir im Lauf unseres kurzen oder langen Daseins getan haben. Herr, nichts halte uns von dir auf dieser Erde fern, sondern alles und alle mögen uns im glühenden Verlangen stützen, in Frieden und auf ewig in dir zu ruhen. Amen« (P. Antonio Rungi, Passionist, *Gebet für die Verstorbenen*).

Mit diesem Glauben an die letzte Bestimmung des Menschen wenden wir uns jetzt an die Gottesmutter, die unter dem Kreuz das Drama des Todes Christi durchlitten und dann an der Freude über seine Auferstehung Anteil genommen hat. Sie, Pforte des Himmels, helfe uns, immer mehr den Wert des Fürbittgebets für die Verstorbenen zu verstehen. Sie sind uns nahe! Sie stehe uns bei in unserer täglichen Pilgerschaft auf Erden und helfe uns, nie das letzte Ziel des Lebens aus dem Blick zu verlieren: das Paradies. Und mit dieser Hoffnung, die nie enttäuscht, wollen wir vorangehen!

(ANGELUS, 2.11.2014)

Gemeinschaft mit den Verstorbenen: nicht nur Wunsch oder Einbildung

[Ein Text aus dem Buch Daniel] ist Ausdruck einer starken Hoffnung auf die Auferstehung der Gerechten: »Von denen, die im Land des Staubes schlafen, werden viele erwachen, die einen zum ewigen Leben, die anderen zur Schmach, zu ewigem Abscheu.« (Dan 12,2) Mit denjenigen, die im Land des Staubes schlafen, d.h. in der Erde, sind offensichtlich die Toten gemeint, und das Erwachen vom Tod ist nicht automatisch eine Rückkehr ins Leben: Einige werden in der Tat zum ewigen Leben erwachen, andere zur ewigen Schmach. Der Tod macht die »Weggabelung« endgültig, vor der wir schon hier in dieser Welt stehen: vor dem Weg des Lebens, also mit Gott, oder vor dem Weg des Todes, also fern von Ihm. Die »Vielen«, die zum ewigen Leben erwachen, sind zu verstehen als die »Vielen«, für die das Blut Christi vergossen wurde. Es ist die große Zahl derer, die dank der barmherzigen Güte Gottes die Wirklichkeit des unvergänglichen Lebens erfahren dürfen, den durch die Auferstehung errungenen vollkommenen Sieg über den Tod.

Im Evangelium stärkt Jesus unsere Hoffnung, wenn er sagt: »Ich bin das lebendige Brot, das vom Himmel herabgekommen ist. Wer von diesem Brot isst, wird in Ewigkeit leben« (*Joh 6,51*). Diese Worte verweisen auf das Kreuzesopfer Christi. Er hat den Tod angenommen, um die Menschen zu retten, die der Vater ihm gegeben hat und die dem Tod verfallen waren in der Sklaverei der Sünde. Jesus ist unser Bruder geworden und hat unser Schicksal bis zum Tod mit uns geteilt; durch seine Liebe hat er das Joch des Todes zerbrochen und uns die Türen des Lebens geöffnet. Wenn wir uns von seinem Leib und seinem Blut nähren, vereinen wir uns mit seiner treuen Liebe, die in sich die Hoffnung birgt, dass das Gute über das Böse, über das Leid und den Tod triumphieren wird. Kraft dieses göttlichen Bandes der Liebe Christi wissen wir, dass die Gemeinschaft mit den Verstorbenen nicht nur Wunsch oder Einbildung bleibt, sondern wirklich wird.

Menschen des Lebens und nicht des Todes
Der Glaube an die Auferstehung, zu dem wir uns bekennen, macht uns zu Menschen der Hoffnung und nicht der Verzweiflung, zu Menschen des Lebens und nicht des Todes, weil uns die in der Einheit mit dem Auferstandenen begründete Verheißung des Ewigen Lebens tröstet. Diese Hoffnung, die das Wort Gottes in uns wieder neu entflammt, hilft uns, angesichts des Todes eine innere Haltung des Vertrauens anzunehmen.

(PREDIGT, 3.11.2017)

6 Jesu Auferstehung ist auch unsere

Die Liebe ist stärker, die Liebe schenkt Leben

In den Kirchen auf der ganzen Welt erklingt die Verkündigung des Engels an die Frauen: »Fürchtet euch nicht! Ich weiß, ihr sucht Jesus, den Gekreuzigten. Er ist nicht hier; denn er ist auferstanden ... Kommt her und seht euch die Stelle an, wo er lag« (Mt 28,5–6).

Das ist der Höhepunkt des Evangeliums, es ist die Frohe Botschaft schlechthin: Jesus, der Gekreuzigte, ist auferstanden! Auf dieses Ereignis gründen sich unser Glaube und unsere Hoffnung: Wäre Christus nicht auferstanden, würde das Christentum seine Bedeutung verlieren; die gesamte Mission der Kirche hätte keinen Antrieb mehr, denn von dort ist sie ausgegangen und von dort geht sie immer neu aus. Die Botschaft, welche die Christen der Welt überbringen, ist diese: Jesus, die menschgewordene Liebe, ist für unsere Sünden am Kreuz gestorben, aber Gott, der Vater, hat ihn auferweckt und ihn zum Herrn über Leben und Tod gemacht. In Jesus hat die Liebe über den Hass gesiegt, die Barmherzigkeit über die Sünde, das Gute über das Böse, die Wahrheit über die Lüge, das Leben über den Tod.

Darum sagen wir zu allen: »Kommt her und seht!« In jeder menschlichen Situation, die von der Hinfälligkeit, der Sünde und dem Tod gekennzeichnet ist, ist die Frohe Botschaft nicht nur ein Wort, sondern sie ist ein Zeugnis ungeschuldeter und treuer Liebe: Sie bedeutet, aus sich herauszugehen, um dem anderen entgegenzukommen; sie bedeutet, dem nahe zu sein, der vom Leben verletzt ist; sie bedeutet, mit dem zu teilen, dem das Nötige fehlt; sie bedeutet, bei dem zu bleiben, der krank oder alt oder ausgeschlossen ist … »*Kommt her und seht!*«: Die Liebe ist stärker, die Liebe schenkt Leben, die Liebe lässt in der Wüste die Hoffnung erblühen.

(URBI ET ORBI, 20.4.2014)

Unsere Auferstehung ist eine sichere Wirklichkeit

Wir Christen sind Frauen und Männer der Hoffnung. Das geht bereits aus dem ersten Text (des Neuen Testaments), der geschrieben wurde, also dem Ersten Brief des heiligen Paulus an die Thessalonicher, deutlich hervor. In dem Abschnitt, den wir vernommen haben, spürt man die ganze Frische und Schönheit der frühen christlichen Verkündigung. Die Gemeinde von Thessalonich ist jung, erst kurz zuvor gegründet; dennoch ist sie trotz der Schwierigkeiten und der vielen Prüfungen im Glauben verwurzelt und feiert mit Begeisterung und Freude die Auferstehung Jesu, des Herrn. Der Apostel freut sich daher von Herzen mit allen, da jene, die am Osterfest neu geboren werden, wirklich »Söhne des Lichts und Söhne des Tages« (1 *Thess* 5,5) werden, kraft der vollen Gemeinschaft mit Christus.

Als Paulus ihr schreibt, ist die Gemeinde von Thessalonich gerade gegründet worden, und nur wenige Jahre trennen sie vom Ostern Christi. Daher versucht der Apostel, alle Auswirkungen und Folgen, die dieses einzigartige und entscheidende Ereignis, also die Auferstehung des Herrn, für die Geschichte und für das Leben eines jeden Menschen mit sich bringt, verständlich zu machen. Insbesondere bestand für die Gemeinde die Schwierigkeit nicht so sehr darin, die Auferstehung Jesu anzuerkennen – alle glaubten daran –, sondern an die Auferstehung der Toten zu glauben. Ja, Jesus ist auferstanden, aber die Schwierigkeit bestand darin zu glauben, dass die Toten auferstehen. In diesem Sinne erweist sich dieser Brief als äußerst aktuell. Jedes Mal, wenn wir mit unserem Tod oder dem Tod eines geliebten Menschen konfrontiert sind, spüren wir, dass unser Glaube auf die Probe gestellt wird. All unsere Zweifel treten zutage, unsere ganze Schwachheit, und wir fragen uns: »Wird es denn wirklich ein Leben nach dem Tod geben ...? Werde ich die Menschen, die ich geliebt habe, wieder sehen und umarmen können ...?« Diese Frage hat mir eine Frau vor einigen Tagen in einer Audienz gestellt und dabei Zweifel zum Ausdruck gebracht: »Werde ich meinen Angehörigen begegnen?« Auch wir müssen im gegenwärtigen Kontext zur Wurzel und zu den Grundlagen unseres Glaubens zurückkehren, um uns bewusst zu machen, wie viel Gott in Christus Jesus für uns gewirkt hat und was unser Tod bedeutet. Alle haben wir etwas Angst wegen der Ungewissheit des Todes. Ich erinnere mich an einen guten alten Mann, der sagte: »Ich habe keine Angst vor dem Tod. Ich habe etwas Angst, ihn kommen zu sehen.« Davor hatte er Angst.

In der Erwartung leben

Angesichts der Ängste und Zweifel fordert Paulus die Gemeinde auf, den »Helm der Hoffnung auf das Heil« fest auf dem Kopf zu behalten, vor allem in den Prüfungen und in den schwierigsten Augenblicken unseres Lebens. Sie ist ein Helm: Das ist es, was die christliche Hoffnung ist. Wenn von Hoffnung die Rede ist, können wir geneigt sein, sie im herkömmlichen Sinne des Wortes zu verstehen, also in Bezug auf etwas Schönes, das wir uns wünschen, das aber eintreten kann oder nicht. Wir hoffen, dass es geschieht; es ist gleichsam ein Wunsch. Man sagt zum Beispiel: »Ich hoffe, dass morgen schönes Wetter sein wird!« Aber wir wissen, dass das Wetter am nächsten Tag auch schlecht sein kann ... Die christliche Hoffnung ist nicht so. Die christliche Hoffnung ist die Erwartung von etwas, das bereits erfüllt ist; die Tür ist dort, und ich hoffe, dass ich zur Tür gelange. So ist die christliche Hoffnung: die Gewissheit haben, dass ich unterwegs bin zu etwas, das da ist, und nicht zu etwas, von dem ich möchte, dass es da sei. Das ist die christliche Hoffnung.

Die christliche Hoffnung ist die Erwartung einer Sache, die bereits erfüllt ist und die sich gewiss für einen jeden von uns verwirklichen wird. Auch unsere Auferstehung und die der lieben Verstorbenen ist also nicht etwas, das geschehen kann oder nicht, sondern sie ist eine sichere Wirklichkeit, da sie im Ereignis der Auferstehung Christi verwurzelt ist. Hoffen bedeutet also zu lernen, in der Erwartung zu leben. Zu lernen, in der Erwartung zu leben und das Leben zu finden. Wenn eine Frau merkt, dass sie schwanger ist, dann lernt sie jeden Tag, in der Erwartung zu leben, den Blick dieses Kindes zu sehen, das kommen wird. So müssen auch wir leben und aus den menschlichen Erwartungen lernen und in der Erwartung leben, den Herrn zu schauen, dem Herrn zu begegnen. Das ist nicht leicht, aber man lernt es: in der Erwartung leben. Hoffen heißt und setzt voraus, ein demütiges Herz, ein armes Herz zu haben. Nur ein armes Herz weiß in der Erwartung zu leben. Wer bereits mit sich selbst und seinem Besitz erfüllt ist, kann sein Vertrauen auf niemand anderen setzen als auf sich selbst.

Weiter schreibt der heilige Paulus: »Er ist für uns gestorben, damit wir vereint mit ihm leben, ob wir nun wachen oder schlafen« (1 Thess 5,10). Diese Worte sind stets Grund für großen Trost und Frieden. Auch für die geliebten Menschen, die uns verlassen haben, sind wir also aufgerufen zu beten, damit sie in Christus leben und in voller Gemeinschaft mit uns stehen. Etwas, das mein Herz sehr berührt, ist ein Wort des heiligen Paulus, das ebenfalls an die Thessalonicher gerichtet ist. Es erfüllt mich mit der Gewissheit der Hoffnung. Es lautet so:»Dann werden wir immer beim Herrn sein« (1 Thess 4,17). Das ist schön: Alles vergeht, aber nach dem Tod werden wir immer beim Herrn sein. Es ist die vollkommene Gewissheit der Hoffnung, dieselbe, die lange Zeit zuvor Ijob sagen ließ:»Ich weiß: mein Erlöser lebt […] Ihn selber werde ich dann für mich schauen; meine Augen werden ihn sehen« (*Ijob* 19,25.27). Und so werden wir immer beim Herrn sein. Glaubt ihr das? Ich frage euch: Glaubt ihr das? Um etwas Kraft zu haben, lade ich euch ein, es dreimal mit mir zu sagen:»Dann werden wir für immer beim Herrn sein.« Und dort, beim Herrn, werden wir einander begegnen.

(GENERALAUDIENZ, 1.2.2017)

Von unten nach oben blicken

Mit seinem Tod und seiner Auferstehung weist Jesus allen den Weg zum Leben und zum Glück: Dieser Weg ist die Demut, die Erniedrigung, die mit Demütigung verbunden ist. Das ist der Weg, der zur Herrlichkeit führt. Nur wer sich erniedrigt, kann auf»das Himmlische« (vgl. *Kol* 3,1–4) zugehen, Gott entgegen. Der Stolze blickt»von oben herab nach unten«, der Demütige blickt»von unten nach oben«.

Am Ostermorgen liefen Petrus und Johannes, von den Frauen benachrichtigt, zum Grab und fanden es offen und leer vor. Da gingen sie näher heran und»beugten« sich, um ins Grab einzutreten. Um in das Geheimnis einzutreten, muss man sich»beugen«, sich erniedrigen. Nur wer sich erniedrigt, versteht die Verherrlichung Jesu und kann ihm folgen auf seinem Weg.

(URBI ET ORBI, 5.4.2015)

Wir beginnen bereits, aufzuerstehen

Kraft dieses Ereignisses (der Auferstehung Jesu), das die wahre und eigentliche Neuheit der Geschichte und des Kosmos bildet, sind wir berufen, dem Heiligen Geist gemäß neue Männer und Frauen zu sein und den Wert des Lebens zu bekräftigen. Das Leben ist da! Das bedeutet, dass wir bereits beginnen aufzuerstehen! Wir werden Männer und Frauen der Auferstehung sein, Männer und Frauen des Lebens, wenn wir es verstehen, inmitten der die Welt quälenden Geschehnisse – es gibt heute so viele –, inmitten einer von Gott entfernenden Weltlichkeit Gesten der Solidarität, Gesten der Aufnahme zu setzen, die allgemeine Sehnsucht nach Frieden und das Streben nach einer von Schäden freien Umwelt zu unterstützen.

Es handelt sich um gewöhnliche menschliche Zeichen, die jedoch, wenn sie vom Glauben an den auferstandenen Herrn getragen und beseelt werden, eine Wirksamkeit annehmen, die bei weitem unsere Fähigkeiten übersteigt. Und das ist so, weil Christus durch seinen Heiligen Geist in der Geschichte lebt und wirksam ist: Er befreit von unserem Elend, er erreicht jedes menschliche Herz und schenkt einem jeden wieder Hoffnung, der unterdrückt wird und leidet. (…)

Unsere Mutter helfe uns, fest an die Auferstehung Jesu zu glauben: Jesus ist auferstanden, er lebt hier, unter uns, und das ist ein wunderbares Geheimnis des Heils, das die Herzen und das Leben zu verwandeln vermag. Und in besonderer Weise möge sie für die verfolgten und unterdrückten christlichen Gemeinden Fürsprache halten, die heute in vielen Teilen der Welt zu einem schwereren und mutigen Zeugnis berufen sind.

(ÖSTERLICHES MITTAGSGEBET, 17.4.2017)

Ein bisschen Rosenwasser-Glaube reicht nicht

Im Glaubensbekenntnis sagen wir immer wieder dieses Wort: Er »ist am dritten Tage auferstanden nach der Schrift«. Eben dieses Ereignis feiern wir: die Auferstehung Jesu, das Zentrum der christlichen Botschaft, die von Anfang an zu hören war und weitergegeben wurde, um bis zu uns zu gelangen. Der hl. Paulus schreibt an die Christen von Korinth: »Vor allem habe ich euch überliefert, was auch ich empfangen habe: Christus ist für unsere Sünden gestorben, gemäß der Schrift, und ist begraben worden. Er ist am dritten Tag auferweckt worden, gemäß der Schrift, und erschien dem Kephas, dann den Zwölf« (1 Kor 15,3–5).

Dieses kurze Glaubensbekenntnis verkündigt das Ostergeheimnis, mit den ersten Erscheinungen des Auferstandenen vor Petrus und dann vor den Zwölf: Der Tod und die Auferstehung Jesu sind der Kern unserer Hoffnung. Ohne diesen Glauben an den Tod und die Auferstehung Jesu wäre unsere Hoffnung schwach, wäre sie nicht einmal Hoffnung, und gerade der Tod und die Auferstehung Jesu sind der Kern unserer Hoffnung. Der Apostel sagt: »Wenn aber Christus nicht auferweckt worden ist, dann ist euer Glaube nutzlos und ihr seid immer noch in euren Sünden« (V. 17).

Auferstehung öffnet uns auf die größere Hoffnung hin

Leider hat man oft versucht, den Glauben an die Auferstehung Jesu zu verdunkeln, und auch bei den Gläubigen selbst haben sich Zweifel eingeschlichen. Ein bisschen »Rosenwasser«-Glaube, wie wir sagen, ein verwässerter Glaube: Das ist kein starker Glaube. Und das aus Oberflächlichkeit, manchmal aus Gleichgültigkeit, beschäftigt mit tausend Dingen, die man für wichtiger hält als den Glauben, oder aus einer nur horizontalen Sichtweise des Lebens heraus.

Aber gerade die Auferstehung öffnet uns auf die größere Hoffnung hin, weil sie unser Leben und das Leben der Welt auf die ewige Zukunft Gottes hin öffnet, auf die vollkommene Glückseligkeit, auf die Gewissheit, dass das Böse, die Sünde, der Tod überwunden werden können. Und das führt dazu, die täglichen Wirklichkeiten mit mehr Vertrauen zu leben, ihnen mit Mut und Einsatz zu begegnen. Die Auferstehung Christi erleuchtet diese täglichen Wirklichkeiten mit einem neuen Licht. Die Auferstehung Christi ist unsere Kraft!

Felsenfest und ganz deutlich

Aber wie ist uns die Glaubenswahrheit der Auferstehung Christi weitergegeben worden? Im Neuen Testament gibt es zwei Arten von Zeugnissen: einige in der Form eines Glaubensbekenntnisses, also kurze Formeln, die auf den Kern des Glaubens verweisen; andere wiederum haben die Form eines Berichts über das Ereignis der Auferstehung und der damit verbundenen Tatsachen. Die erste, die Form des Glaubensbekenntnisses, ist zum Beispiel (...) die im Brief an die Römer, wo der hl. Paulus schreibt: »Wenn du mit deinem Mund bekennst: ›Jesus ist der Herr‹ und in deinem Herzen glaubst: ›Gott hat ihn von den Toten auferweckt‹, so wirst du gerettet werden« (*Röm* 10,9).

Von den ersten Schritten der Kirche an ist der Glaube an das Geheimnis von Tod und Auferstehung Jesu felsenfest und ganz deutlich. Heute möchte ich jedoch bei der zweiten Form verweilen, die wir in den Evangelien finden, beim Zeugnis in Form eines Berichts. Vor allem sehen wir, dass die ersten Zeuginnen dieses Ereignisses die Frauen waren. Als eben die Sonne aufgeht, kommen sie zum Grab, um den Leib Jesu zu salben, und finden das erste Zeichen: das leere Grab (vgl. *Mk* 16,1). Dann folgt die Begegnung mit einem Boten

Gottes, der verkündigt: Jesus von Nazaret, der Gekreuzigte, ist nicht hier; er ist auferstanden (vgl. V. 5–6). Die Frauen sind von der Liebe getrieben und können diese Verkündigung mit Freude annehmen: Sie glauben und geben es sofort weiter. Sie behalten es nicht für sich, sie geben es weiter. Die Freude zu wissen, dass Jesus lebt, die Hoffnung, die das Herz erfüllt, lässt sich nicht im Zaum halten. Das sollte auch in unserem Leben geschehen. Wir müssen die Freude spüren, Christen zu sein! Wir glauben an einen Auferstandenen, der das Böse und den Tod überwunden hat! Wir müssen den Mut haben »hinauszugehen«, um diese Freude und dieses Licht an alle Orte unseres Lebens zu bringen! Die Auferstehung Christi ist unsere größte Gewissheit; sie ist der kostbarste Schatz! Wie sollten wir diesen Schatz, diese Gewissheit nicht mit den anderen teilen? Sie ist nicht nur für uns da, sie ist da, um weitergegeben zu werden, um sie den anderen zu schenken, um sie mit den anderen zu teilen. Gerade das ist unser Zeugnis.

Die Apostel tun sich schwer – die Frauen nicht

Ein weiteres Element: In den Glaubensbekenntnissen des Neuen Testaments werden als Zeugen der Auferstehung nur Männer erwähnt, die Apostel, aber nicht die Frauen. Das liegt daran, dass nach dem jüdischen Gesetz jener Zeit Frauen und Kinder kein verlässliches, glaubwürdiges Zeugnis geben konnten. In den Evangelien dagegen haben die Frauen eine erstrangige, grundlegende Rolle. Hier können wir ein Element erblicken, das für die Geschichtlichkeit der Auferstehung spricht: Wenn sie eine erfundene Tatsache wäre, dann wäre sie im Kontext jener Zeit nicht mit dem Zeugnis von Frauen verbunden worden. Die Evangelisten berichten jedoch einfach das, was geschehen ist: Die Frauen sind die ersten Zeuginnen. Das heißt, dass Gott nicht nach menschlichen Maßstäben auserwählt: Die ersten Zeugen der Geburt Jesu sind die Hirten, einfache und bescheidene Menschen; die ersten Zeuginnen der Auferstehung sind die Frauen.

Und das ist schön. Und das ist ein bisschen die Sendung der Frauen: der Mütter, der Frauen! Den Kindern, den Enkeln Zeugnis geben, dass Jesus lebt, dass er der Lebendige ist, dass er auferstanden ist! Mütter und Frauen, gebt weiter dieses Zeugnis! Für Gott zählt das Herz, es zählt, wie offen wir für ihn sind, ob wir wie Kinder sind, die Vertrauen haben. Das bringt uns jedoch auch zum Nachdenken darüber, dass die Frauen in der Kirche und auf dem Glaubensweg eine besondere Rolle gehabt haben und auch heute haben, um dem Herrn die Türen zu öffnen, ihm nachzufolgen und sein Antlitz zu vermitteln, denn der Blick des Glaubens bedarf immer des schlichten und tiefen Blicks der Liebe. Die Apostel und die Jünger tun sich schwerer zu glauben. Die Frauen nicht. Petrus läuft zum Grab, bleibt aber beim leeren Grab stehen; Thomas muss mit seinen Händen die Wunden des Leibes Jesu berühren. Auch auf unserem Glaubensweg ist es wichtig zu wissen und zu spüren, dass Gott uns liebt, und keine Angst zu haben, ihn zu lieben: Den Glauben bekennt man mit Mund und Herz, mit Worten und mit Liebe.

Nach den Erscheinungen vor den Frauen folgen weitere. Jesus wird auf neue Weise gegenwärtig: Er ist der Gekreuzigte, aber sein Leib ist verherrlicht; er ist nicht zum irdischen Leben zurückgekehrt, sondern in einem neuen Zustand. Anfangs erkennen sie ihn nicht wieder, und nur durch seine Worte und seine Gesten werden die Augen geöffnet: Die Begegnung mit dem Auferstandenen verwandelt, gibt dem Glauben eine neue Kraft, eine unerschütterliche Grundlage. Auch für uns gibt es viele Zeichen, in denen der Auferstandene sich zu erkennen gibt: die Heilige Schrift, die Eucharistie, die anderen Sakramente, die Nächstenliebe, jene Gesten der Liebe, die einen Strahl des Auferstandenen bringen. Lassen wir uns erleuchten von der Auferstehung Christi, lassen wir uns von seiner Kraft verwandeln, damit auch durch uns in der Welt die Zeichen des Todes den Zeichen des Lebens weichen.

(GENERALAUDIENZ, 3.4.2013)

Auferstehung ist eine neue Art des Lebens

Die »Kinder des Himmels und der Auferstehung« sind nicht wenige privilegierte, sondern alle Männer und alle Frauen, da das von Jesus gebrachte Heil für einen jeden von uns ist. Und das Leben der Auferstandenen wird dem der Engel gleich sein (vgl. V. 36), das heißt ganz eingetaucht ins Licht Gottes, ganz seinem Lobpreis gewidmet, in einer Ewigkeit voll Freude und Frieden. Doch Vorsicht! Die Auferstehung besteht nicht allein in der Tatsache des Auferstehens nach dem Tod, sondern sie ist eine neue Art des Lebens, in dessen Erfahrung wir bereits im Heute kommen. Sie ist der Sieg über das Nichts, den wir bereits im Vorhinein verkosten können. Die Auferstehung ist das Fundament des Glaubens und der christlichen Hoffnung! Wenn es keinen Bezug zum Paradies und zum ewigen Leben gäbe, dann würde das Christentum auf eine Ethik verkürzt, auf eine Lebensphilosophie. Die Botschaft des christlichen Glaubens kommt dagegen vom Himmel, sie wurde von Gott offenbart und übersteigt diese Welt. Der Glaube an die Auferstehung ist wesentlich, damit jeder unserer Akte christlicher Liebe nicht vorübergehend und bloßer Selbstzweck sei, sondern ein Same werde, der dazu bestimmt ist, im Garten Gottes aufzugehen und Früchte ewigen Lebens hervorzubringen.

(ANGELUS, 6.11.2016)

Nur Gott kann mit seiner Liebe die Abgründe füllen

Jesus Christus, die menschgewordene Barmherzigkeit Gottes, ist aus Liebe am Kreuz gestorben und aus Liebe auferstanden. Deshalb rufen wir heute aus: Jesus ist der Herr!

Seine Auferstehung verwirklicht vollkommen die Prophezeiung des Psalms: Die Barmherzigkeit Gottes währt ewig, seine Liebe gilt für immer, sie stirbt nie. Wir können völlig auf ihn vertrauen, und wir sagen ihm Dank, weil er für uns ganz bis in den Abgrund hinabgestiegen ist.

Angesichts der geistigen und moralischen Abgründe der Menschheit, angesichts der Leere, die sich in den Herzen auftut und Hass und Tod hervorbringt, kann nur eine unendliche Barmherzigkeit uns Rettung bringen. Nur Gott kann mit seiner Liebe diese Leere, diese Abgründe auffüllen. Nur Gott kann es uns gewähren, dass wir nicht versinken, sondern gemeinsam unseren Weg fortsetzen zum Land der Freiheit und des Lebens.

Die österliche Freudennachricht lautet: Jesus, der Gekreuzigte, ist nicht hier, er ist auferstanden (vgl. Mt 28,5–6). Sie bietet uns die tröstliche Gewissheit, dass der Abgrund des Todes überschritten ist und damit die Trauer, die Klage und die Mühsal überwunden sind (vgl. *Offb* 21,4). Der Herr, der erlitten hat, dass seine Jünger ihn verließen, dass ihm eine ungerechte Verurteilung und die Schande eines Verbrechertods aufgebürdet wurde, er lässt uns jetzt teilhaben an seinem unsterblichen Leben und schenkt uns seinen Blick voll Zärtlichkeit und Mitgefühl gegenüber den Hungernden und Dürstenden, den Heimatlosen und Gefangenen, den Ausgegrenzten und Weggeworfenen, den Opfern des Missbrauchs und der Gewalt.

(URBI ET ORBI, 27.3.2016)

Das Prinzip der Erneuerung

Glauben wir, dass Jesus uns heilen kann und dass er uns von den Toten aufzuerwecken vermag? Das ganze Evangelium ist im Licht dieses Glaubens geschrieben: Jesus ist auferstanden, er hat den Tod besiegt, und aufgrund dieses seines Sieges werden auch wir auferstehen. Dieser Glaube, der für die ersten Christen eine feste Gewissheit war, kann trübe und brüchig werden, bis zu dem Punkt, dass einige Menschen die Auferstehung mit »Reinkarnation« verwechseln. Das Wort Gottes lädt uns (...) ein, in der Gewissheit der Auferstehung zu leben: Jesus ist der Herr, Jesus hat Macht über das Böse und den Tod, er will uns zum Haus des Vaters führen, wo das Leben herrscht. Und dort werden wir einander begegnen, wir alle, die wir heute hier auf diesem Platz sind, werden einander im Haus des Vaters begegnen, im Leben, das Jesus uns schenken wird.

Die Auferstehung Christi wirkt in der Geschichte als Prinzip der Erneuerung und Hoffnung. Wer auch immer verzweifelt und zum Sterben müde ist, kann beginnen, neu zu leben, wenn er sich Jesus und seiner Liebe anvertraut. Auch ein neues Leben beginnen, sein Leben ändern, ist eine Art Auferstehung, eine Art Auferweckung. Der Glaube ist eine Lebenskraft, er gibt unserem Menschsein Fülle; und wer an Christus glaubt, den muss man daran erkennen können, dass er das Leben in jeder Situation fördert, um alle Menschen, besonders die Schwächsten, die befreiende und rettende Liebe Gottes erfahren zu lassen.

(ANGELUS, 28.6.2015)

Nicht wir suchen Gott, sondern Gott sucht uns

Paulus fasst es so zusammen: Jesus ist für unsere Sünden gestorben. Er ist begraben worden, und am dritten Tag ist er auferstanden und erschien Petrus und den Zwölf (vgl. 1 Kor 15,3–5). Das ist die Tatsache: Er ist gestorben, wurde begraben, ist auferstanden und ist erschienen. Das heißt, Jesus lebt! Das ist der Kernpunkt der christlichen Botschaft.

Wenn Paulus dieses Ereignis verkündet, das der innere Kern des Glaubens ist, besteht er vor allem auf dem letzten Element des Ostergeheimnisses, also auf der Tatsache, dass Jesus auferstanden ist. Denn wenn alles mit dem Tod zu Ende gewesen wäre, dann hätten wir in Ihm ein Beispiel höchster Hingabe, aber das könnte unseren Glauben nicht erwecken. Er war ein Held.

Der Glaube kommt aus der Auferstehung

Nein! Er ist gestorben, aber er ist auferstanden. Denn der Glaube kommt aus der Auferstehung. Zu akzeptieren, dass Christus gestorben, am Kreuz gestorben ist, ist kein Glaubensakt, sondern eine historische Tatsache. Zu glauben, dass er auferstanden ist, dagegen schon. Unser Glaube entsteht am Ostermorgen. Paulus zählt die Menschen auf, denen der auferstandene Christus erscheint (vgl. 1 Kor 15,5–7). Wir haben hier eine kleine Zusammenfassung aller Osterberichte und aller Menschen, die mit dem Auferstandenen in Berührung gekommen sind. Oben auf der Liste stehen Kephas, also Petrus, und die Gruppe der Zwölf, dann »fünfhundert Brüder«, von denen viele noch immer Zeugnis ablegen konnten, dann wird Jakobus erwähnt. Der letzte auf der Liste – gleichsam der Unwürdigste von allen – ist er selbst. Paulus bezeichnet sich selbst als »Missgeburt« (vgl. V. 8).

Paulus benutzt diesen Ausdruck, weil seine persönliche Geschichte dramatisch ist: Er war kein Chorknabe, sondern er verfolgte die Kirche, stolz auf seine Überzeugungen; er fühlte sich als gemachter Mann, mit ganz klaren Vorstellungen vom Leben und von seinen Pflichten. Aber in diesem perfekten Bild – alles an Paulus war perfekt, er wusste alles –, in diesem perfekten Lebensbild, geschieht eines Tages das, was absolut unvorhersehbar war: die Begegnung mit dem auferstandenen Jesus auf der Straße nach Damaskus. Dort war nicht nur ein Mann, der zu Boden fiel: Dort war ein Mensch, der ergriffen war von einem Ereignis, das für ihn den Sinn des Lebens auf den Kopf stellen sollte. Und der Verfolger wird zum Apostel. Warum? Weil ich den lebendigen Jesus gesehen habe! Ich habe den auferstandenen Jesus Christus gesehen! Das ist die Grundlage des Glaubens von Paulus ebenso wie des Glaubens der anderen Apostel, des Glaubens der Kirche, unseres Glaubens.

Zu unserem Grab gehen: Gott ist fähig, von dort aufzuerstehen
Wie schön ist es, daran zu denken, dass das Christentum im Wesentlichen genau das ist! Es ist nicht so sehr unsere Suche nach Gott – eine Suche, die in Wahrheit so zögerlich ist –, sondern vielmehr Gottes Suche nach uns. Jesus hat uns gepackt, hat uns ergriffen, hat uns erobert, um uns nicht mehr loszulassen. Das Christentum ist Gnade, es ist Überraschung, und aus diesem Grund setzt es ein Herz voraus, das fähig ist zum Staunen. Ein verschlossenes Herz, ein rationalistisches Herz ist unfähig zum Staunen, und es kann nicht verstehen, was das Christentum ist. Denn das Christentum ist Gnade, und die Gnade spürt man nur, und zudem begegnet man ihr im Staunen der Begegnung.

Auch wenn wir also Sünder sind – wir alle sind es –, wenn unsere guten Vorsätze nur auf dem Papier vorhanden sind oder wenn wir beim Blick auf unser Leben erkennen, dass wir viele Misserfolge angehäuft haben ... Am Ostermorgen können wir das tun, was jene Menschen getan haben, von denen uns das Evangelium berichtet: zum Grab Christi gehen, sehen, dass der große Stein weggewälzt ist, und daran denken, dass Gott für mich, für uns alle, eine unerwartete Zukunft verwirklicht. Zu unserem Grab gehen: Wir alle haben davon ein wenig in unserem Innern. Dort hingehen und sehen, dass Gott fähig ist, von dort aufzuerstehen. Hier ist Glück, hier ist Freude, Leben, wo alle meinten, es gäbe nur Traurigkeit, Niederlage und Dunkelheit. Gott lässt seine schönsten Blumen inmitten der trockensten Steine wachsen.

Eine Kerze reicht, um die Nacht zu überwinden

Christen zu sein bedeutet, nicht vom Tod auszugehen, sondern von der Liebe Gottes zu uns, die unseren erbitterten Feind besiegt hat. Gott ist größer als das Nichts, und es genügt eine einzige brennende Kerze, um die dunkelste Nacht zu überwinden. Paulus ruft im Anklang an die Propheten: »Tod, wo ist dein Sieg? Tod, wo ist dein Stachel?« (1 Kor 15,55). (...) Und wenn man uns nach dem Warum unseres geschenkten Lächelns und unseres geduldigen Teilens fragt, dann können wir antworten, dass Jesus noch immer hier ist, dass er auch weiterhin unter uns lebendig ist, dass Jesus hier ist, auf dem Petersplatz, mit uns: lebendig und auferstanden.

(GENERALAUDIENZ, 19.4.2017)

Gott bricht in unsere Geschichten ein

»Fürchtet euch nicht (...) Er ist auferstanden« (Mt 28,5–6). Worte, die unsere tiefsten Überzeugungen und Gewissheiten treffen wollen, unsere Art, die täglichen Geschehnisse zu beurteilen und anzugehen; besonders unsere Art, mit den anderen in Beziehung zu treten. Das leere Grab will herausfordern, aufrütteln, Fragen stellen, aber vor allem will es uns ermuntern, zu glauben und die Zuversicht zu haben, dass Gott in jegliche Situation, in jede Person »eintritt« und dass sein Licht in die unberechenbarsten und verschlossensten Winkel unserer Existenz vordringen kann. Er ist vom Tod auferstanden; er ist von dem Ort auferstanden, von dem sich niemand etwas erwartete, und er erwartet uns – wie er die Frauen erwartete –, um uns an seinem Heilswerk teilhaben zu lassen. Dies ist die Grundlage und die Kraft, die wir als Christen haben, um unser Leben und unsere Energie, unsere Intelligenz, unsere Gefühle und unseren Willen bei der Suche nach Würde und insbesondere im Schaffen von Wegen zu ihr einzusetzen. Er ist nicht hier ... Er ist auferstanden! Dies ist die Verkündigung, die unsere Hoffnung stützt und sie in konkrete Handlungen der Liebe umsetzt. Wie sehr tut es uns not, dass unsere Gebrechlichkeit von dieser Erfahrung »gesalbt« wird. Wie sehr tut es uns not, dass unser Glaube erneuert wird, dass unsere kurzsichtigen Horizonte in Frage gestellt und von dieser Verkündigung erneuert werden! Er ist auferstanden und mit ihm ersteht unsere schöpferische Hoffnung, um uns den gegenwärtigen Problemen zu stellen, weil wir wissen, dass wir nicht allein sind.

Ostern feiern bedeutet, erneut zu glauben, dass Gott einbricht und nicht aufhört, in unsere Geschichten einzubrechen, indem er unseren einförmigen und lähmenden Determinismus herausfordert. Ostern feiern bedeutet zuzulassen, dass Jesus jene kleinmütige Haltung überwindet, die uns oftmals belagert und versucht, jede Art der Hoffnung zu begraben.

Jetzt müssen wir unseren Teil tun

Der Stein vor dem Grab hat seinen Teil getan, die Frauen haben ihren Teil getan, jetzt ergeht die Einladung nochmals an euch und an mich: eine Einladung, mit eintönigen Angewohnheiten zu brechen, unser Leben, unsere Entscheidungen und unsere Existenz zu erneuern. Eine Einladung, die dorthin ergeht, wo wir uns befinden, in dem, was wir tun und sind; mit dem »Machtanteil«, den wir haben. Wollen wir an dieser Verkündigung des Lebens teilhaben oder werden wir angesichts der Ereignisse stumm bleiben?

Er ist nicht hier, er ist auferstanden! Und er erwartet dich in Galiläa, er lädt dich ein, zur Zeit und zum Ort der ersten Liebe zurückzukehren, um dir zu sagen: »Fürchte dich nicht, folge mir nach«.

(PREDIGT IN DER OSTERNACHT, 31.3.2018)

Wie ein Haus auf den Fundamenten ruht

Unser Glaube gründet auf dem Tod und der Auferstehung Christi, genau wie ein Haus auf den Fundamenten ruht: Wenn diese nachgeben, stürzt das ganze Haus ein. Am Kreuz hat Jesus sich selbst dargebracht, indem er unsere Sünden auf sich genommen hat und in den Abgrund des Todes hinabgestiegen ist, und in der Auferstehung überwindet er sie, nimmt sie hinweg und öffnet uns den Weg, um zu neuem Leben neu geboren zu werden. Der hl. Petrus bringt dies zusammenfassend am Anfang seines Ersten Briefes zum Ausdruck (...): »Gepriesen sei der Gott und Vater unseres Herrn Jesus Christus: Er hat uns in seinem großen Erbarmen neu geboren, damit wir durch die Auferstehung Jesu Christi von den Toten eine lebendige Hoffnung haben und das unzerstörbare, makellose und unvergängliche Erbe empfangen« (1 Petr 1,3–4).

Der Apostel sagt, dass durch die Auferstehung Jesu etwas absolut Neues geschieht: Wir sind von der Knechtschaft der Sünde befreit und werden zu Kindern Gottes, sind also zu neuem Leben geboren. Wann wird uns das zuteil? Im Sakrament der Taufe. In der frühen Kirche empfing man diese gewöhnlich durch Eintauchen. Der Täufling stieg in das große Taufbecken hinab und ließ seine Kleidung zurück. Der Bischof oder der Priester goss ihm dreimal Wasser über das Haupt und taufte ihn im Namen des Vaters und des Sohnes und des Heiligen Geistes.

Dann stieg der Getaufte aus dem Becken und zog das neue, weiße Gewand an: Er war also zu neuem Leben geboren, indem er in den Tod und die Auferstehung Christi eingetaucht war. Er war zum Kind Gottes geworden. (...)

Nicht wie ein Schatz in der Ecke unseres Lebens

Doch diese Beziehung zu Gott als seine Söhne und Töchter ist nicht wie ein Schatz, den wir in einer Ecke unseres Lebens hüten, sondern er muss wachsen, er muss Tag für Tag genährt werden durch das Hören des Wortes Gottes, das Gebet, die Teilnahme an den Sakramenten, insbesondere der Beichte und der Eucharistie, und durch die Nächstenliebe. Wir können als Kinder Gottes leben! Und darin besteht unsere Würde – wir besitzen die Würde der Kinder Gottes. Wir müssen uns als wahre Kinder Gottes verhalten!

Das heißt, wir müssen uns täglich von Christus verwandeln lassen, um zu werden wie er; es heißt sich zu bemühen, als Christen zu leben, zu versuchen, ihm nachzufolgen, auch wenn wir unsere Grenzen und unsere Schwächen sehen. Die Versuchung, Gott beiseite zu schieben, um uns selbst in den Mittelpunkt zu stellen, lauert stets vor der Tür, und die Erfahrung der Sünde verletzt unser christliches Leben, unsere Gotteskindschaft. Wir müssen daher den Mut des Glaubens haben und dürfen uns nicht von der Denkweise verleiten lassen, die zu uns sagt: »Du brauchst Gott nicht, er ist nicht wichtig für dich« und so weiter. Genau das Gegenteil ist der Fall: Nur wenn wir uns als Kinder Gottes verhalten, ohne uns von unserem Fallen, unseren Sünden entmutigen zu lassen, und uns von ihm geliebt fühlen, wird unser Leben neu, unbeschwert und voller Freude. Gott ist unsere Stärke! Gott ist unsere Hoffnung!

Hoffnung, die offen ist auf die Ewigkeit hin
Liebe Brüder und Schwestern, wir müssen als erste an dieser Hoffnung festhalten und allen ein sichtbares, deutliches, leuchtendes Zeichen dafür sein! Der auferstandene Herr ist die unvergängliche Hoffnung, die nicht zugrunde gehen lässt (*Röm 5,5*). Die Hoffnung lässt nicht zugrunde gehen. Die Hoffnung des Herrn! Wie oft in unserem Leben schwinden die Hoffnungen, wie oft werden die Erwartungen, die wir im Herzen tragen, nicht erfüllt! Die Hoffnung, die wir Christen haben, ist wahr, stark, sicher, auf dieser Erde, wohin Gott uns berufen hat, um unseren Weg zu gehen, und sie ist offen auf die Ewigkeit hin, weil sie auf Gott gründet, der immer treu ist. Wir dürfen nicht vergessen: Gott ist immer treu; Gott ist uns immer treu. Mit Christus auferstanden zu sein durch die Taufe, durch das Geschenk des Glaubens, für ein unzerstörbares Erbe, möge uns dazu bringen, vermehrt die Dinge Gottes zu suchen, mehr an ihn zu denken, mehr zu ihm zu beten.

Christ sein heißt nicht bloß, die Gebote befolgen, sondern in Christus sein, wie er denken, wie er handeln, wie er lieben; es bedeutet zuzulassen, dass er von unserem Leben Besitz ergreift und es verwandelt und frei macht vom Dunkel des Bösen und der Sünde.

Jetzt schon als Auferstandene leben

Liebe Brüder und Schwestern, wer nach der Hoffnung fragt, die uns erfüllt (vgl. 1 Petr 3,15), den wollen wir auf den auferstandenen Christus verweisen. Wir wollen auf ihn verweisen durch die Verkündigung des Wortes, vor allem aber durch unser Leben als Auferstandene. Wir wollen die Freude zeigen, Kinder Gottes zu sein, die Freiheit, die uns das Leben in Christus schenkt, das die wahre Freiheit ist, die uns aus der Knechtschaft des Bösen, der Sünde, des Todes erlöst!

Wenn wir auf das himmlische Vaterland schauen, werden wir auch in unserem Tun und in unseren täglichen Mühen neues Licht und neue Kraft haben. Es ist ein wertvoller Dienst, den wir dieser unserer Welt leisten müssen, die es oft nicht mehr schafft, den Blick in die Höhe zu erheben, die es oft nicht mehr schafft, den Blick zu Gott zu erheben.

(GENERALAUDIENZ, 10.4.2013)

7 Auferstehung –
die Kraft des Weizenkorns

Diese Kraft erneuert auch heute die Welt

Jesus selbst hatte seinen Tod und seine Auferstehung mit dem Bild des Weizenkorns angekündigt. Er sagte: »Wenn das Weizenkorn nicht in die Erde fällt und stirbt, bleibt es allein; wenn es aber stirbt, bringt es reiche Frucht« (Joh 12,24). Und siehe, so geschah es: Jesus, das Weizenkorn, das von Gott in die Furchen der Erde gesät wurde, starb durch die Sünde der Welt und blieb zwei Tage im Grab; aber in diesem seinem Tod war die ganze Macht der Liebe Gottes enthalten, die sich entfesselt und am dritten Tag offenbart hat, an diesem Tag, den wir heute feiern: am Fest der Auferstehung Christi, des Herrn.

Wir Christen glauben und wissen, dass die Auferstehung Christi die wahre Hoffnung der Welt ist, jene Hoffnung, die nicht trügt. Es ist die Kraft des Weizenkorns, die Kraft jener Liebe, die sich erniedrigt und hingibt bis zur Vollendung. Diese Kraft erneuert wirklich die Welt. Diese Kraft bringt auch heute Frucht in den Ackerfurchen unserer Geschichte, die von so viel Ungerechtigkeit und Gewalt gezeichnet ist. Sie trägt Früchte von Hoffnung und Würde, wo Elend und Ausgrenzung sind, wo es Hunger gibt und Mangel an Arbeitsplätzen, bei den Flüchtlingen und Vertriebenen – die von der gegenwärtigen Wegwerfkultur oft abgelehnt werden –, bei den Opfern des Drogenhandels, des Menschenhandels und der Sklaverei unserer Zeit. (...)

Das Wort an die Frauen, die zum Grab kamen, gilt auch uns: »Was sucht ihr den Lebenden bei den Toten? Er ist nicht hier, sondern er ist auferstanden« (*Lk* 24,5–6). Tod, Einsamkeit und Angst haben nicht mehr das letzte Wort. Es gibt ein Wort, das darüber hinausgeht und das nur Gott aussprechen kann: Es ist das Wort der Auferstehung.

(URBI ET ORBI, 1.4.2018)

Er hat sich klein gemacht

Die irdischen Hoffnungen dieser Menschen brachen angesichts des Kreuzes zusammen. Wir aber glauben, dass gerade im Gekreuzigten unsere Hoffnung neu geboren ist. Die irdischen Hoffnungen brechen angesichts des Kreuzes zusammen, aber es entstehen neue Hoffnungen, die für immer andauern. Am Kreuz entsteht eine andere Hoffnung. Es ist eine Hoffnung, die anders ist als jene Hoffnungen, die zusammenbrechen, als jene Hoffnungen der Welt. Um welche Hoffnung aber handelt es sich? Welche Hoffnung entsteht aus dem Kreuz?

Was Jesus sagt, nachdem er in Jerusalem eingezogen ist, kann uns helfen, das zu verstehen: »Wenn das Weizenkorn nicht in die Erde fällt und stirbt, bleibt es allein; wenn es aber stirbt, bringt es reiche Frucht« (*Joh* 12,24). Versuchen wir, uns ein kleines Korn oder einen kleinen Samen vorzustellen, der in die Erde fällt. Wenn er in sich selbst verschlossen bleibt, geschieht nichts; wenn er jedoch aufbricht, sich öffnet, dann bringt er eine Ähre, einen Keimling, dann eine Pflanze hervor, und die Pflanze wird Frucht bringen.

Die Lebensweise des Samenkorns ist die siegreiche

Jesus hat eine neue Hoffnung in die Welt gebracht, und er hat es wie ein Samenkorn getan: Er hat sich ganz klein gemacht, wie ein Weizenkorn; er hat seine himmlische Herrlichkeit verlassen, um zu uns zu kommen: Er ist »auf die Erde gefallen«. Aber das genügte noch nicht. Um Frucht zu bringen, hat Jesus die Liebe bis ins Letzte gelebt, indem er sich vom Tod aufbrechen ließ, wie ein Samenkorn unter der Erde aufgebrochen wird. Genau dort, am äußersten Punkt seiner Erniedrigung – der auch der höchste Punkt der Liebe ist – ist die Hoffnung aufgekeimt. Wenn jemand von euch fragt: »Wie entsteht die Hoffnung?« »Aus dem Kreuz. Schau auf das Kreuz, schau auf den gekreuzigten Christus, und von dort wird die Hoffnung kommen, die nicht mehr vergeht, die Hoffnung, die bis ins ewige Leben andauert.« Und diese Hoffnung ist durch die Kraft der Liebe aufgekeimt: denn die Liebe »hofft alles, hält allem stand« (1 Kor 13,7). Die Liebe, die das Leben Gottes ist, hat alles erneuert, was sie erlangt hat. So hat Jesus an Ostern unsere Sünde, indem er sie auf sich genommen hat, in Vergebung verwandelt. Aber hört gut zu, wie die Verwandlung aussieht, die das Osterfest hervorbringt: Jesus hat unsere Sünde in Vergebung verwandelt, unseren Tod in Auferstehung, unsere Angst in Vertrauen. Daher ist dort am Kreuz unsere Hoffnung entstanden, und sie entsteht dort immer von neuem: Daher kann mit Jesus unsere Finsternis in Licht verwandelt werden, jede Niederlage in Sieg, jede Enttäuschung in Hoffnung.

Jede: ja, jede. Die Hoffnung überwindet alles, weil sie aus der Liebe Jesu entsteht, der gleichsam zum Weizenkorn in der Erde geworden und gestorben ist, um Leben zu schenken, und aus diesem Leben voller Liebe kommt die Hoffnung. Wenn wir die Hoffnung Jesu wählen, entdecken wir allmählich, dass die siegreiche Lebensweise die des Samenkorns, die der demütigen Liebe ist. Es gab keinen anderen Weg, um das Böse zu überwinden und der Welt Hoffnung zu schenken. Aber ihr könnt zu mir sagen: »Nein, das ist eine Verliererlogik!« Das könnte so scheinen, dass es eine Verliererlogik ist, denn wer liebt, verliert Macht. Habt ihr darüber nachgedacht?

Das Kreuz ist nicht das Ziel, es ist ein Übergang

Wer liebt, verliert Macht, wer gibt, entäußert etwas von sich, und zu lieben ist ein Geschenk. In Wirklichkeit ist die Logik des Samenkorns, das stirbt, der demütigen Liebe, der Weg Gottes, und nur er bringt Frucht. Das sehen wir auch in uns. Besitzen drängt immer dazu, etwas anderes zu wollen: Ich habe etwas für mich bekommen, und sofort will ich etwas anderes, größeres, und so weiter, und ich bin nie zufrieden. Das ist ein schlimmes Verlangen! Je mehr man hat, desto mehr will man. Wer unersättlich ist, ist nie satt. Und Jesus sagt es ganz klar: »Wer an seinem Leben hängt, verliert es« (*Joh* 12,25). Du bist unersättlich und strebst danach, viele Dinge zu haben, aber ... du wirst alles verlieren, auch dein Leben. Das heißt: Wer das Eigene liebt und für seine Interessen lebt, bläst nur sich selbst auf und verliert. Wer dagegen annimmt, hilfsbereit ist und dient, lebt so, wie Gott es will: Dann ist er siegreich, rettet sich selbst und die anderen; wird zum Samenkorn der Hoffnung für die Welt. Denn es ist schön, den anderen zu helfen, den anderen zu dienen ... Vielleicht werden wir müde! Aber das Leben ist so, und das Herz wird mit Freude und Hoffnung erfüllt. Das ist Liebe und Hoffnung zugleich: dienen und schenken.

Gewiss, diese Liebe geht durch das Kreuz, das Opfer, wie für Jesus. Das Kreuz ist der unumgängliche Übergang, aber es ist nicht das Ziel, es ist ein Übergang: Das Ziel ist die Herrlichkeit, wie uns das Osterfest zeigt. Und hier kommt uns ein weiteres wunderschönes Bild zu Hilfe, das Jesus den Jüngern beim Letzten Abendmahl hinterlassen hat. Er sagt: »Wenn die Frau gebären soll, ist sie bekümmert, weil ihre Stunde da ist; aber wenn sie das Kind geboren hat, denkt sie nicht mehr an ihre Not über der Freude, dass ein Mensch zur Welt gekommen ist« (*Joh* 16,21).

Schon jetzt die Pflanze im Samen sehen

Also: Leben schenken, nicht es besitzen. Und das ist es, was die Mütter tun: Sie schenken ein anderes Leben, sie leiden, aber dann sind sie voll Freude, glücklich, weil sie ein anderes Leben zur Welt gebracht haben. Es schenkt Freude: Die Liebe bringt das Leben zur Welt und gibt sogar dem Schmerz einen Sinn. Die Liebe ist die Triebkraft, die unsere Hoffnung voranbringt. Ich wiederhole: Die Liebe ist die Triebkraft, die unsere Hoffnung voranbringt. Und jeder von uns kann sich fragen: »Liebe ich? Habe ich gelernt zu lieben? Lerne ich jeden Tag, mehr zu lieben?«, denn die Liebe ist die Triebkraft, die unsere Hoffnung voranbringt.

Liebe Brüder und Schwestern, lassen wir uns in diesen Tagen, Tagen der Liebe, hineinnehmen in das Geheimnis Jesu, der wie ein Weizenkorn uns das Leben schenkt, indem er stirbt. Er ist der Same unserer Hoffnung. Betrachten wir den Gekreuzigten, Quell der Hoffnung. Allmählich werden wir verstehen, dass mit Jesus zu hoffen bedeutet, schon jetzt die Pflanze im Samen zu sehen, das Osterfest im Kreuz, das Leben im Tod. Ich möchte euch jetzt eine Hausaufgabe geben. Uns allen wird es guttun, vor dem Gekreuzigten zu verweilen – ihr habt alle ein Kruzifix zuhause –, ihn anzuschauen und zu ihm zu sagen: »Mit dir ist nichts verloren. Mit dir kann ich immer hoffen. Du bist meine Hoffnung.«

(GENERALAUDIENZ, 12.4.2017)

Texte und Worte von Papst Benedikt XVI.

1 Was kommt nach dem Tod?

Das Sterben gehört zum Leben – in jedem Augenblick

Die sogenannte »Wohlstandsgesellschaft« sucht die Wirklichkeit des Todes oft aus dem Bewusstsein der Menschen zu verdrängen, die ganz von den Sorgen des täglichen Lebens in Anspruch genommen sind. In Wirklichkeit gehört jedoch das Sterben zum Leben, und zwar nicht nur am Ende, sondern, wenn man es recht betrachtet, in jedem Augenblick. Trotz aller Ablenkungen lässt uns der Verlust eines geliebten Menschen jedoch dieses »Problem« wiederentdecken; dann empfinden wir den Tod als eine in jeder Hinsicht feindliche Präsenz, die unserer natürlichen Berufung zum Leben und zum Glücklichsein entgegensteht.

Jesus hat dem Tod einen vollkommen anderen Sinn gegeben. Das hat er durch seine Lehren getan, vor allem aber dadurch, dass er selbst den Tod auf sich genommen hat. »Durch seinen Tod hat er unseren Tod vernichtet«, heißt es wiederholt in der Liturgie der Osterzeit. »Durch den Geist, der nicht sterben konnte«, schreibt ein Kirchenvater, »hat Christus den Tod vernichtet, der den Menschen vernichtete« (Meliton von Sardeis, *Über das Osterfest*, 66). Auf diese Weise hat der Sohn Gottes bis ins Letzte an unserer Menschennatur teilhaben wollen, um sie wieder für die Hoffnung zu öffnen. Letztendlich wurde er geboren, um sterben zu können und uns auf diese Weise von der Knechtschaft des Todes zu befreien. Im Hebräerbrief heißt es, »dass er für alle den Tod erlitt« (*Hebr* 2,9). Seither ist der

Tod nicht mehr derselbe: Es wurde ihm sozusagen sein »Gift« genommen. Die Liebe Gottes, die in Jesus wirkt, hat nämlich dem ganzen Dasein des Menschen einen neuen Sinn gegeben und hat so auch sein Sterben verwandelt. Wenn in Christus das menschliche Leben bedeutet, »aus dieser Welt zum Vater hinüberzugehen« (*Joh* 13,1), dann ist die Todesstunde der Augenblick, in dem dieser Übergang sich konkret und endgültig verwirklicht. Wer sich bemüht, wie Christus zu leben, wird von der Angst vor dem Tod befreit, und dieser wendet sich uns nicht mehr mit dem höhnischen Grinsen eines Feindes zu, sondern – wie der hl. Franziskus im Sonnengesang schreibt – mit dem freundlichen Gesicht eines »Bruders«, für den man Gott auch loben kann: »Gelobt seist du, Herr, durch unsern Bruder, den leiblichen Tod.« Der Glaube erinnert uns daran, dass wir vor dem leiblichen Tod keine Angst zu haben brauchen, denn ob wir leben oder ob wir sterben, wir gehören dem Herrn. Und mit dem hl. Paulus wissen wir, dass wir, auch wenn wir aus unserem Leib geschieden sind, bei Christus sind, dessen auferstandener Leib, den wir in der Eucharistie empfangen, unsere ewige und unzerstörbare Wohnstatt ist. Der wahre Tod hingegen, den wir fürchten müssen, ist der Tod der Seele, den die Offenbarung den »zweiten Tod« nennt (vgl. *Offb* 20,14–15; 21,8).

(ANGELUS, 5.11.2006)

Warum fürchten wir uns vor dem Tod?

Warum empfinden wir Angst vor dem Tod? Warum hat die Menschheit zu einem großen Teil sich nie damit abgefunden zu glauben, dass jenseits des Todes einfach nur das Nichts ist? Ich würde sagen, dass es vielfältige Antworten gibt: Wir fürchten den Tod, weil wir Angst haben vor dem Nichts, vor dem Aufbrechen zu etwas, das wir nicht kennen, das uns unbekannt ist. Daher verspüren wir in uns eine Ablehnung, weil wir nicht akzeptieren können, dass all das Schöne und Große, das in einem ganzen Leben verwirklicht wurde, plötzlich ausgelöscht wird, in den Abgrund des Nichts fällt. Vor allem spüren wir, dass die Liebe Ewigkeit verlangt und erbittet, und wir können unmöglich akzeptieren, dass der Tod sie in einem einzigen Augenblick zerstört. Auch fürchten wir uns vor dem Tod, weil wir gegen Ende des Lebens spüren, dass es ein Urteil über unser Handeln gibt, darüber, wie wir unser Leben geführt haben, vor allem über die dunklen Punkte, die wir oft geschickt aus unserem Gewissen verdrängen können oder zu verdrängen versuchen. Ich würde sagen, dass gerade die Frage des Gerichts oft der Sorge zugrunde liegt, die der Mensch aller Zeiten den Verstorbenen erweist, der Aufmerksamkeit gegenüber den Personen, die ihm etwas bedeutet haben und die auf dem Weg des irdischen Lebens nicht mehr bei ihm sind. In gewissem Sinne sind die Gesten der Zuneigung, der Liebe, mit denen der Verstorbene umgeben ist, ein Schutz, der ihm erwiesen wird, in der Überzeugung, dass er auf das Urteil nicht ohne Wirkung bleibt. Das können wir in den meisten Kulturen sehen, die die Geschichte des Menschen prägen. Heute ist die Welt, zumindest scheinbar, viel rationaler geworden, oder besser gesagt hat sich die Tendenz verbreitet zu meinen, dass man jeder Wirklichkeit mit den Kriterien der empirischen Wissenschaft begegnen muss und dass man auch auf die große Frage des Todes nicht so sehr mit dem Glauben, sondern von erfahrbaren, empirischen Kenntnissen her antworten sollte. Man führt sich jedoch nicht ausreichend zu Bewusstsein, dass man gerade so in Formen des Spiritismus verfallen ist, bei dem Versuch, mit der Welt jenseits des Todes irgendwie in Kontakt zu stehen, gleichsam mit der Vorstellung, dass es eine Wirklichkeit gibt, die letztlich ein Abbild des Diesseits wäre.

Der Mensch lässt sich nur erklären, wenn es Gott gibt

(...) Nur wer im Tod eine große Hoffnung erkennt, kann auch ein Leben leben, das von der Hoffnung ausgeht. Wenn wir den Menschen ausschließlich auf seine horizontale Dimension verkürzen, auf das, was empirisch wahrnehmbar ist, dann verliert das Leben seinen tieferen Sinn. Der Mensch braucht Ewigkeit, und jede andere Hoffnung ist für ihn zu kurz, zu begrenzt. Der Mensch lässt sich nur erklären, wenn es eine Liebe gibt, die jede Isolierung überwindet, auch die des Todes, in einer Ganzheit, die auch Raum und Zeit übersteigt. Der Mensch lässt sich nur dann erklären, findet nur dann seinen tieferen Sinn, wenn es Gott gibt. Und wir wissen, dass Gott aus seiner Ferne herausgetreten und zu uns gekommen ist, dass er in unser Leben eingetreten ist und zu uns sagt: »Ich bin die Auferstehung und das Leben. Wer an mich glaubt, wird leben, auch wenn er stirbt, und jeder, der lebt und an mich glaubt, wird auf ewig nicht sterben« (Joh 11,25–26).

(GENERALAUDIENZ, 2.11.2011)

Gottes Liebe ist unsere Ewigkeit

Die Frage, ob es eine Zukunft über den Tod hinaus gibt, hat die Menschen immer von Neuem beschäftigt und wird sie wohl auch nie loslassen. Wo das Leben als Leid erfahren wird, kann der Gedanke an ein Fortgehen des Lebens nach dem Tod zum Alptraum werden, wie im Buddhismus und in manchen Formen des Hinduismus. Man war sich dort bewusst geworden, dass der Mensch sich durch sein Werk tief in die Geschäfte dieser Welt verstrickt, so dass er nach seinem Verscheiden gleichsam mit seinen Wurzeln darin haften bleibt: Die Hinterlassenschaft seines Tuns wirkt fort, er bleibt eingezwängt in die Passion dieser Welt, der er selbst neue

Nahrung zugeführt hat; so lange diese Hinterlassenschaft seines Tuns, sein »karman«, beiträgt zum Leiden dieser Welt, so lange ist er auch selbst nicht frei, so lange gehört er irgendwie mit hinein in die Tragödie eines Lebens, das Leid ist. Das Ziel muss also für solche Weltanschauung sein, das karman, die weiterschwelende Flamme des irdischen Seins zu löschen und so zu versinken im Nirvana, der leidlosen Seligkeit des Ganz-Anderen, das so sehr die Entgegensetzung zu unserem Sein als Leid darstellt, dass es verglichen dazu das »Nichts« heißen muss.

Auch in dieser Sehnsucht nach dem Verlöschen in das Nichts hinein gibt es also wohl, wenn auch ganz verhüllt, die Hoffnung auf das Eigentliche, auf Erlösung von dem Sein, das Leid ist. Wenn sich hier die Hoffnung des Menschen als Sehnsucht nach dem Nichts darstellt, so trifft man im Übrigen viel häufiger auf die umgekehrte Weise des Empfindens: Der Mensch, der die Gabe des Seins, des Lebens gekostet hat, erschrickt vor dem Nichts, in das der Tod ihn zu stürzen scheint; er versucht, ihm zu entfliehen. Er sehnt sich nach Leben, nach Zukunft; ja, so sehr ist der Mensch auf Zukunft bezogen, dass derjenige, der keinerlei Zukunft mehr vor sich sieht, auch die Gegenwart nicht mehr ertragen kann – eben deshalb schrecken wir ja beispielsweise davor zurück, dem unheilbar Kranken eindeutige Auskunft über seine Lage zu geben. (...)

Der Versuch, die Unsterblichkeit zu erzwingen

Wer heute über einen Friedhof geht, findet in der Hauptsache die Namen von Menschen, die in den letzten fünfzig Jahren verstorben sind. Der Schmuck an ihren Gräbern zeigt, dass Lebende ihrer in Liebe gedenken. Ihre Kinder und ihre Freunde leben noch, man weiß noch um ihr Tun und ihr Bild steht noch vor Augen – im Gedächtnis derer, die sie liebten, bleiben sie anwesend. In einer Art von zweitem Leben gehören sie noch einmal dieser Welt zu. Eines Tages werden die Letzten sterben, die um sie wussten, ihr Grabstein wird durch einen anderen ersetzt werden, ihr Name und ihr Bild verschwinden, sie sterben gleichsam ein zweites Mal, wenn das Gedächtnis der Menschen verlischt, das ihnen Dauer gab über den physischen Tod hinaus.

Man kann damit in unserer modernen Welt genau das beobachten, was in so genannten primitiven Religionen ausdrücklicher Inhalt des Unsterblichkeitsglaubens ist. Dort ist man davon überzeugt, dass es kein ewiges, sondern nur ein zeitlich begrenztes Weiterleben nach dem Tode gibt, dass der »Geist« des Verstorbenen nur lebt, so lange seiner gedacht wird – das Gedenken gibt ihm Leben; aber eben doch ein vermindertes Leben, wie es sich in der Vorstellung der Toten als Geister ausdrückt. Der Totenkult des alten Ägypten ist von hier aus gesehen ein grandioser Versuch, die immerwährende Unsterblichkeit zu erzwingen, indem man sein Gedächtnis unaustilgbar macht und sich eine Wohnung auf Erden baut, die alle Zeiten überdauert. Nun wechseln zwar die Vorstellungen und so auch die äußeren Formen, in denen der Mensch die Frage nach seiner Zukunft jenseits des Todes durch die Tat zu beantworten versucht; der Grundgedanke, der dabei leitend ist, bleibt durch den Wechsel der Kulturen hindurch erstaunlich konstant.

Versuchen wir, ihn noch etwas präziser zu fassen; wir werden dann von selbst auch mit der christlichen Antwort auf unser Problem konfrontiert werden. Die erste Erfahrung des Menschen ist zunächst die seiner Sterblichkeit; er sieht, dass er aus sich und in sich keinen Bestand hat. Die Kunst der Ärzte kann zwar die Grenzen seines Lebens hinausrücken; Bestand geben kann sie ihm nicht und selbst wenn sie Hoffnung zeigen sollte, eines Tages das Kräutlein der Unsterblichkeit doch noch zu finden, kann der lebende Mensch von einer so vagen Verheißung nicht ausgehen. Er hat in sich selbst keinen Bestand, also muss er ihn außer sich suchen. Er muss gleichsam sich selber, seine Existenz, dem anvertrauen, was nach ihm noch sein wird und fortdauert in eine lange Zukunft hinein. Aber wie soll das geschehen? Der erste Weg, den vor allem die so genannten Naturvölker, aber zunächst auch das alte Israel gesucht haben, heißt: Zukunft durch Nachkommenschaft. In den Kindern lebt der eigene Name und das eigene Blut weiter, in ihnen hofft etwa der Israelit, Anteil zu gewinnen am messianischen Reich, also an jener Zeit, in der es endlich das eigentliche Leben geben wird, jenes Leben, das lohnt, immer fortzubestehen, weil es die Fülle und die Freude bringt, die wir jetzt nur augenblicksweise erahnen. Das Schlimmste für einen Menschen war es daher in Israel, kinderlos aus der Welt zu scheiden und so wirklich ausgeschlossen zu werden von der Zukunft, vom Leben. Wenn man genau zusieht, sind hier zwei Motive wirksam: einmal die Vorstellung, mit dem Namen das Gedächtnis fortzusetzen, zum anderen der Versuch, mit der Lebensweitergabe auch etwas von der Substanz des Eigenen lebendig zu halten. Das alte Rom hat demgegenüber mehr auf den Gedanken des Ruhmes gesetzt: sich seinen Taten anzuvertrauen und durch sie immerfort in der Menschheit weiterzuleben. Im Grunde ist unser marxistisch gestimmtes Zeitalter von solchen Versuchen der Zukunftsbeschaffung gar nicht allzu weit entfernt. Zukunft, das ist nun die Gesellschaft, in der Unterdrückung und Ungerechtigkeit beseitigt sind; man gehört der Zukunft zu, man hat Zukunft, indem man sich an dem Kampf um diese Gesellschaft beteiligt. Das Gemeinsame aller dieser Antworten besteht darin, dass sie die Zukunft des Menschen in einem Dritten suchen, das nicht eigentlich er selbst ist; vor allem aber darin, dass sie die Lösung nicht in Form einer theoretischen Aussage, sondern durch die eigene Aktivität des Menschen geben, der sich aktiv seine Zukunft baut: Sie vertrauen die Zukunft nicht dem Glauben, sondern dem Tun an. Für den Menschen von heute, der nur noch die nachprüfbare, praxisbezogene Erkenntnis annimmt, scheint dies der einzige Weg zu sein.

Leben im Anderen

Aber ist er eigentlich vertrauenswürdig? Wird der Kampf der Gegenwart wirklich morgen eine gerechte Gesellschaft hervorbringen und wird diese Gesellschaft tatsächlich auch Zukunft für uns sein? Oder ist das, was vom Menschen weiterlebt, wenn er in Kindern, in seinem Namen, in seinen Taten fortbesteht, nicht doch immer nur ein unwirklicher Schatten, der überdies schnell zerfällt?

Genau an dieser Stelle setzt der Glaube des Neuen Testaments an. Er gibt dem Menschen durchaus recht mit seiner Überzeugung, dass er aus sich ohne Bestand ist und daher nur fortleben kann, wenn er in einem andern lebt. Aber, so muss man in seinem Sinn weiterfahren, dieses Bemühen nach Leben in andern würde Sinn nur haben, wenn der andere, dem wir uns anvertrauen, nicht wiederum, wie wir selbst, vergeht, sondern wirklich bleibt; es würde Sinn ferner nur dann haben, wenn dieser andere nicht bloß einen Schatten von uns – unsern Namen, unser Erbgut –, sondern wirklich uns selber festzuhalten vermöchte. Solches aber kann nur gelten, wenn *Gott* des Menschen gedenkt: Nur er bleibt, nur sein Gedanke ist Wirklichkeit. Und eben dies ist die hoffende Gewissheit, die der biblische Glaube gewähren will: Der Ewige gedenkt des Menschen, der Mensch lebt im Gedenken Gottes und so wahrhaft als er selber, denn Gottes Gedanke ist kein Schatten, sondern Wirklichkeit.

Der Tod: mächtigster Stachel des Lebens

Nun beginnen für uns Menschen von heute an dieser Stelle, an der der Umriss der christlichen Antwort sichtbar geworden ist, die Fragen erst so richtig. Nur eine davon kann ich im Rahmen dieser Überlegungen noch etwas näher beleuchten. Wir hatten vorhin festgestellt, dass der Mensch im Lauf der Geschichte und heute mehr denn je versucht hat und versucht, die Frage der Zukunft aus dem Raum der Theorie und des Glaubens herauszunehmen und zu einer Sache seiner Tat zu machen: Der Tod ist auf diese Weise die ganze Geschichte hindurch zum mächtigsten Stachel des Lebens geworden; die Menschheit hat immer weit mehr von ihrer Zukunft als von ihrer Gegenwart gelebt und an der Art der Werke, die die einzelnen Völker hinterließen, kann man recht gut ihre Form von Hoffnung wie ihr Verständnis der Todesfrage ablesen.

Aber wie steht es in diesem Betracht mit der christlichen Antwort? Weist sie uns nicht in die reine Passivität des bloßen Erwartens zurück, das dem Menschen keine Aufgabe setzt und so sein Leben entwertet? Ist sie vielleicht deshalb unserem aktiven, praxisbezogenen Zeitalter so fremd geworden? Nun, eine gewisse Entmächtigung des Menschen bedeutet diese Antwort auf jeden Fall. Der Traum, er könnte sich selbst Unsterblichkeit geben, wird ihm in der Tat zerschlagen. Er wird genötigt, von der eigenen Macht weniger zu halten und mehr von der Liebe, die er nun einmal nur geschenkt bekommen kann. Aber damit sind wir schon bei der zweiten Hälfte unserer Antwort angelangt: Unsterblichkeit hat nach christlichem Glauben fundamental mit der Liebe zu tun.

Dem Unverfügbaren geöffnet

Das allein Ewige ist die Liebe; als Liebe ist Gott Ewigkeit. Und seine Liebe wiederum ist des Menschen Ewigkeit, im Geliebtsein von der ewigen Liebe ist er unvergänglich aufgehoben. Er ist es, weil er selbst lieben kann. Auch ihm gibt nur die Liebe Ewigkeit; von dem Maß und von der Weise seines Liebens hängen Maß und Weise seiner Ewigkeit ab. Wenn aber sein Lieben seine Zukunft ist, dann ist Zukunft für ihn ebenso Tat wie Empfangen – ganz sein Eigenes und ganz sein Geschenktes zugleich. Des Menschen und der Menschheit Hoffnung ist die Liebe – so lautet die Antwort des christlichen Glaubens, der darin ganz realistisch, der nüchternen Praxis des Alltags zugewandt und ganz Glaube ist, dem Unverfügbaren geöffnet, das weit über unser Leisten hinaus uns beschenkt mit dem, was kein Mensch zu geben vermag: mit ewigem Leben.

(WAS KOMMT NACH DEM TOD?, IN: JOSEPH RATZINGER, GESAMMELTE SCHRIFTEN, BD. 10, S. 361–366)

2 Mitten in der Zerstörung vollzieht sich das Heil

Ins Gedächtnis Gottes eingeschrieben

(Mir geht es) im Sinn der Lehre Jesu um eine streng theo-logische Auffassung unseres Lebens über den Tod hinaus – unseres »ewigen Lebens«. Wir leben deshalb, weil wir ins Gedächtnis Gottes eingeschrieben sind. Im Gedächtnis Gottes sind wir nicht ein Schatten, eine bloße »Erinnerung«, sondern im Gedächtnis Gottes stehen heißt: leben, ganz leben, ganz wir selber sein. Den Sadduzäern, die mit einer abstrusen Geschichte den Glauben an die Auferstehung als absurd zu überführen versuchten, antwortet Jesus nicht mit anthropologischen Erörterungen welcher Art auch immer, sondern mit dem Verweis auf das Gedächtnis Gottes: »Dass aber die Toten auferstehen, habt ihr das nicht im Buch des Mose gelesen, in der Geschichte vom Dornbusch, in der Gott zu Mose spricht: Ich bin der Gott Abrahams, der Gott Isaaks und der Gott Jakobs? Er ist doch nicht ein Gott von Toten, sondern von Lebenden. Ihr irrt euch sehr« (Mk 12,26 f.).

Wir sind an unsere Zukunft festgemacht

Diese theo-logische Auffassung ist gerade als solche zugleich eine dia-logische Auffassung des Menschen und seiner Unsterblichkeit. Ich habe daher meinen Begriff von Seele (...) in dem Satz zusammenfassen können: »Seele ist nichts anderes als die Beziehungsfähigkeit des Menschen zur Wahrheit, zur ewigen Liebe«. Die Beziehung zu dem, was ewig ist, das Stehen in der Gemeinschaft mit ihm ist Anteilhabe an seiner Ewigkeit. Diese theo-dialogische Auffassung des ewigen Lebens schließt die christologische Konkretisierung unseres Glaubens an Gott ein: In Christus ist Gottes Dialog mit uns Fleisch geworden. Dem Leib Christi zugehörend, sind wir dem Leib des Auferstandenen, seiner Auferstehung geeint: »Gott hat uns mit Christus auferweckt und uns zusammen mit ihm einen Platz im Himmel gegeben« (Eph 2,6). Von der Taufe an gehören wir dem Leib des Auferstandenen zu und sind in diesem Sinn schon an unsere Zukunft festgemacht, nie mehr ganz »leiblos« (...).

(VORWORT ZUR NEUAUSGABE EINES BUCHES ÜBER ESCHATOLOGIE, ZIT. N. JOSEPH RATZINGER, GESAMMELTE SCHRIFTEN, BD. 10, S. 33f.)

Der Tod: Freiwerden von der Selbstherrlichkeit des Ich

Im Tod kommt das Ende auf jeden Einzelnen von uns zu. Im Tod geht jeder Einzelne von uns der Wiederkunft Christi entgegen. So erhebt sich die Frage: Was ist es mit dem Tod im Menschenleben? Wie soll der Christ ihn aufnehmen in sein persönliches Dasein? Wohl von der Dichtung Rainer Maria Rilkes her ist die Vorstellung vom Tod als einer Tat auch in die katholische Theologie eingedrungen. Der Mensch dürfe nicht irgendeinen schematischen Tod sterben, vielmehr sei der Tod die Aufgipfelung des Menschenlebens, im »Aufschäumen an der Todeswand« erreiche das Leben seine höchste Möglichkeit; der Tod sei die entscheidende und höchste Tat des Menschenlebens, die daher mit ganzem, aktivem Einsatz zu setzen sei. Das mag gut klingen und auch gut gedacht sein. Aber wer je Menschen hat sterben sehen, dem kommt diese Philosophie doch recht klein vor. Wer mag vermessen genug sein, anderen die Tat des

Todes zu empfehlen, wo er doch nicht weiß, wie weit ihn selber vielleicht sein eigener Tatendrang und sein Heroismus verlassen wird, wenn der Tod einmal nach ihm greift? Vielleicht gibt es mitunter den Fall, dass jemand den Tod in voller, aktiver Hingabe geistig mitvollziehen kann. Aber heraussuchen kann sich das niemand. Und eine Forderung für jeden ist es gewiss nicht. Im Gegenteil: Der Tod ist keine Tat (selbst nicht bei dem, dem geistige Wachheit bis zum Letzten gegeben ist), sondern er ist das genaue Gegenteil davon, das Aufhören allen Tuns schlechthin, er besteht eben darin, dass uns endgültig alles Tun aus der Hand geschlagen wird, dass wir aus Tuenden zu Erleidenden werden. Der Tod ist keine Tat, sondern ein Erleiden, das Ende aller Taten.

Leben heißt Sterben in dieser Welt

Wer vom Tod als Tat spricht, könnte nun vielleicht zu seiner Verteidigung auf folgenden Sachverhalt verweisen: Der Tod ist gar nicht einfach ein Punkt am Ende unseres Lebens, sondern er durchzieht unser ganzes Leben. Vom ersten Augenblick an, da ein Menschenleben besteht, ist es Leben zum Tode hin. Der Prozess der Selbstentfaltung des Lebens ist zugleich ein Prozess des Selbstverbrauches bis zum Tode hin. Insofern ist Lebensbewegung und Todesbewegung geradezu ein und dasselbe. Leben ist Sterben, und Sterben ist Leben: »La vie, c'est la mort«, oder wie es ein Mediziner etwas weniger poetisch ausdrückt: »Unser Körper gleicht einem Gewebe mit einer bestimmten Zeichnung, an welchem fortwährend aufgetrennt und nachgestickt wird.« Immer noch gilt das Wort mittelalterlicher Zeit: »media in vita in morte sumus«, das in Heideggers Philosophie des Lebens zum Tode gleichsam seine Übersetzung in die profane Geistigkeit unseres Jahrhunderts gefunden hat. Es ist in der Tat wahr: Leben heißt Sterben in dieser Welt. Aber

bedeutet das nun etwa, dass wir aus dem Tod eine Tat machen können? Dass wir ihn sozusagen in das Gegenteil seiner selbst umwan-
deln können? Nein. Sondern diese geheime Verschwisterung von
Tod und Leben enthüllt die Wesensgrenze aller menschlichen Aktivität, den unaufhebbaren Grund der Passivität, worauf der Mensch
steht, sie besagt genau dieses, dass in all unserem Tun auch schon
die Zerstörung eben dieses Tuns mit anwesend ist, dass unser Leben nie bloß Tun, sondern immer auch Erleiden, nie bloß Aufbauen, sondern immer auch Abgebrochenwerden ist. Ganz allgemein gesagt: Der Mensch ist nie ein Wesen reiner Aktivität, sondern
immer auch ein Wesen der Passivität, er macht sich nie bloß selbst,
sondern er wird gemacht durch das, was ihm gegen seinen Willen
widerfährt.

Die Leidenslinie hinnehmen, die unser Leben durchzieht
An dieser Stelle, an der das Ganze in tiefen Pessimismus zu mün-
den scheint, begegnet uns die Botschaft des Neuen Testaments. Das
Neue Testament sagt uns, der Mensch werde gerecht gemacht
durch den Glauben (z.B. *Röm 3*, 28.30; 5, 1; *Gal 2*, 16; 3, 8). Es sagt
aber auch, der Mensch werde gerecht gemacht in der Taufe (z.B.
Röm 6, 7). Über die Taufe aber sagt es, sie sei ein Tod, ein Sterben
und Begrabenwerden mit Christus (*Röm 6*, 1–11). Diese Aussage
weitet das Taufgeschehen aus über den Augenblick des Sakra-
mentsempfanges hinaus auf das ganze Leben. Der Ritus des Unter-
tauchens ist zeichenhafte Darstellung für das Todesgeschehen, das
unser ganzes Leben hindurch geschieht, für die Gegenbewegung
der *passio*, die sich in unser ganzes Leben und in seine *actio* hinein-
schiebt als der immer schon wirksame Abbruch dieses Ganzen, der
im Augenblick des Sterbens lediglich zu Ende kommt. Die Taufe
bedeutet aber mehr. Sie drückt zunächst im Symbol dieses Wider-

fahrnis des Todes, des Zerstörtwerdens, die Grund-*passio* des Menschenlebens aus. Sie zeigt aber zugleich unsere Rechtfertigung und Rettung an. Und diese beiden Bedeutungen sind untrennbar eins. Indem die Taufe unseren Tod darstellt, stellt sie eben dadurch unsere Rechtfertigung dar. Wenn es aber so ist, dann bedeutet die Taufe zugleich, dass sich die Rechtfertigung des Menschen abspielt in dem Geschehen des Todes, der anwesend ist inmitten des Lebens. »Wir werden gerechtfertigt in der Taufe«, das heißt: Wir werden gerecht gemacht, richtig gemacht vor Gott und für Gott durch und in unserem Tod. Oder noch deutlicher gesagt: Dieser Satz (»Rechtfertigung geschieht in der Taufe«) bedeutet, der Mensch wird gerecht, richtig, brauchbar für Gott am Ende nicht eigentlich durch das, was er tut, sondern durch das, was er leidet. Er wird recht, indem er die Leidenslinie hinnimmt, die sein Leben durchzieht. Er wird recht nicht durch sein Werk, sondern indem er sich die allzeit neue Zerstörung seines Werkes gefallen lässt.

Fangen wir an, uns Gott gefallen zu lassen

Hier wird nun auch sichtbar, wie die Lehre vom Glauben als Rechtfertigung und diejenige von der Taufe als Rechtfertigung ineinandergehen, sich nicht widersprechen, sondern zweimal dasselbe sagen. Man kann hier vor allem einmal verstehen, was es eigentlich genau bedeutet, wenn Paulus sagt: Nicht die Werke rechtfertigen, sondern der Glaube. Der Glaube, wie Paulus ihn versteht, ist genau dieses, dass der Mensch den verwegenen Versuch aufgibt, selbst den Turm von Babel, das heißt den Weg zum Himmel zu bauen, dass er aufhört zu meinen, er könne sich selbst vor Gott behaupten, er könne sozusagen als gleichberechtigter Geschäftspartner vor Gott auftreten, der ihm seine volle Lebensleistung hinhält und nun rechtmäßig dafür angemessenen Lohn beanspruchen darf. Der Mensch ist nie in der Situation, mit Gott rechten zu können, Ihm etwas geben zu können, wofür Gott ihm wieder etwas geben müsste. Was der Mensch geben kann, das hat er von Gott empfangen (1 Kor 4,7; vgl. Röm 11,35), und was er aus Eigenem dazutut, das ist höchstens seine Selbstsucht und seine Einbildung, die sich sogar noch in das Beste seines Lebens mischt und es trübe macht vor den Augen des Allsehenden. Nein, der Mensch kann Gott nichts geben, was ihn zum Fordern berechtigen würde, er kann nur anfangen zuzugestehen, dass alles, was er hat, aus Gottes guten Händen kommt und nicht von ihm selber stammt.

Deshalb besteht auch das Opfer im Christentum nicht mehr darin, dass die Menschen Gott etwas geben, sondern darin, dass sie sich Gottes heilige Gabe schenken lassen, dass sie die falsche Haltung des selbständigen, gleichberechtigten Gegenübers verlassen und anfangen, Empfangende zu sein. Opfer besteht, christlich gesehen, genau darin, dass wir aufhören, uns selber als Gebende hinzustellen, dass wir endlich erkennen, dass alles, was wir sind und haben, Gottes Geschenk ist. Dass wir überwechseln in die neue Haltung des Empfangenden, der sich nicht selbst behauptet gegen Gott, der nicht selbst etwas durchsetzen will gegen Gott, sondern der Gott sich durchsetzen lässt an uns, der also nicht »etwas« hergibt, sondern sich selbst. Darauf genau kommt es an: dass wir nicht mehr mit unserer Gabe, unserem Werk etwas durchsetzen wollen gegen Gott, selbst sozusagen mit ins Spiel kommen wollen, sondern dass wir anfangen, uns Gott gefallen zu lassen, so wie Er ist. Dass wir uns selbst freigeben und nicht versuchen, das eigene Ich zu behalten und zu behaupten gegen Gott. Das genau ist aber auch der Kern der Haltung, die Paulus Gabe nennt. Glauben heißt, dass wir aufhören, mit eigenen Leistungen uns vor Gott durchsetzen und behaupten zu wollen, und dass wir uns selbst freigeben und uns Gott gefallen lassen, wie Er ist. Glaube ist nicht ein Werk, sondern das Fahrenlassen des eigenen Sichselbstmachen-Wollens, die leere Hand, in die wir uns Gottes Fülle hineintun lassen.

Jedes Tun ist ein Empfangen

Damit sind wir aber wieder zurückgeführt zur Taufe und zurückgeführt zum Tod: Die Lehre von der Taufe sagte uns, dass der Mensch nicht gerechtfertigt wird durch das, was er tut, sondern durch das, was er leidet. Ich denke, wir verstehen das nun von den Haltungen her, die wir »Glaube« und »Opfer« genannt haben, tiefer und genauer. Das Entscheidende, wozu der Mensch durchdringen muss, ist gerade die Haltung der Hingabe und der Hinnahme, jene heilige Passivität, die größer ist, als alle Aktivitäten jemals sein können. Der Mensch kann in seinem Wirken Großes und Erstaunliches leisten, aber zu seiner eigenen Würde ist er erst gekommen, wenn er gelernt hat, jedes Tun als ein Empfangen zu verstehen, wenn er sich in Demut auch die Zerstörung seiner Werke gefallen lässt. Von hierher gewinnen all die Negativitäten unseres Lebens ihren großen Sinn: die Krankheit, das Versagen unserer Fähigkeiten, Zurücksetzung und Misserfolg. Gott schlägt uns darin unsere verkrampfte Selbstbehauptung aus der Hand, diese immer neu sich aufbäumende Sucht, das Ich selbst zu erbauen und selber Herren unseres Lebens zu sein. Selig sind all diese Zerstörungen, die uns widerfahren, von der kleinen Blamage bis zur großen Not des Geistes und des Leibes, wenn wir darin uns das Ich aus der Hand schlagen lassen, wenn wir darin lernen, uns freizugeben und Gott als den wahrhaft Wirkenden anzunehmen, wenn wir darin wachsen, um wirklich sagen zu können: »Nimm hin, o Herr, meine ganze Freiheit, nimm Gedächtnis, Verstand und den Willen ganz und gar. Denn was ich habe und besitze, ist von Dir. Ich gebe es Dir ganz zurück. Nur Deine Liebe und Deine Gnade gib mir.

Dann bin ich reich genug und verlange weiter nichts.« Dann, wenn wir uns nicht mehr wie eigenständige Geschäftspartner behaupten wollen vor Ihm, sind wir wahrhaft »recht« geworden für Ihn, dann auch erst sind wir in die wahre Freiheit des Wirkens hinein entlassen, das nicht mehr ständig auf sich selbst zurückschaut, auf Erfolg oder Misserfolg, auf Kritik oder Beifall, sondern handelt, ohne zu erschrecken vor Lob oder Tadel.

Sich fallen lassen in Gottes Hand hinein
Die Aussage, der Tod sei eine Tat, verkennt den Menschen selbst, indem sie den Tod verkennt. Sie bedeutet den Versuch, auch noch jene Stelle, an der unerbittlich die *passio* in das Leben des Menschen hineinragt und seiner *actio* gebieterisch die Grenze setzt, in *actio* umzudeuten. Sie steht damit in der Gefahr, dem Menschen die Grundsituation seines Daseins zu verschleiern, das auf dem Empfangen ruht. Für uns bedeutet der Tod und seine ständige Gegenwart mitten in unserem Leben das genaue Gegenteil: die ständige Erinnerung daran, dass nicht wir selbst uns rechtfertigen, sondern dass Gott uns rechtfertigt. Und dass das Höchste des Menschen nicht seine Selbstbehauptung ist, sondern das Sichfallen-Lassen in Gottes Hand hinein. Zugleich wird hier die innerste Einheit und Einfachheit der christlichen Botschaft sichtbar. Wenn das Innerste des Christentums ist, Gott und den Nächsten zu lieben wie sich selbst, so bedeutet das nichts anderes als die radikale Entthronung des Selbst, das Freiwerden vom Ich: Die Bewegung des Todes ist mit der Hineinbewegung in die radikale Liebe identisch. Man kann im Grunde also ebenso gut sagen: Im Christentum geht es nur um Tod und Auferstehung, wie: Im Christentum geht es nur um die Liebe, wie: Im Christentum geht es nur um die Demut des Glaubens. In allen drei Fällen ist die eine große Grundbewegung der Freiwer-

dung von der Selbstherrlichkeit des Ich, die Grundbewegung der Hingabe gemeint, die in Christi Kreuz aufgerichtet ist zum Zeichen für die ganze Menschheit, als die eherne Schlange, von der allein die Rettung kommt in der Wüstenei der Welt.

Das Christentum romantisiert den Tod nicht

Wir sehen also: Das Christentum deutet den Tod nicht um in eine *actio* (die er vom Wesen her weder ist noch je sein kann), es romantisiert den Tod nicht. Es idealisiert ihn auch nicht, wie der Platonismus aller Zeiten es getan hat, der ihn als die längst erwartete Erlösung der Seele aus den Banden des Leibes hinstellt, über die die Seele nur froh sein könne. Es lässt ihn durchaus realistisch das sein, was er ist: die Linie der *passio*, der Zerstörung, die durch unser ganzes Leben sich hindurchzieht, bis es endlich aufgebraucht ist. Aber es lehrt uns erkennen, dass mitten in dieser Zerstörung, in der uns unser Werk und unsere Hoffnungen fortwährend aus der Hand geschlagen werden, sich die schmerzvolle Reifung zu dem hin vollzieht, was wir eigentlich sein sollen. Es lehrt uns, dass gerade in den Nöten unseres Todes sich unsere Rechtfertigung, unsere Gerechtmachung für Gott vollzieht. Mitten in der Zerstörung vollzieht sich das Heil: Im Abbruch des ersten Adam wächst der zweite, das neue Menschsein aus Glaube, Geduld und Liebe (vgl. 2 Kor 4, 16). So ist die *passio* unseres Lebens, die Not und das Leid, zugleich auch die Nähe unseres Heiles. Deshalb kann Christus, nachdem Er den Jüngern dies Vorzeichen des Endes aufgezählt hat, sagen: Und wenn ihr alles dieses seht – all dieses Furchtbare und Entsetzliche, von dem die eschatologische Rede spricht –, dann erhebet eure Häupter (Lk 21, 28). Dann nehmt es nicht wie die Weltkinder, denen es nur Schrecken und Untergang ist, sondern dann lasst es euch ein Zeichen der Hoffnung sein, dass dennoch und gerade so Gott auf dem

Weg ist zu euch. Deshalb konnten die ersten Christen beten: Marana tha – Komm, Herr Jesu. In den Zeichen des Weltunterganges hörten sie Christus an die Tür der Welt klopfen. Sie verschlossen die Tür nicht ängstlich, sondern sie riefen den herbei, auf dem die ganze Hoffnung ihres Lebens ruhte: Komm, Herr Jesu. Etwas von dieser Gesinnung sollte uns wieder überkommen. In den Zeichen des Todes klopft das Ende an die Tür unseres Lebens. Aber dieses Ende ist nicht bloß Zerstörung. Im Tiefsten wissen wir, dass in all den Zerstörungen und Nöten unseres Daseins, in dieser immerwährenden Gegenwart des Todes, Christus an die Tür unseres Lebens klopft. Christus, der uns entreißt der falschen Selbstherrlichkeit des Egoismus, der uns führt in die Freiheit des Glaubens hinein, die nichts mehr ängstigt, nichts erschreckt, weil sie erkannt hat, dass ein Mensch, dem alles zerbricht, ja nie ins Bodenlose fällt, sondern am Ende hineinfällt in die Arme der ewigen Liebe, die auf dem Grunde der Welt unser wartet. Solche Zuversicht soll in der passio unseres Lebens uns zuwachsen, dass auch wir wieder beten lernen: Komm, Herr Jesu. Dass wir lernen, im Ende den wahren Beginn zu erkennen, im Tod die Taufe, die uns zur Auferstehung führt und zum ewigen Leben. – Komm, Herr Jesu!

(AUS DEM AUFSATZ: DER TOD UND DAS ENDE DER ZEITEN, IN: JOSEPH RATZINGER, GESAMMELTE SCHRIFTEN, BD. 10, S. 343–350)

Ein Leben, das ganz Leben und daher dem Tod entzogen ist

»Dies ist das ewige Leben, dass sie dich erkennen, den alleinigen, wahren Gott, und den du gesandt hast, Jesus Christus« (*Joh 17, 3*). Jeder Mensch möchte leben. Möchte wirkliches, gefülltes Leben, das sich lohnt, das Freude ist. Mit der Sehnsucht nach Leben ist zugleich der Widerstand gegen den Tod verbunden, der dennoch unausweichlich ist. Wenn Jesus vom ewigen Leben spricht, dann meint er das eigentliche, das wirkliche Leben, das zu leben sich lohnt. Dann meint er nicht einfach das Leben, das nach dem Tod kommt. Er meint die eigentliche Weise des Lebens, ein Leben, das ganz Leben und daher dem Tod entzogen ist, aber durchaus schon in dieser Welt beginnen kann, ja, in ihr beginnen muss: Nur wenn wir jetzt eigentlich zu leben lernen, jenes Leben erlernen, das der Tod nicht nehmen kann, hat die Ewigkeitsverheißung Sinn. Aber wie geschieht das? Was ist das eigentlich, das wahrhaft ewige Leben, dem der Tod nichts anhaben kann? Die Antwort Jesu haben wir gehört: Das ist das wahre Leben, dass sie dich erkennen – Gott – und deinen Gesandten Jesus Christus. Leben ist Erkenntnis, wird uns da zu unserer Überraschung gesagt. Das bedeutet zunächst: Leben ist Beziehung. Keiner hat es aus sich selbst und nur für sich selbst. Wir haben es vom anderen her, in der Beziehung zum anderen. Wenn sie Beziehung in der Wahrheit und in der Liebe ist, Geben und Empfangen, gibt sie dem Leben Fülle, macht es schön.

Mein Leben über die Wasser des Todes halten

Aber die Zerstörung der Beziehung durch den Tod kann gerade darum besonders schmerzhaft sein, das Leben selbst in Frage stellen. Nur die Beziehung zu dem, der selbst das Leben ist, kann auch mein Leben über die Wasser des Todes halten, mich lebendig durch sie hindurchführen. Schon in der griechischen Philosophie gab es den Gedanken, der Mensch könne dann ewiges Leben finden, wenn er sich an das anhängt, was unzerstörbar ist – an die Wahrheit, die ewig ist. Er müsse sich gleichsam mit Wahrheit anfüllen, um den Stoff der Ewigkeit in sich zu tragen. Aber nur wenn die Wahrheit

Person ist, kann sie mich durch die Nacht des Todes hindurchtragen. Wir halten uns an Gott fest – an Jesus Christus, den Auferstandenen. Dann sind wir von dem getragen, der das Leben selber ist. In dieser Beziehung leben wir, auch durch den Tod hindurch, weil der uns nicht verlässt, der das Leben selber ist.

Aber kehren wir zu Jesu Wort zurück: Das ist das ewige Leben, dass sie dich erkennen und deinen Gesandten. Erkenntnis Gottes wird ewiges Leben. Natürlich ist da mit Erkenntnis mehr gemeint als äußeres Bescheidwissen, wie wir zum Beispiel wissen, wann ein berühmter Mann gestorben ist und wann eine Erfindung gemacht wurde. Erkennen im Sinn der Heiligen Schrift ist inwendiges Einswerden mit dem anderen. Gott erkennen, Christus erkennen heißt immer auch: ihn lieben, mit ihm als Erkennender und Liebender irgendwie eins zu werden. Unser Leben wird also dann eigentliches, wahres und so auch ewiges Leben, wenn wir den erkennen, der der Quell allen Seins und Lebens ist. So wird das Wort Jesu zu einem Anruf an uns: Werden wir Freunde Jesu, suchen wir, ihn immer mehr zu erkennen. Leben wir im Dialog mit ihm. Lernen wir von ihm das rechte Leben, werden wir seine Zeugen. Dann werden wir Liebende, und dann handeln wir recht. Dann leben wir wirklich.

(PREDIGT, 1.4.2010)

3 Vor dem Kreuz

Jesus oder Sokrates:
Die Todesangst des Herrn

Die drei Apostel – Petrus, Jakobus, Johannes – schlafen, aber ab
und zu werden sie wach und hören immer wieder das Gebet des
Herrn:»Nicht mein Wille, sondern dein Wille geschehe.« Was ist
dies:»mein« Wille,»dein« Wille, von dem der Herr spricht?»Mein«
Wille ist,»dass er nicht sterben muss«, sondern der Kelch dieses
Leidens an ihm vorübergehe: Es ist der menschliche Wille, der
menschliche Naturwillen, und Christus spürt mit seinem ganzen
Sein das Leben, den Abgrund des Todes, die Angst vor dem Nichts,
das drohende Leiden. Und er spürt noch mehr als wir, die wir einen
natürlichen Widerwillen gegen den Tod, eine natürliche Angst vor
dem Tod haben, den Abgrund des Bösen. Er spürt mit dem Tod
auch das ganze Leiden der Menschheit. Er spürt, dass all dies der
Kelch ist, den er trinken muss, bei dem er sich überwinden muss,
ihn zu trinken: das Böse der Welt annehmen, alles Schreckliche,
den Widerwillen gegen Gott, all die Sünde. Und wir können verstehen, dass Jesus mit seiner menschlichen Seele schreckliche Angst
vor dieser Wirklichkeit hat, die er in ihrer ganzen Grausamkeit
wahrnimmt:»Mein« Wille wäre, den Kelch nicht zu trinken, aber
»mein« Wille ist»deinem« Willen untergeordnet, dem Willen Gottes, dem Willen des Vaters, der auch der wahre Wille des Sohnes ist.
Und so verwandelt Jesus in diesem Gebet den natürlichen Widerwillen, den Widerwillen gegen den Kelch, gegen seine Sendung, für
uns zu sterben; er verwandelt seinen eigenen natürlichen Willen in
den Willen Gottes, in ein»Ja« zum Willen Gottes. Der Mensch an

sich ist versucht, sich dem Willen Gottes zu widersetzen, dem eigenen Willen folgen zu wollen, sich nur dann frei zu fühlen, wenn er selbständig ist; er setzt seine eigene Selbständigkeit der Abhängigkeit, dem Willen Gottes zu folgen, entgegen.

Das ist das ganze Drama der Menschheit
Das ist das ganze Drama der Menschheit. Aber in Wahrheit ist diese Selbständigkeit falsch, und das Eintreten in den Willen Gottes ist kein Widerstand gegen sich selbst, keine Sklaverei, die meinem Willen Gewalt antut, sondern ein Eintreten in die Wahrheit und in die Liebe, in das Gute. Und Jesus zieht unseren Willen – der sich dem Willen Gottes widersetzt, der nach Selbständigkeit strebt – in die Höhe, zum Willen Gottes. Das ist das Drama unserer Erlösung, dass Jesus unseren Willen, all unseren Widerwillen gegen den Willen Gottes und unseren Widerwillen gegen den Tod und die Sünde in die Höhe zieht und ihn mit dem Willen des Vaters vereint: »nicht mein Wille, sondern dein Wille«. Durch diese Verwandlung des »Nein« in ein »Ja«, durch diese Hineinnahme des geschöpflichen Willens in den Willen des Vaters verwandelt er die Menschheit und erlöst uns. Und er lädt uns ein, in diese Bewegung einzutreten: aus unserem »Nein« herauszukommen und in das »Ja« des Sohnes einzutreten. Mein Wille ist da, aber entscheidend ist der Wille des Vaters, denn dieser Wille ist die Wahrheit und die Liebe. (...)

Jesus hatte eine andere Sendung als Sokrates
Noch eine weitere Anmerkung: Der Brief an die Hebräer hat uns eine tiefgehende Auslegung dieses Gebets des Herrn, dieses Dramas von Getsemani, gegeben. Dort heißt es: Diese Tränen Jesu, dieses Gebet, dieses Schreien Jesu, diese Angst, all das ist

nicht einfach nur ein Zugeständnis an die Schwachheit des Fleisches, wie man sagen könnte. Eben auf diese Weise übt er das Amt des Hohenpriesters aus, denn der Hohepriester soll den Menschen mit all seinen Problemen und Leiden auf Gottes Ebene bringen. Und im Brief an die Hebräer heißt es: Mit all diesem Schreien, diesen Tränen, Leiden und Gebeten hat der Herr unsere Wirklichkeit vor Gott gebracht (vgl. *Hebr* 5,7ff.). Und er gebraucht das griechische Wort »*prosferein*«, den Fachbegriff für das, was der Hohepriester tun muss, um zu opfern: Er muss seine Hände »in die Höhe heben«. Genau hier, im Drama von Getsemani, wo Gottes Macht nicht mehr gegenwärtig zu sein scheint, übt Jesus die Funktion des Hohenpriesters aus. Und er sagt auch, dass er in diesem Akt des Gehorsams, also der Gleichgestaltung des menschlichen Naturwillens mit dem Willen Gottes, als Priester vollkommen wird. Und er gebraucht erneut den Fachbegriff für »zum Priester weihen«. Eben dadurch wird er wirklich der Hohepriester der Menschheit und öffnet so den Himmel und das Tor zur Auferstehung.

Wenn wir über das Drama von Getsemani nachdenken, sehen wir auch den starken Gegensatz zwischen Jesus mit seiner Angst, mit seinem Leiden und dem großen Philosophen Sokrates, der ruhig und ungestört dem Tod entgegensieht. Und das scheint das Ideal zu sein. Wir mögen diesen Philosophen bewundern, aber die Sendung Jesu war eine andere. Seine Sendung war nicht die völlige Gleichgültigkeit und Freiheit; seine Sendung war es, unser ganzes Leiden, das ganze menschliche Drama in sich zu tragen. Und daher ist gerade diese Demütigung des Getsemani für die Sendung des Gottmenschen wesentlich. Er trägt unser Leiden, unsere Armut in sich und verwandelt sie nach dem Willen Gottes. Und so öffnet er die Tore des Himmels, öffnet er den Himmel: Der

Vorhang des Allerheiligsten, den der Mensch bislang gegen Gott verschlossen hatte, wird durch sein Leiden und seinen Gehorsam geöffnet.

(GENERALAUDIENZ, 20.4.2011)

»Du wärest nicht wieder zum Leben gekommen«

Das schmerzliche Leiden des Herrn Jesus muss selbst die härtesten Herzen zum Mitleid bewegen, denn es bildet den Gipfel der Offenbarung der Liebe Gottes zu einem jeden von uns. Der Heilige Johannes bemerkt:»Gott hat die Welt so sehr geliebt, dass er seinen einzigen Sohn hingab, damit jeder, der an ihn glaubt, nicht zugrunde geht, sondern das ewige Leben hat« (*Joh* 3, 16). Aus Liebe zu uns stirbt Christus am Kreuz! Im Laufe der Jahrtausende haben sich Scharen von Männern und Frauen von diesem Geheimnis anziehen lassen und sind Ihm gefolgt. Dabei haben sie ihrerseits wie Er und dank seiner Hilfe das eigene Leben zu einer Gabe für die Mitmenschen gemacht. Es sind die Heiligen und die Märtyrer, von denen viele uns unbekannt bleiben. Wie viele Menschen vereinen auch in unserer Zeit in der Stille des täglichen Lebens ihre Leiden mit denen des Gekreuzigten und werden zu Aposteln einer echten geistlichen und gesellschaftlichen Erneuerung! Was wäre der Mensch ohne Christus? Augustinus stellt fest:»Du fändest dich immerzu im Elend, wenn er dir nicht Erbarmen erwiesen hätte. Du wärst nicht wieder zum Leben gekommen, wenn er nicht mit dir den Tod geteilt hätte. Du wärst zugrunde gegangen, wenn er dir nicht zu Hilfe gekommen wäre. Du wärst verloren, wenn er nicht gekommen wäre« (Augustinus, *Sermo* 185, 1). Warum also nehmen wir Ihn nicht in unserem Leben auf?

Verweilen wir heute abend, um sein entstelltes Antlitz zu betrachten: Es ist das Antlitz des Schmerzensmannes, der all unsere tödlichen Ängste auf sich geladen hat. Sein Angesicht spiegelt sich in dem jedes gedemütigten und beleidigten, kranken und leidenden, einsamen, verlassenen und verachteten Menschen. Durch sein Blutvergießen hat er uns von der Knechtschaft des Todes befreit, hat die Einsamkeit unserer Tränen gesprengt, ist in all unser Leid und in all unsere Sorgen eingetreten.

(KREUZWEG AM KOLOSSEUM, 10.4.2009)

In seinem Abstieg ist er aufgestiegen

Über dem Kreuz Jesu steht in den beiden Weltsprachen von damals – Griechisch und Latein – und in der Sprache des auserwählten Volkes – Hebräisch – wer er ist: der König der Juden, der verheißene Sohn Davids. Pilatus, der ungerechte Richter, ist wider Willen zum Propheten geworden. Vor der Weltöffentlichkeit wird Jesu Königtum proklamiert. Jesus selbst hatte den Titel Messias nicht zugelassen, weil er eine falsche – menschliche – Idee von Macht und von Rettung hervorgerufen hätte. Aber nun darf der Titel öffentlich dastehen – über dem Gekreuzigten. So ist er wirklich König der Welt. Nun ist er wahrhaft »erhöht«. In seinem Abstieg ist er aufgestiegen. Nun hat er radikal den Auftrag der Liebe erfüllt, er hat sich weggegeben von sich selber, und gerade so ist er nun die Erscheinung des wahren Gottes, des Gottes, der die Liebe ist. Nun wissen wir, wer Gott ist. Nun wissen wir, wie wahres Königtum aussieht. Jesus betet den Psalm 22, der mit den Worten beginnt: »Mein Gott, mein Gott, warum hast du mich verlassen ...« (Ps 22, 2). Er nimmt das ganze leidende Israel in sich auf, die ganze leidende Menschheit, die Not ihres Gottesdunkels und lässt so dort Gott erscheinen, wo er endgültig besiegt und abwesend scheint. Das Kreuz Jesu ist ein kosmisches Ereignis. Die Welt wird dunkel, wo Gottes Sohn dem Tod preisgegeben ist. Die Erde erbebt. Und am Kreuz beginnt die Kirche der Heiden. Der römische Hauptmann erkennt, bekennt Jesus als den Sohn Gottes. Vom Kreuz aus siegt er – immer neu.

Gebet: Herr Jesus Christus, bei deinem Tod hat sich die Sonne verfinstert. Immer wieder wirst du ans Kreuz geschlagen. Gerade in dieser Stunde der Geschichte leben wir im Gottesdunkel. Unter dem Übermaß der Leiden und der Bosheiten der Menschen scheint Gottes Antlitz, dein Antlitz verdunkelt, unerkennbar. Aber gerade am Kreuz hast du dich zu erkennen gegeben. Gerade als der Leidende und Liebende bist du der Erhöhte. Gerade von dort aus hast du gesiegt. Hilf uns, in dieser Stunde des Dunkels und der Verwirrungen dein Gesicht zu erkennen. Hilf uns, dir zu glauben und dir nachzufolgen gerade auch in den Stunden des Dunkels und der Not. Zeige dich neu der Welt in dieser Stunde. Lass uns dein Heil erscheinen.

(BETRACHTUNG UND GEBET ZUR 12. STATION DES KREUZWEGS, KREUZWEG AM KOLOSSEUM, 25.3.2005)

Lass uns nicht allein

Jesus ist gestorben, sein Herz wird von der Lanze des römischen Soldaten durchbohrt, und es entströmen ihm Blut und Wasser: geheimnisvolle Darstellung des Stroms der Sakramente, der Taufe und der Eucharistie, aus denen von dem geöffneten Herzen des Herrn her immer neu die Kirche geboren wird. Seine Gebeine werden nicht, wie die der beiden anderen Gekreuzigten, zerbrochen; so erweist er sich als das wahre Osterlamm, an dem kein Gebein zerbrochen werden darf (Ex 12, 46). Und nun, da alles durchlitten ist, zeigt sich, dass er trotz aller Verwirrung der Herzen, trotz der Macht von Hass und Feigheit nicht allein geblieben ist. Es gibt die Getreuen. Unter dem Kreuz waren Maria, seine Mutter, ihre Schwester Maria, Maria Magdalena und der Jünger gestanden, den er liebte. Nun kommt auch ein reicher Mann – Josef von Arimathäa: Der Reiche findet durch das Nadelöhr, weil Gott ihm die Gnade dazu schenkt. Er bestattet Jesus in seinem noch unberührten Grab in einem Garten: Der Friedhof wird zum Garten, wo Jesus begraben wird – zum Garten, aus dem Adam vertrieben wurde, als er sich von der Fülle des Lebens, von seinem Schöpfer losgerissen hatte. Das Grab im Garten lässt uns wissen, dass die Herrschaft des Todes zu Ende geht. Und es kommt ein Mitglied des Hohen Rates, Nikodemus, dem Jesus das Geheimnis der Wiedergeburt aus Wasser und heiligem Geist angekündigt hatte. Auch in dem Gremium, das seinen Tod beschlossen hatte, gibt es denjenigen, der glaubt und der Jesus gerade als Gestorbenen neu erkennt und bekennt. Über der Stunde der großen Trauer, der großen Verfinsterung und Hoffnungslosigkeit steht doch geheimnisvoll das Licht der Hoffnung. Der verborgene Gott ist doch der lebendige und der nahe Gott. Der gestorbene Herr bleibt doch der Herr und unser Retter, auch in der Nacht des Todes. Die Kirche Jesu Christi, seine neue Familie, beginnt sich zu formen.

Gebet: Herr, du bist in die Nach des Todes hinuntergestiegen. Aber dein Leichnam wird von gütigen Händen aufgenommen und mit einem reinen Linnen umhüllt (Mt 27,59). Der Glaube ist nicht ganz gestorben, die Sonne nicht völlig untergegangen. Wie oft scheint es, dass du schläfst. Wie leicht können wir Menschen uns abkehren und uns sagen: Gott ist tot. Lass uns in den Stunden des Dunkels erkennen, dass du dennoch da bist. Lass uns nicht allein, wenn wir verzagen wollen. Hilf uns, dass wir dich nicht allein lassen. Gib uns die Treue, die standhält in der Verwirrung und die Liebe, die dich gerade in deiner äußersten Not umfängt, wie die Mutter dich nun noch einmal in ihrem Schoß geborgen hat. Hilf uns, hilf den Armen und den Reichen, den Einfachen und den Gescheiten, durch ihre Ängste und Vorurteile durchzublicken und dir unser Vermögen, unser Herz, unsere Zeit anzubieten und so den Garten zu bereiten, in dem Auferstehung geschehen kann.

(BETRACHTUNG UND GEBET ZUR 13. STATION DES KREUZWEGS, KREUZWEG AM KOLOSSEUM, 25.3.2005)

Karsamstag: Wenn Gott sich verbirgt. Meditation vor dem Turiner Grabtuch

Das Mysterium des Karsamstags. Man kann sagen, dass das Grabtuch die Ikone dieses Geheimnisses ist, das Bild des Karsamstags. Tatsächlich handelt es sich um ein beim Begräbnis verwendetes Tuch, in das der Leichnam eines gekreuzigten Mannes gehüllt wurde. Es stimmt in allem mit dem überein, was die Evangelien von Jesus berichten, der gegen Mittag gekreuzigt wurde und gegen drei Uhr nachmittags gestorben ist. Weil Rüsttag war, das heißt der Vorabend des feierlichen Sabbats des Paschafestes, bat Josef von Arimathäa, ein reiches und angesehenes Mitglied des Hohen Rates, am Abend Pontius Pilatus mutig darum, Jesus in seinem neuen Grab beerdigen zu dürfen, das er nicht weit von Golgota entfernt für sich selbst hatte in den Felsen hauen lassen. Nachdem er die Erlaubnis bekommen hatte, kaufte er ein Leinentuch, nahm den Leichnam Jesu vom Kreuz, wickelte ihn in das Tuch und legte ihn in jenes Grab (vgl. Mk 15,42–46). Das berichtet das Evangelium des hl. Markus, und mit ihm stimmen die anderen Evangelisten überein. Von diesem Augenblick an blieb Jesus bis zum Morgengrauen des Tages nach dem Sabbat im Grab, und das Grabtuch von Turin zeigt uns ein Bild davon, wie sein Körper in dieser Zeit im Grab lag – eine chronologisch gesehen sehr kurze Zeit (etwa anderthalb Tage), die aber, was ihren Wert und ihre Bedeutung angeht, unermesslich, unendlich war.

Der Karsamstag ist der Tag der Verborgenheit Gottes, wie man in einer antiken Predigt lesen kann: »Was ist geschehen? Heute herrscht auf der Erde eine große Stille, große Stille und Einsamkeit. Große Stille, weil der König schläft. ... Gott ist dem Fleische nach gestorben und hinabgestiegen, um das Reich der Unterwelt zu erschüttern« (*Predigt über den Karsamstag*, PG 43, 439). Im Glaubensbekenntnis bekennen wir, dass Christus gekreuzigt wurde unter Pontius Pilatus, gestorben ist und begraben wurde, hinabgestiegen ist in das Reich des Todes und am dritten Tage auferstanden ist von den Toten.

Gott ist tot

Liebe Brüder und Schwestern, in unserer Zeit ist die Menschheit, vor allem nachdem sie das letzte Jahrhundert durchlebt hat, besonders sensibel geworden für das Geheimnis des Karsamstags. Die Verborgenheit Gottes ist Teil der Spiritualität des zeitgenössischen Menschen: in einer existentiellen, fast unbewussten Weise, wie eine Leere im Herzen, die immer größer geworden ist. Am Ende des 19. Jahrhunderts schrieb Nietzsche: »Gott ist tot! Und wir haben ihn getötet!« Dieser berühmte Ausspruch ist bei genauem Hinsehen fast wörtlich der christlichen Überlieferung entnommen, oft wiederholen wir diese Worte beim Kreuzweg, vielleicht ohne uns ganz dessen bewusst zu sein, was wir da sagen. Nach den beiden Weltkriegen, nach den Konzentrationslagern und dem Gulag, nach Hiroshima und Nagasaki, ist unsere Epoche immer mehr zu einem

Karsamstag geworden: Die Dunkelheit dieses Tages fordert die heraus, die nach dem Leben fragen, und besonders fordert sie uns Gläubige heraus. Auch wir müssen uns dieser Dunkelheit stellen.

Und dennoch hat der Tod des Sohnes Gottes Jesus von Nazaret auch noch einen entgegengesetzten Aspekt, der vollkommen positiv ist, Quelle des Trostes und der Hoffnung. Und das lässt mich daran denken, dass das heilige Grabtuch wie ein »fotografisches« Dokument ist, das ein »Positiv« und ein »Negativ« hat. Es ist wirklich so: Das dunkelste Geheimnis des Glaubens ist zur gleichen Zeit das hellste Zeichen einer Hoffnung, die keine Grenzen hat. Der Karsamstag ist das »Niemandsland« zwischen Tod und Auferstehung, aber dieses »Niemandsland« hat einer, der Einzige betreten, der es durchquert hat mit den Zeichen seines Leidens für den Menschen: »*Passio Christi. Passio hominis*«. Und das Grabtuch spricht genau von diesem Augenblick zu uns, es bezeugt gerade dieses einzigartige und unwiederholbare Intervall in der Geschichte der Menschheit und des Universums, in dem Gott in Jesus Christus nicht nur unser Sterben geteilt hat, sondern auch unser Bleiben im Tod. Radikalste Solidarität.

Auch in der absoluten Einsamkeit können wir eine Stimme hören
In jener »Zeit jenseits aller Zeit« ist Jesus Christus »in das Reich des Todes hinabgestiegen«. Was bedeutet dieser Ausdruck? Er besagt, dass der menschgewordene Gott so weit gegangen ist, in die extreme und absolute Einsamkeit des Menschen einzutreten, wohin kein Strahl der Liebe dringt, wo völlige Verlassenheit herrscht, ohne auch nur ein Wort des Trostes: »das Reich des Todes«. Jesus Christus hat durch sein im Tod Bleiben das Tor dieser letzten Einsamkeit durchschritten, um auch uns dazu zu führen, es gemeinsam mit ihm zu durchschreiten. Wir haben alle schon einmal ein

furchtbares Gefühl der Verlassenheit gehabt. Und was uns am Tod am meisten Angst macht ist gerade dies, wie Kinder haben wir Angst, in der Dunkelheit allein zu sein, und nur die Anwesenheit eines Menschen, der uns liebt, kann uns beruhigen. Genau das hat sich am Karsamstag ereignet: Im Reich des Todes ist die Stimme Gottes erklungen. Das Undenkbare ist geschehen: Die Liebe ist vorgedrungen in das »Reich des Todes«. Auch in der extremsten Dunkelheit der absoluten menschlichen Einsamkeit können wir eine Stimme hören, die uns ruft, und eine Hand finden, die uns ergreift und uns nach draußen führt. Der Mensch lebt durch die Tatsache, dass er liebt und lieben kann; und wenn die Liebe auch in den Raum des Todes eingedrungen ist, so ist auch dort das Leben angekommen. In der Stunde der extremsten Einsamkeit werden wir nie allein sein: »*Passio Christi. Passio hominis.*«

Dies ist das Geheimnis des Karsamstags! Gerade von dort, aus dem Dunkel des Todes des Sohnes Gottes, ist das Licht einer neuen Hoffnung hervorgebrochen: das Licht der Auferstehung. Und mir scheint, dass wir etwas von diesem Licht wahrnehmen, wenn wir dieses heilige Leinentuch mit den Augen des Glaubens betrachten. (...) Das Antlitz, die Hände und Füße, die Seitenwunde, der ganze Leib spricht zu uns; er selbst ist ein Wort, das wir in der Stille hören können. Wie spricht das Grabtuch? Es spricht durch das Blut, und das Blut ist das Leben! Das Grabtuch ist eine Ikone, die mit Blut gemalt wurde, mit dem Blut eines gegeißelten, dornengekrönten und gekreuzigten Mannes, dessen rechte Seite verwundet wurde. Das dem Grabtuch eingeprägte Bild ist das eines Toten, aber das Blut spricht von seinem Leben. Alle Blutspuren sprechen von Liebe und Leben, besonders der große Fleck in der Rippengegend, der durch das Blut und Wasser entstand, die reichlich aus einer großen, von einem Lanzenstoß verursachten Wunde strömten. Dieses

Blut und dieses Wasser sprechen vom Leben. Sie sind wie ein Quell, der in der Stille rauscht, und wir können ihn hören, können ihm zuhören, in der Stille des Karsamstags.

(MEDITATION VOR DEM TURINER GRABTUCH, 2.5.2010)

Der wahre Baum des Lebens

Es gab eine Zeit – und sie ist noch nicht vollkommen überwunden –, in der das Christentum gerade wegen des Kreuzes abgelehnt wurde. Das Kreuz spricht von Opfer, sagte man, das Kreuz ist Zeichen der Verneinung des Lebens. Wir hingegen wollen das ganze Leben, ohne Einschränkungen und ohne Verzichte. Wir wollen leben, nichts als leben. Wir lassen uns nicht von Geboten und Verboten einschränken. Wir wollen Reichtum und Fülle – so sagte man und so sagt man noch immer. Das alles klingt überzeugend und verführerisch; es ist die Sprache der Schlange, die zu uns sagt: »Lasst euch nicht verängstigen! Esst ruhig von allen Bäumen des Gartens!« (Doch ...) das wahre, große »Ja« ist gerade das Kreuz, gerade das Kreuz ist der wahre Baum des Lebens. Wir finden das Leben nicht dadurch, dass wir uns seiner bemächtigen, sondern indem wir es schenken. Die Liebe ist ein Sich-selbst-Verschenken, und deshalb ist sie der Weg des wahren Lebens, der durch das Kreuz symbolisiert wird.

(PREDIGT, 9.4.2006)

4 Wenn die Auferstehung nach uns greift: die Taufe

Ich, doch nicht mehr ich

»Er ist auferstanden ... Er ist nicht hier.« Als Jesus zum ersten Mal zu den Jüngern von Kreuz und Auferstehung gesprochen hatte, fragten die Jünger einander beim Herabsteigen vom Berg der Verklärung, was das sei, »von den Toten auferstehen« (*Mk* 9, 10). An Ostern freuen wir uns darüber, dass Christus nicht im Grab geblieben, dass sein Leichnam nicht verwest ist; dass er der Welt der Lebenden und nicht der Toten zugehört; dass er – wie wir im Ritus der Osterkerze sagen – Alpha und Omega zugleich ist, also nicht nur gestern ist, sondern heute und in Ewigkeit (vgl. *Hebr* 13, 8). Aber irgendwie liegt Auferstehung so weit außerhalb unseres Horizonts, außerhalb all unserer Erfahrungen, dass wir, wenn wir in uns gehen, den Disput der Jünger fortführen: Was ist das nun eigentlich, »auferstehen«? Was bedeutet es für uns? Für die Welt und die Geschichte im Ganzen? Ein deutscher Theologe hat einmal ironisch gesagt, das Mirakel einer wiederbelebten Leiche – wenn es denn stattgefunden habe, was er nicht glaubte – sei letztlich unwichtig, es betreffe uns ja nicht. In der Tat, wenn da nur einer irgendwann einmal wiederbelebt worden wäre, nichts sonst, was sollte uns das angehen? Aber Christi Auferstehung ist eben mehr, ist anderes. Sie ist – wenn wir einmal die Sprache der Evolutionslehre benützen dürfen – die größte »Mutation«, der absolut entscheidendste Sprung in ganz Neues hinein, der in der langen Geschichte des Lebens und seiner Entwicklungen geschehen ist: ein

Sprung in eine ganz neue Ordnung, der uns angeht und die ganze Geschichte betrifft.

Mitsein, Insein

So würde der mit den Jüngern geführte Disput die folgenden Fragen umfassen: Was ist da geschehen? Was bedeutet es für uns, für die Welt im Ganzen und für mich persönlich? Zunächst also – was ist geschehen? Jesus ist nicht mehr im Grab. Er ist in einem ganz neuen Leben. Aber wie war das möglich? Welche Kräfte wirkten da? Entscheidend ist, dass dieser Mensch Jesus nicht allein war, kein in sich abgeschlossenes Ich. Er war eins mit dem lebendigen Gott, so sehr eins, dass er nur eine Person mit ihm bildete. Er stand sozusagen nicht nur in einer gefühlsmäßigen, sondern in einer sein Sein umspannenden und es durchdringenden Umarmung mit dem, der das Leben selber ist. Sein eigenes Leben war nicht bloß sein Eigen, es war Mitsein und Insein mit Gott, und daher konnte es ihm gar nicht wirklich genommen werden. Er konnte sich aus Liebe töten lassen, aber gerade so zerbrach er die Endgültigkeit des Todes, weil in ihm die Endgültigkeit des Lebens da war. Er war so eins mit dem unzerstörbaren Leben, dass es durch den Tod hindurch neu aufbrach. Sagen wir dasselbe noch einmal von einer anderen Seite her: Sein Tod war ein Akt der Liebe. Im Abendmahl hat er den Tod vorweggenommen und in eine Gabe seiner selbst umgewandelt. Sein Mitsein mit Gott war konkret Mitsein mit Gottes Liebe, und die ist die wahre Macht gegen den Tod, stärker als der Tod. Auferstehung war gleichsam eine Explosion des Lichts, eine Explosion der Liebe, die das bislang unauflösbare Geflecht von »Stirb und Werde« aufgelöst hat. Sie hat eine neue Dimension des Seins, des Lebens eröffnet, in die verwandelt auch die Materie hineingeholt ist und durch die eine neue Welt heraufsteigt.

Ein weltgeschichtlicher Durchbruch, der nach mir greift

Es ist klar, dass dieses Ereignis nicht irgendein vergangenes Mirakel darstellt, dessen Tatsächlichkeit uns letztlich gleichgültig sein könnte. Es ist ein Durchbruch in der Geschichte »der Evolution« und des Lebens überhaupt zu einem neuen künftigen Leben; zu einer neuen Welt, die von Christus her immerfort schon in diese unsere Welt eindringt, sie umgestaltet und an sich zieht. Aber wie geschieht das? Wie kann dieses Ereignis wirklich bei mir ankommen und mein Leben in sich hinein- und hinaufziehen? Die zunächst vielleicht überraschend erscheinende, aber ganz reale Antwort darauf lautet: Es kommt zu mir durch Glaube und Taufe. (...) Die Taufe bedeutet genau dies, dass wir nicht von einem vergangenen Ereignis reden hören, sondern dass ein weltgeschichtlicher Durchbruch zu mir kommt und nach mir greift. Taufe ist etwas ganz anderes als ein Akt kirchlicher Sozialisierung, als eine etwas altmodische und umständliche Form, Menschen in die Kirche aufzunehmen. Sie ist auch mehr als eine bloße Abwaschung, als eine Art seelischer Reinigung und Verschönerung. Sie ist wirklich Tod und Auferstehung, Wiedergeburt, Umbruch in ein neues Leben hinein.

Wie sollen wir das verstehen? Ich denke, was da geschieht, werde uns am ehesten klar, wenn wir den Schluss der kleinen geistlichen Autobiographie ansehen, die uns Paulus in seinem Galater-Brief geschenkt hat. Sie schließt mit den Worten, die zugleich den Kern dieser Biographie beinhalten: Ich lebe, doch »nicht mehr ich, sondern Christus lebt in mir« (*Gal* 2, 20). Ich, doch nicht mehr ich. Das Ich selber, die eigentliche Identität des Menschen – dieses Menschen Paulus – ist verändert worden. Er existiert noch, und er existiert nicht mehr. Er ist durch ein »Nicht« hindurchgegangen und steht immerfort in diesem »Nicht«. Ich, doch *nicht* mehr ich.

Paulus beschreibt damit nicht irgendein mystisches Erlebnis, das ihm etwa geschenkt worden wäre und das uns im Letzten allenfalls historisch interessieren könnte. Nein, dieser Satz ist Ausdruck dessen, was in der Taufe geschah. Das eigene Ich wird mir genommen und eingefügt in ein größeres, in ein neues Subjekt. Dann ist es wieder da, aber eben verwandelt, umgebrochen, aufgebrochen durch die Zugehörigkeit zum anderen, in dem es seinen neuen Existenzraum hat. Paulus macht uns dasselbe noch einmal von einer anderen Seite her klar, wenn er im dritten Kapitel des Galater-Briefs von der Verheißung spricht und sagt, dass sie im Singular gegeben sei – nur einem: Christus. Er allein trägt alle Verheißung in sich. Aber was ist dann mit uns? Ihr seid einer geworden in Christus, sagt Paulus dazu (vgl. 3,28). Nicht eins, sondern einer, ein einziger, ein einziges neues Subjekt. Diese Befreiung unseres Ich aus seiner Isolation, dieses Stehen in einem neuen Subjekt ist Stehen in der Weite Gottes und Hineingerissensein in ein Leben, das aus dem Zusammenhang von Stirb und Werde herausgetreten ist, jetzt schon. Die große Explosion der Auferstehung hat in der Taufe nach uns gegriffen. So gehören wir einer neuen Dimension des Lebens zu, in die wir mitten in den Bedrängnissen dieser Zeit schon hineingehalten sind. In diesen offenen Raum hineinzuleben, das heißt getauft sein, das heißt Christ sein. Das ist die Freude der Osternacht. Die Auferstehung ist nicht vergangen, die Auferstehung hat nach uns gegriffen, hat uns ergriffen. An ihr, das heißt am auferstandenen Herrn halten wir uns fest, und wir wissen: Er hält uns fest, wenn unsere Hände zu schwach werden. An ihm halten wir uns fest, so halten wir auch einander fest, werden einer, nicht nur eins. Ich, doch nicht mehr ich: Das ist die von der Taufe vorgegebene Formel der christlichen Existenz, die Formel der Auferstehung mitten in der Zeit. Ich, doch nicht mehr ich: Wenn wir so leben, gestalten wir die Welt um. Es ist die Gegenformel zu allen Ideologien der Gewalt und das Gegenprogramm zu Korruption und Suche nach Macht und Habe.

Leben kommt aus dem Geliebtsein

»Ich lebe und ihr werdet leben«, sagt Jesus im Johannes-Evangelium (Joh 14,19) zu seinen Jüngern, das heißt zu uns. Wir leben durch das Mitsein mit ihm, durch das Angeheftetsein an ihn, der das Leben selber ist. Ewiges Leben, selige Unsterblichkeit haben wir nicht aus uns selbst und nicht in uns selbst, sondern durch eine Relation – durch das Mitsein mit dem, der die Wahrheit und die Liebe und darum ewig, Gott selber ist. Die bloße Unzerstörbarkeit der Seele allein könnte ewigem Leben keinen Sinn geben, es nicht zu wirklichem Leben machen. Leben kommt uns aus dem Geliebtsein von dem, der das Leben ist; aus dem Mitlieben und Mitleben mit ihm. Ich, doch nicht mehr ich: Das ist der Weg des Kreuzes, der Durchkreuzung einer bloß ins Ich eingeschlossenen Existenz, und gerade so öffnet sich die wahre, die bleibende Freude.

(PREDIGT IN DER OSTERNACHT, 15.4.2006)

Die Wand der Andersheit durchbrechen

In seinen Abschiedsreden hat Jesus den Jüngern seinen bevorstehenden Tod und seine Auferstehung mit einem geheimnisvollen Satz angekündigt. Er sagt: »Ich gehe und ich komme zu euch« (Joh 14,28). Sterben ist ein Weggehen. Auch wenn der Körper des Toten noch bleibt, er selbst ist weggegangen ins Unbekannte, und wir können ihm nicht folgen (vgl. Joh 13,36). Aber bei Jesus gibt es etwas einzigartig Neues, das die Welt verändert. Das Weggehen in unserem Tod ist definitiv, es gibt keine Rückkehr. Jesus aber sagt über seinen Tod: »Ich gehe und ich komme zu euch.« Gerade indem er geht, kommt er. Sein Gehen eröffnet eine ganz neue und größere Weise seiner Anwesenheit. Er geht mit seinem Sterben hinein in die Liebe des Vaters. Sein Sterben ist ein Akt der Liebe. Die Liebe aber ist unsterblich. Deshalb verwandelt sich sein Weggehen in ein neues Kommen, in eine tiefer reichende und nicht mehr endende Form von Gegenwart.

In seinem irdischen Leben war Jesus wie wir alle an die äußeren Bedingungen unseres körperlichen Daseins gebunden: an diesen Ort, an diese Zeit. Die Leibhaftigkeit beschränkt unser Dasein. Wir können nicht gleichzeitig an einem und an einem anderen Ort sein. Unsere Zeit ist endlich. Und zwischen ich und du steht die Wand der Andersheit. Gewiss, in der Liebe können wir irgendwie in die Existenz des anderen eintreten. Dennoch bleibt die unüberschreitbare Schranke des Andersseins. Jesus aber, der nun ganz durch den Akt der Liebe umgewandelt ist, ist frei von diesen Schranken und Grenzen. Er kann nicht nur äußerlich Türen durchschreiten, die verschlossen sind, wie uns die Evangelien erzählen (vgl. *Joh* 20,19). Er kann die innere Tür von ich und du durchschreiten, die verschlossene Tür zwischen gestern und heute, zwischen damals und morgen. Als am Tag seines feierlichen Einzugs in Jerusalem eine Gruppe von Griechen gebeten hatte, ihn zu sehen, hat er mit dem Gleichnis vom Weizenkorn geantwortet, das durch den Tod hindurchgehen muss, um viele Frucht zu tragen. Er hatte damit sein eigenes Geschick vorausgesagt: Nicht jetzt für ein paar Minuten wollte er mit diesem oder jenem Griechen reden. Durch sein Kreuz hindurch, durch sein Gehen, durch sein Sterben als Weizenkorn kam er wirklich zu den Griechen, so dass sie ihn sehen konnten und ihn berühren durften im Glauben. Sein Gehen wird zum Kommen in der universalen Weise der Gegenwart des Auferstandenen – gestern, heute und in Ewigkeit. Auch heute kommt er und umspannt alle Zeiten und Orte. Er kann nun auch die Wand der Andersheit durchschreiten, die ich und du voneinander trennt. So ist es Paulus geschehen, der den Vorgang seiner Bekehrung und seiner Taufe mit den Worten beschreibt: Ich lebe, doch nicht mehr ich, sondern Christus lebt in mir (Gal 2,20). Durch das Kommen des Auferstandenen hat Paulus eine neue Identität erhalten. Sein verschlossenes Ich ist aufgebrochen. Er lebt nun in der Gemeinschaft mit Jesus Christus, in dem großen Ich der Glaubenden, die mit Christus – wie er es ausdrückt – ein einziger geworden sind (Gal 3,28).

Unsere Lebensgrundlage ist dieselbe

Liebe Freunde, so wird sichtbar, dass die geheimnisvollen Worte Jesu im Abendmahlssaal jetzt, bei euch – durch die Taufe – wieder Gegenwart werden. In der Taufe tritt der Herr durch die Tür eures Herzens in euer Leben ein. Wir stehen nicht mehr nebeneinander oder gegeneinander. Er durchschreitet all diese Türen. Das ist Taufe: Er, der Auferstandene, kommt, kommt zu euch und verbindet sein Leben mit dem eurigen, hält euch in die offene Flamme seiner Liebe hinein. Ihr werdet eins, ja einer mit ihm und so eins untereinander. Das mag zunächst sehr theoretisch und unwirklich klingen. Aber je mehr ihr das Leben als Getaufte lebt, desto mehr könnt ihr die Wahrheit dieses Wortes erfahren. Getaufte, gläubige Menschen sind nie wirklich fremd füreinander. Kontinente können uns voneinander trennen, Kulturen und soziale Situationen, geschichtliche Entfernungen. Aber wenn wir einander treffen, kennen wir uns durch den gleichen Herrn, den gleichen Glauben, die gleiche Hoffnung, die gleiche Liebe, die uns formen. Dann erfahren wir, dass unsere Lebensgrundlage dieselbe ist. Dass wir vom Innersten her in der gleichen Identität verankert sind, von der her alle noch so großen äußeren Unterschiede zweitrangig werden. Glaubende sind nie ganz fremd füreinander. Uns verbindet unsere tiefste Identität: Christus in uns. So ist Glaube eine Kraft des Friedens und der Versöhnung in der Welt: Die Ferne ist überwunden, im Herrn sind wir einander nahe geworden (vgl. *Eph* 2,13).

Dieses innerste Wesen der Taufe als Geschenk einer neuen Identität stellt die Kirche im Sakrament in sinnlichen Elementen dar. Das Grundelement der Taufe ist das Wasser; neben ihm steht an zweiter Stelle das Licht, das in der Liturgie der Osternacht mit großer Eindruckskraft hervortritt. Werfen wir nur einen kurzen Blick auf diese beiden Elemente. Im Schlusskapitel des Briefs an die Hebräer steht ein Wort über Christus, in dem das Wasser nicht vorkommt, das aber durch seine Bindung an das Alte Testament doch das Geheimnis des Wassers, seine zeichenhafte Bedeutung durchscheinen lässt. Da heißt es:»Der Gott des Friedens hat Jesus, den großen Hirten der Schafe, von den Toten heraufgeführt, durch das Blut eines ewigen Bundes« (*Hebr* 13,20). In diesem Satz klingt ein Wort aus dem Jesaja-Buch durch, in dem Mose als der Hirte bezeichnet wird, den der Herr aus dem Wasser, aus dem Meer herausgeführt hat (63,11). Und Jesus erscheint jetzt als der neue, der endgültige Hirte, der zur Vollendung führt, was Mose getan hat: Er führt uns aus den tödlichen Wassern des Meeres, aus den Wassern des Todes heraus. Dabei können wir uns daran erinnern, dass Mose von seiner Mutter in einem Körblein in den Nil gelegt worden war und dass er durch Gottes Fügung aus dem Wasser gezogen worden war, aus dem Tod ins Leben gebracht und so – selbst aus den Wassern des Todes gerettet – andere durch das Todesmeer hindurchführen konnte. Jesus ist für uns in die dunklen Wasser des Todes hinabgestiegen. Aber durch sein Blut, so sagt uns der Hebräer-Brief, ist er heraufgeführt worden aus dem Tod: Seine Liebe hat sich geeint mit der des Vaters, und so konnte er aus der Tiefe des Todes heraufsteigen ins Leben. Nun zieht er uns aus den Wassern des Todes ins wirkliche Leben herauf. Ja, dies geschieht in der Taufe: Er zieht uns herauf zu sich, er zieht uns ins wirkliche Leben hinein. Er führt uns durch das oft so dunkle Meer der Geschichte, in dessen Verwirrungen und Gefährdungen wir oft zu versinken drohen. In der Taufe nimmt er uns gleichsam an die Hand und führt uns den Weg durch das Rote Meer dieser Zeit hindurch in das bleibende, in das wirkliche und rechte Leben hinein. Halten wir seine Hand fest. Was immer geschieht oder auf uns zukommt: Lassen wir seine Hand nicht los. Dann gehen wir den Weg zum Leben.

(PREDIGT IN DER OSTERNACHT, 22.3.2008)

Auf der Suche nach dem Kräutlein gegen den Tod

Eine alte jüdische Legende aus dem apokryphen Buch »Das Leben Adams und Evas« erzählt, dass Adam in seiner Todeskrankheit seinen Sohn Set zusammen mit Eva in die Gegend des Paradieses ausgeschickt habe, um das Öl der Barmherzigkeit zu holen; um damit gesalbt und so geheilt zu werden. Nach allem Beten und Weinen der beiden, die auf der Suche nach dem Lebensbaum sind, erscheint ihnen der Erzengel Michael, um ihnen zu sagen, dass sie das Öl vom Baum der Barmherzigkeit nicht erhalten werden und dass Adam sterben müsse. Christliche Leser haben später an diese Rede des Erzengels ein Wort des Trostes angefügt. Der Engel habe gesagt: Nach 5500 Jahren werde der liebreiche König Christus, der Sohn Gottes, kommen und mit dem Öl seiner Barmherzigkeit alle die salben, die an ihn glauben. »Das Öl der Barmherzigkeit wird von Ewigkeit zu Ewigkeit denen zuteil werden, die aus Wasser und Hei-

ligem Geist wiedergeboren werden müssen. Dann fährt der liebreiche Sohn Gottes, Christus, in die Erde hinunter und führt deinen
Vater ins Paradies, zum Baum der Barmherzigkeit.« In dieser Legende wird die ganze Trauer des Menschen über das Verhängnis
von Krankheit, Schmerz und Tod sichtbar, das uns auferlegt ist. Es
wird sichtbar der Widerstand, den der Mensch dem Tod entgegen-
setzt: Irgendwo, so haben die Menschen immer wieder gedacht,
müsse es doch das Kraut gegen den Tod geben. Irgendwann müsse
sich die Medizin nicht nur gegen diese oder jene Krankheit finden
lassen, sondern gegen das eigentliche Verhängnis – gegen den Tod.
Es müsse doch die Medizin der Unsterblichkeit geben.

Die Menschen sind gerade auch heute auf der Suche nach diesem
Kräutlein. Auch die heutige Medizin sucht zwar nicht gerade den
Tod auszuschalten, aber möglichst viele seiner Ursachen zu besei-
tigen, ihn immer weiter hinauszuschieben. Immer mehr und länge-
res Leben zu geben. Aber denken wir einmal nach, wie wäre das
eigentlich, wenn es gelänge, vielleicht zwar nicht den Tod ganz auszuschalten, aber ihn endlos hinauszuschieben, ein Alter von meh-
reren hundert Jahren zu erreichen? Wäre das gut? Die Menschheit
würde überaltern, für Jugend würde es keinen Platz mehr geben.
Die Fähigkeit zum Neuen würde erlöschen, und ein endloses Leben
würde kein Paradies, sondern eher eine Verdammnis sein. Das
wirkliche Kräutlein gegen den Tod müsste anders sein. Es dürfte
nicht einfach endlose Verlängerung dieses jetzigen Lebens bringen.
Es müsste unser Leben von innen her umarbeiten. Es müsste in uns
ein neues Leben schaffen, das wirklich ewigkeitsfähig ist: Es müsste
uns auf eine Weise umgestalten, dass es mit dem Tod nicht aufhören, sondern erst vollends beginnen würde. Das Neue und Aufre-
gende der christlichen Botschaft, des Evangeliums Jesu Christi war
und ist es, dass uns gesagt wird: Ja, dieses Kraut gegen den Tod,

diese wirkliche Medizin der Unsterblichkeit gibt es. Sie ist gefunden. Sie ist zugänglich. In der Taufe wird uns diese Medizin geschenkt. Ein neues Leben beginnt in uns, das im Glauben reift und durch den Tod des alten Lebens nicht aufgehoben, sondern erst vollends freigelegt wird.

Sich umkleiden für das Leben mit Gott
Darauf werden manche, viele antworten: Die Botschaft hör' ich wohl, allein mir fehlt der Glaube. Und auch wer glauben will, wird fragen: Ist es wirklich so? Wie sollen wir uns das vorstellen? Wie geht diese Umarbeitung des alten Lebens vor sich, dass sich in ihm das neue Leben bildet, das keinen Tod kennt? Noch einmal kann uns eine alte jüdische Schrift helfen, eine Vorstellung zu gewinnen von dem geheimnisvollen Vorgang, der mit der Taufe in uns beginnt. Da wird uns erzählt, wie der Urvater Henoch zum Thron Gottes entrückt wurde. Aber er erschrak vor den herrlichen Engelmächten, und in seiner menschlichen Schwachheit konnte er das Angesicht Gottes nicht schauen. »Da sprach Gott zu Michael – so fährt das Henoch-Buch weiter fort –: Nimm Henoch und ziehe ihm die irdischen Kleider aus. Salbe ihn mit lindem Öl und kleide ihn in Gewänder der Glorie! Und Michael zog mir meine Gewänder aus und salbte mich mit lindem Öl, und dieses Öl war mehr als strahlendes Licht ... Sein Glanz glich den Sonnenstrahlen. Als ich mich besah, war ich wie einer der Glorreichen« (Photina Rech, *Inbild des Kosmos*, II 524).

Genau dies, das Umgekleidetwerden in das neue Gewand Gottes, geschieht in der Taufe, so sagt uns der christliche Glaube. Freilich ist dieses Umkleiden ein Vorgang, der sich das Leben hindurch erstreckt. Was in der Taufe geschieht, ist der Anfang eines Prozesses, der unser ganzes Leben umspannt – uns ewigkeitsfähig macht, so dass wir im Lichtgewand Jesu Christi vor das Antlitz Gottes treten und mit ihm für immer leben können.

Das Untertauchen in der Taufe: ein Todessymbol
Im Ritus der Taufe gibt es zwei Elemente, in denen sich dieses Geschehen ausdrückt und auch als Anspruch an unser weiteres Leben sichtbar wird. Da gibt es zunächst den Vorgang der Absage und der Zusage. In der frühen Kirche wandte sich der Täufling gegen Westen, Sinnbild der Finsternis, des Sonnenuntergangs, des Todes und so der Herrschaft der Sünde. Der Täufling wendet sich dorthin und sagt ein dreifaches Nein: zum Teufel, zu seinem Pomp und zur Sünde. Mit dem merkwürdigen Wort vom »Pomp«, vom Prunk des Teufels wurde der Glanz des antiken Götterkultes und des antiken Theaters bezeichnet, in dem man die Zerfleischung lebender Menschen durch wilde Tiere genoss. So war dieses Nein die Absage an einen Typus von Kultur, die den Menschen an die Anbetung der Macht, an die Welt der Begierde, an die Lüge, an die Grausamkeit kettete. Es war ein Akt der Befreiung vom Diktat einer Lebensform, die sich als Genuss darbot und doch zur Zerstörung des Besten im Menschen drängte. Diese Absage bildet – mit weniger dramatischer Gebärde – auch heute einen wesentlichen Teil der Taufe. In ihr legen wir die »alten Kleider« ab, mit denen man nicht vor Gott stehen kann. Besser gesagt: Wir beginnen damit, sie abzulegen. Denn diese Absage ist ein Versprechen, bei dem wir Christus die Hand geben, damit er uns führe und er uns umkleide. (...)
In der alten Kirche wurde der Täufling dann wirklich entkleidet. Er stieg in den Taufbrunnen hinunter und wurde dreimal untergetaucht – ein Todessymbol, das die ganze Radikalität dieser Entkleidung und Umkleidung ausdrückt. Der Täufling gibt das ohnedies todgeweihte Leben mit Christus in den Tod hinein und lässt

sich von ihm mitziehen und hinaufziehen in das neue Leben, das ihn umgestaltet auf die Ewigkeit hin. Dann, aufsteigend aus dem Taufwasser, wurden die Neugetauften mit dem weißen Gewand bekleidet, dem Lichtgewand Gottes, und empfingen die brennende Kerze als Zeichen des neuen Lebens im Licht, das Gott selbst in ihnen angezündet hatte. Sie wussten: Sie hatten die Medizin der Unsterblichkeit erhalten, die nun im Empfangen der heiligen Eucharistie vollends Gestalt annahm. In ihr empfangen wir den Leib des auferstandenen Herrn und werden selbst in diesen Leib hineingezogen, so dass wir schon an dem festgehalten sind, der den Tod überwunden hat und uns durch den Tod hindurchträgt.

Im Lauf der Jahrhunderte sind die Symbole karger geworden, aber das wesentliche Geschehen der Taufe ist doch das Gleiche geblieben. Sie ist nicht nur Abwaschung, schon gar nicht eine etwas umständliche Aufnahme in einen neuen Verein. Sie ist Tod und Auferstehung, Wiedergeburt ins neue Leben hinein.

Ja, das Kraut gegen den Tod gibt es. Christus ist der wieder zugänglich gewordene Baum des Lebens. Wenn wir uns an ihm anhalten, dann sind wir im Leben. Deswegen werden wir in dieser Nacht der Auferstehung von ganzem Herzen Alleluja singen, das Lied der Freude, das keine Worte braucht. Deswegen kann Paulus zu den Philippern sagen: »Freut euch im Herrn allezeit! Noch einmal sage ich: Freut euch!« (Phil 4,4). Freude kann man nicht befehlen. Man kann sie nur schenken. Der auferstandene Herr schenkt uns die Freude: das wahre Leben. Wir sind für immer geborgen in der Liebe dessen, dem alle Macht im Himmel und auf Erden gegeben ist (vgl. Mt 28,18).

(PREDIGT IN DER OSTERNACHT, 3.4.2010)

Dieses Credo führt uns zum ewigen Leben

Ja, ich glaube daran, dass die Welt und mein Leben nicht aus dem Zufall stammen, sondern aus der ewigen Vernunft und der ewigen Liebe, von Gott dem Allmächtigen geschaffen. Ja, ich glaube daran, dass in Jesus Christus, in seiner Menschwerdung, seinem Kreuz und seiner Auferstehung sich das Gesicht Gottes gezeigt hat. Dass in ihm Gott da ist, mitten unter uns und uns zueinander, an unser Ziel, zur ewigen Liebe führt. Ja, ich glaube daran, dass der Heilige Geist uns das Wort der Wahrheit schenkt und unser Herz erleuchtet; dass in der Gemeinschaft der Kirche wir alle mit dem Herrn ein Leib werden und so auf die Auferstehung und das ewige Leben zugehen.

(PREDIGT IN DER OSTERNACHT, 22.3.2008)

5 Sehnsucht nach dem ewigen Leben

Christen wissen, dass das Leben nicht ins Leere läuft

Paulus erinnert die Epheser daran, wie sie vor ihrer Begegnung mit Christus »ohne Hoffnung und ohne Gott in der Welt« waren (*Eph* 2,12). Natürlich weiß er, dass sie Götter hatten, dass sie Religion hatten, aber ihre Götter waren fragwürdig geworden, und von ihren widersprüchlichen Mythen ging keine Hoffnung aus. Trotz der Götter waren sie »ohne Gott« und daher in einer dunklen Welt, vor einer dunklen Zukunft. »*In nihil ab nihilo quam cito recidimus*« (Wie schnell fallen wir vom Nichts ins Nichts zurück) heißt eine Grabschrift jener Zeit, in der das Bewusstsein unbeschönigt erscheint, auf das Paulus anspielt. Im gleichen Sinn sagt er zu den Thessalonichern: Ihr sollt nicht traurig sein »wie die anderen, die keine Hoffnung haben« (1 *Thess* 4,13). Auch hier erscheint es als das Unterscheidende der Christen, dass sie Zukunft haben: Nicht als ob sie im Einzelnen wüssten, was ihnen bevorsteht; wohl aber wissen sie im Ganzen, dass ihr Leben nicht ins Leere läuft. Erst wenn Zukunft als positive Realität gewiss ist, wird auch die Gegenwart lebbar. So können wir jetzt sagen: Christentum war nicht nur »gute Nachricht« – eine Mitteilung von bisher unbekannten Inhalten. Man würde in unserer Sprache sagen: Die christliche Botschaft war nicht nur »informativ«, sondern »performativ« – das heißt: Das Evangelium ist nicht nur Mitteilung von Wissbarem; es ist Mitteilung, die Tatsachen wirkt und das Leben verändert. Die dunkle Tür der Zeit, der Zukunft, ist aufgesprengt. Wer Hoffnung hat, lebt anders; ihm ist ein neues Leben geschenkt worden.

(ENZYKLIKA SPE SALVI, 30.11.2007, NR. 2)

Der wirkliche Hirt kennt auch den Weg durch das Tal des Todes

Der Himmel ist nicht leer. Das Leben ist nicht bloßes Produkt der Gesetze und des Zufalls der Materie, sondern in allem und zugleich über allem steht ein persönlicher Wille, steht Geist, der sich in Jesus als Liebe gezeigt hat.

Die frühchristlichen Sarkophage stellen diese Erkenntnis bildlich dar – angesichts des Todes, vor dem die Frage nach dem, was Leben bedeutet, unausweichlich wird. Die Gestalt Christi wird auf den frühen Sarkophagen vor allem in zwei Bildern ausgelegt: der Philosoph und der Hirte. Unter Philosophie verstand man damals gemeinhin nicht eine schwierige akademische Disziplin, wie sie sich heute darstellt. Der Philosoph war vielmehr derjenige, der die wesentliche Kunst zu lehren wusste: die Kunst, auf rechte Weise ein Mensch zu sein – die Kunst zu leben und zu sterben. Den Menschen war freilich längst bewusst geworden, dass viele von denen, die als Philosophen, als Lehrer des Lebens herumliefen, nur Scharlatane waren, die sich mit ihren Worten Geld verdienten und über das wahre Leben gar nichts zu sagen hatten. Um so mehr suchte man nach dem wahren Philosophen, der wirklich den Weg zum Leben zeigen konnte. Ende des dritten Jahrhunderts begegnet uns erstmals in Rom auf einem Kindersarkophag im Zusammenhang der Auferweckung des Lazarus die Gestalt Christi als des wahren Philosophen, der in der einen Hand das Evangelium, in der anderen den Wanderstab des Philosophen hält. Mit diesem seinem Stab überwindet er den Tod; das Evangelium bringt die Wahrheit, nach der die Wanderphilosophen vergeblich gesucht hatten. In diesem Bild, das sich dann über lange Zeit in der Sarkophagkunst gehalten hat, wird anschaulich, was gebildete wie einfache Menschen in Christus fanden: Er sagt uns, wer der Mensch wirklich ist und was er tun muss, um wahrhaft ein Mensch zu sein. Er zeigt uns den Weg, und dieser Weg ist die Wahrheit. Er selbst ist beides und daher auch das Leben, nach dem wir alle Ausschau halten. Er zeigt auch den Weg über den Tod hinaus; erst wer das kann, ist ein wirklicher Meister des Lebens.

Er hat sie selbst durchschritten, diese Straße

Dies Gleiche wird im Bild des Hirten anschaulich. Wie beim Bild des Philosophen, so konnte die frühe Kirche auch bei der Gestalt des Hirten an bestehende Vorbilder römischer Kunst anknüpfen. Der Hirte war dort weitgehend Ausdruck des Traums vom heiteren und einfachen Leben, nach dem sich die Menschen in der Wirrnis der Großstadt sehnten. Nun wurde das Bild von einem neuen Hintergrund her gelesen, der ihm einen tieferen Inhalt gab: »Der Herr ist mein Hirte. Nichts wird mir fehlen. Muss ich auch wandern in finsterer Schlucht, ich fürchte kein Unheil; denn du bist bei mir ...« (Ps 23 [22],1.4). Der wirkliche Hirt ist derjenige, der auch den Weg durch das Tal des Todes kennt; der auf der Straße der letzten Einsamkeit, in der niemand mich begleiten kann, mit mir geht und mich hindurchführt: Er hat sie selbst durchschritten, diese Straße; ist hinabgestiegen in das Reich des Todes, hat ihn besiegt und ist wiedergekommen, um uns nun zu begleiten und uns Gewissheit zu geben, dass es mit ihm zusammen einen Weg hindurch gibt. Dieses Bewusstsein, dass es den gibt, der auch im Tod mich begleitet und mit seinem »Stock und

Stab mir Zuversicht« gibt, so dass ich »kein Unheil zu fürchten«
brauche (Ps 23 [22],4) – dies war die neue »Hoffnung«, die über
dem Leben der Glaubenden aufging.

(ENZYKLIKA SPE SALVI, 30.11.2007, NR. 5f.)

Ewigkeit: Der erfüllte Augenblick

Ist christlicher Glaube auch für uns heute Hoffnung, die unser
Leben verwandelt und trägt? Ist er für uns »performativ« – eine
Kunde, die das Leben selbst neu gestaltet, oder ist er nur noch »In-
formation«, die wir inzwischen beiseitegelegt haben und die uns
durch neuere Informationen überholt erscheint? Auf der Suche
nach einer Antwort möchte ich von der klassischen Form des Dia-
logs ausgehen, mit der das Taufritual die Aufnahme des Neugebo-
renen in die Gemeinschaft der Glaubenden und die Wiedergeburt
in Christus eröffnete. Der Priester erfragte zunächst den von den
Eltern gewählten Namen des Kindes und fragte dann weiter: Was
begehrst du von der Kirche? Antwort: den Glauben. Und was gibt
dir der Glaube? Das ewige Leben. Nach diesem Dialog suchten die
Eltern für das Kind den Zugang zum Glauben, die Gemeinschaft mit
den Glaubenden, weil sie im Glauben den Schlüssel sahen für »das
ewige Leben«. In der Tat, darum geht es heute wie einst bei der
Taufe, beim Christwerden: nicht nur um einen Sozialisierungsakt
in die Gemeinde hinein, nicht einfach um Aufnahme in die Kirche,
sondern die Eltern erwarten sich für den Täufling mehr: dass ihm
der Glaube, zu dem die Körperlichkeit der Kirche und ihrer Sakramente gehört, Leben schenkt – das ewige Leben. Glaube ist Substanz der Hoffnung.

Aber da steht nun die Frage auf: Wollen wir das eigentlich – ewig
leben? Vielleicht wollen viele Menschen den Glauben heute einfach

deshalb nicht, weil ihnen das ewige Leben nichts Erstrebenswertes zu sein scheint. Sie wollen gar nicht das ewige Leben, sondern dieses jetzige Leben, und der Glaube an das ewige Leben scheint dafür eher hinderlich zu sein. Ewig – endlos – weiterzuleben scheint eher Verdammnis als ein Geschenk zu sein. Gewiss, den Tod möchte man so weit hinausschieben wie nur irgend möglich. Aber immerfort und ohne Ende zu leben – das kann doch zuletzt nur langweilig und schließlich unerträglich sein. Genau das sagt zum Beispiel der Kirchenvater Ambrosius bei der Grabrede für seinen heimgegangenen Bruder Satyrus: »Der Tod gehörte zwar nicht zur Natur, aber er ist zu Natur geworden. Gott hat ihn nicht von Anfang an vorgesehen, sondern hat ihn als Heilmittel geschenkt [...] Der Übertretung wegen ist das Leben des Menschen von der täglichen Mühsal und von unerträglichem Jammer gezeichnet und so erbärmlich geworden. Ein Ende der Übel musste gesetzt werden, damit der Tod wiederherstelle, was das Leben verloren hat. Unsterblichkeit wäre mehr Last als Gabe, wenn nicht die Gnade hineinleuchten würde«. Vorher schon hatte Ambrosius gesagt: »Der Tod ist nicht zu beklagen, er ist Ursache für das Heil ...«.

Eine innere Widersprüchlichkeit unserer Existenz

Was immer der heilige Ambrosius mit diesen Worten genau sagen wollte – wahr ist, dass die Abschaffung des Todes oder auch sein praktisch unbegrenztes Hinausschieben die Erde und die Menschheit in einen unmöglichen Zustand versetzen und auch dem Einzelnen selber keine Wohltat erweisen würde. Offenbar gibt es da einen Widerspruch in unserer Haltung, der auf eine innere Widersprüchlichkeit unserer Existenz selbst verweist. Einerseits wollen wir nicht sterben, will vor allem auch der andere, der uns gut ist, nicht, dass wir sterben. Aber andererseits möchten wir doch auch nicht endlos so weiterexistieren, und auch die Erde ist dafür nicht geschaffen. Was wollen wir also eigentlich? Diese Paradoxie unserer eigenen Haltung löst eine tiefere Frage aus: Was ist das eigentlich »Leben«? Und was bedeutet das eigentlich »Ewigkeit«? Es gibt Augenblicke, in denen wir plötzlich spüren: Ja, das wäre es eigentlich – das wahre »Leben« – so müsste es sein. Daneben ist das, was wir alltäglich »Leben« nennen, gar nicht wirklich Leben. Augustinus hat in seinem an Proba, eine reiche römische Witwe und Mutter dreier Konsuln, gerichteten großen Brief über das Gebet einmal gesagt: Eigentlich wollen wir doch nur eines – »das glückliche Leben«, das Leben, das einfach Leben, einfach »Glück« ist. Um gar nichts anderes beten wir im Letzten. Zu nichts anderem sind wir unterwegs – nur um das eine geht es. Aber Augustin sagt dann auch: Genau besehen wissen wir gar nicht, wonach wir uns eigentlich sehnen, was wir eigentlich möchten. Wir kennen es gar nicht; selbst solche Augenblicke, in denen wir es zu berühren meinen, erreichen es nicht wirklich. »Wir wissen nicht, was wir bitten sollen«, wiederholt er ein Wort des heiligen Paulus (*Röm* 8,26). Wir wissen nur: Das ist es nicht. Im Nichtwissen wissen wir doch, dass es sein muss. »Es gibt da, um es so auszudrücken, eine gewisse wissende Unwissenheit« (*docta ignorantia*), schreibt er. Wir wissen nicht, was wir wirklich möchten; wir kennen dieses »eigentliche Leben« nicht; und dennoch wissen wir, dass es etwas geben muss, das wir nicht kennen und auf das hin es uns drängt.

Wir möchten irgendwie das Leben selbst ...

Ich denke, dass Augustinus da sehr genau und immer noch gültig die wesentliche Situation des Menschen beschreibt, von der her all seine Widersprüche und seine Hoffnungen kommen. Wir möchten irgendwie das Leben selbst, das eigentliche, das dann auch nicht vom Tod berührt wird; aber zugleich kennen wir das nicht, wonach es uns drängt. Wir können nicht aufhören, uns danach auszustrecken, und wissen doch, dass alles das, was wir erfahren oder realisieren können, dies nicht ist, wonach wir verlangen. Dies Unbekannte ist die eigentliche »Hoffnung«, die uns treibt, und ihr Unbekanntsein ist zugleich der Grund aller Verzweiflungen wie aller positiven und aller zerstörerischen Anläufe auf die richtige Welt, den richtigen Menschen zu. Das Wort »ewiges Leben« versucht, diesem unbekannt Bekannten einen Namen zu geben. Es ist notwendigerweise ein irritierendes, ein ungenügendes Wort. Denn bei »ewig« denken wir an Endlosigkeit, und die schreckt uns; bei Leben denken wir an das von uns erfahrene Leben, das wir lieben und nicht verlieren möchten, und das uns doch zugleich immer wieder mehr Mühsal als Erfüllung ist, so dass wir es einerseits wünschen und zugleich doch es nicht wollen. Wir können nur versuchen, aus der Zeitlichkeit, in der wir gefangen sind, herauszudenken und zu ahnen, dass Ewigkeit nicht eine immer weitergehende Abfolge von Kalendertagen ist, sondern etwas wie der erfüllte Augenblick, in dem uns das Ganze umfängt und wir das Ganze umfangen. Es wäre der Augenblick des Eintauchens in den Ozean der unendlichen Liebe, in dem es keine Zeit, kein Vor- und Nachher mehr gibt. Wir können nur versuchen zu denken, dass dieser Augenblick das Leben im vollen Sinn ist, immer neues Eintauchen in die Weite des Seins, indem wir einfach von der Freude überwältigt werden. So drückt es Jesus bei Johannes aus: »Ich werde euch wiedersehen, und euer Herz wird sich freuen, und eure Freude wird niemand von euch nehmen« (Joh 16,22).

(ENZYKLIKA SPE SALVI, 30.11.2007, NR. 10−12)

Durch die Liebe nimmt er uns mit

Durch die Auferstehung Jesu hat die Liebe sich stärker gezeigt als der Tod und als das Böse. Die Liebe ließ ihn absteigen, und sie ist zugleich die Kraft, in der er aufsteigt. Und durch die er uns mitnimmt. Geeint mit seiner Liebe, von ihren Flügeln getragen, steigen wir mit ihm als Liebende ab in die Dunkelheiten der Welt und wissen, dass wir gerade so mit ihm aufsteigen.

(PREDIGT IN DER OSTERNACHT, 7.4.2007)

6 Auferstehung:
Mitsein mit Christus

Jesu Auferstehung:
Keine Rückkehr ins frühere Leben

Die Auferstehung des Jesus von Nazaret als wirkliches, historisches, von vielen glaubwürdigen Zeugen bestätigtes Ereignis zu verkünden ist grundlegend für unseren Glauben und für unser christliches Zeugnis. Dazu bekennen wir uns nachdrücklich, weil es auch in der heutigen Zeit nicht an Menschen fehlt, die versuchen, die Historizität zu leugnen, indem sie den Bericht des Evangeliums zu einem Mythos, zu einer »Vision« der Apostel verkürzen und alte, längst unhaltbar gewordene Theorien wieder aufgreifen und als neu und wissenschaftlich präsentieren. Gewiss war die Auferstehung für Jesus nicht eine einfache Rückkehr ins frühere Leben. Dann wäre sie nämlich eine Angelegenheit der Vergangenheit gewesen: Vor zweitausend Jahren ist einer auferstanden und in sein früheres Leben zurückgekehrt wie zum Beispiel Lazarus. Die Auferstehung Christi stellt sich in einer anderen Dimension dar: Sie ist der Übergang zu einer tiefgreifend neuen Dimension des Lebens, die auch uns betrifft, die die ganze Menschheitsfamilie, die Geschichte und das Universum miteinbezieht.

Dieses Geschehen, das eine neue Dimension des Lebens, eine Öffnung dieser unserer Welt hin zum ewigen Leben eingeführt hat, hat das Leben der Augenzeugen verändert, wie die Berichte der Evangelien und die anderen neutestamentlichen Schriften beweisen; es ist eine Botschaft, die ganze Generationen von Männern und

Frauen im Laufe der Jahrhunderte gläubig empfangen und nicht selten um den Preis ihres Blutes bezeugt haben, wussten sie doch, dass sie gerade so in diese neue Dimension des Lebens eintraten. (...)

»Gemäß der Schrift«

Es ist wahr: Die Auferstehung Christi begründet unseren festen Glauben und erleuchtet unsere ganze irdische Pilgerschaft, einschließlich des menschlichen Rätsels von Leid und Tod. Der Glaube an den gekreuzigten und auferstandenen Christus ist das Herzstück der ganzen Botschaft des Evangeliums, der zentrale Kern unseres Glaubensbekenntnisses. Eine wesentliche Aussage dieses Glaubensbekenntnisses können wir in einem bekannten Abschnitt bei Paulus im Ersten Brief an die Korinther (15,3–8) finden: Dort übermittelt der Apostel als Antwort an einige Mitglieder der Gemeinde von Korinth, die zwar die Auferstehung Jesu verkündeten, aber paradoxerweise die Auferstehung der Toten – unsere Hoffnung – leugneten, getreu das, was er – Paulus – von der ersten apostolischen Gemeinde über den Tod und die Auferstehung des Herrn empfangen hatte.

Er beginnt mit einer gleichsam endgültigen Aussage: »Ich erinnere euch, Brüder, an das Evangelium, das ich euch verkündet habe. Ihr habt es angenommen; es ist der Grund, auf dem ihr steht. Durch dieses Evangelium werdet ihr gerettet, wenn ihr an dem Wortlaut festhaltet, den ich euch verkündet habe. Oder habt ihr den Glauben vielleicht unüberlegt angenommen?« (V. 1–2). (...) Der hl. Paulus weist uns vor allem auf den Tod Jesu hin und fügt in diesem so knappen Text zu der Nachricht, dass »Christus gestorben ist«, zwei ergänzende Bemerkungen hinzu. Die erste Hinzufügung lautet: Er ist gestorben »für unsere Sünden«; die zweite: »gemäß der Schrift« (V. 3). Dieser Ausdruck »gemäß der Schrift« setzt das Ereignis des Todes des Herrn in Beziehung zur Geschichte des alttestamentlichen Bundes Gottes mit seinem Volk und lässt uns verstehen, dass der Tod des Gottessohnes in das Gefüge der Heilsgeschichte hineingehört, ja macht uns begreiflich, dass diese Geschichte vom Tod Christi her ihre Logik, und wahre Bedeutung erhält. Bis zu jenem Augenblick war der Tod Christi ein Rätsel geblieben, dessen Ausgang noch ungewiss war. Im Ostergeheimnis erfüllen sich die Worte der Schrift. Dies heißt: Dieser Tod, der »gemäß der Schrift« geschehen ist, ist ein Ereignis, das einen »logos«, eine Logik in sich trägt: Der Tod Christi bezeugt, dass das Wort Gottes bis ins Innerste »Fleisch«, menschliche »Geschichte«, geworden ist. Wie und warum das geschehen ist, erfasst man aus dem zweiten Zusatz des hl. Paulus: Christus ist »für unsere Sünden« gestorben. Mit diesen Worten scheint der Paulustext die im *Vierten Lied vom Gottesknecht* enthaltene Prophezeiung des Jesaja wieder aufzunehmen (vgl. *Jes* 53,12). Der Gottesknecht – so heißt es in dem Lied – »hat sich selbst bis zum Tod entäußert«, hat »die Sünden von vielen« getragen und dadurch, dass er für die »Schuldigen« eintrat, konnte er das Geschenk der Versöhnung der Menschen untereinander und der Menschen mit Gott erwirken: Sein Tod ist also ein Tod, der dem Tod ein Ende macht; der Weg des Kreuzes führt zur Auferstehung.

Jesus hat unsere Auferstehung vorweggenommen
In den folgenden Versen verweilt Paulus dann bei der Auferstehung des Herrn. Er sagt, Christus »ist am dritten Tag auferweckt worden, gemäß der Schrift«. Also wieder »gemäß der Schrift«! Viele Exegeten erkennen in der Formulierung: Christus »ist am dritten Tag auferweckt worden, gemäß der Schrift« einen gewich-

tigen Hinweis auf das, was wir im Psalm 16 lesen, wo der Psalmist ausruft:»Denn du gibst mich nicht der Unterwelt preis; du lässt deinen Frommen das Grab nicht schauen« (V. 10). Das ist einer der Texte, die im Urchristentum häufig zitiert wurden, um den messianischen Charakter Jesu zu beweisen. Da nach jüdischer Auslegung die Verwesung nach dem dritten Tag einsetzte, erfüllte sich das Wort der Schrift in Jesus, der am dritten Tag aufersteht, also bevor die Verwesung einsetzt. Der hl. Paulus, der die Lehre der Apostel getreu überliefert, hebt hervor, dass der Sieg Christi über den Tod durch die schöpferische Macht des Wortes Gottes geschieht. Diese göttliche Macht weckt Hoffnung und Freude: Das ist letztendlich der befreiende Inhalt der österlichen Offenbarung. An Ostern offenbart Gott sich selbst und die Macht der dreifaltigen Liebe, die die zerstörerischen Kräfte des Bösen und des Todes vernichtet. (...)

Wir dürfen die Botschaft dieser Wahrheit, die das Leben aller verwandelt, nicht für uns allein behalten. Und so beten wir mit demütigem Vertrauen:»Jesus, durch deine Auferstehung von den Toten hast du unsere Auferstehung vorweggenommen, wir glauben an dich!« Ich möchte mit einem Ausruf schließen, den Silvanus vom Berge Athos gern wiederholte:»Freue dich, meine Seele. Es ist immer Ostern, weil der auferstandene Christus unsere Auferstehung ist!«

(GENERALAUDIENZ, 15.4.2009)

Heil, Erlösung, Auferstehung ist nichts Privates

Die Christen haben in ihrer Geschichte (...) Bilder des »Himmels« entwickelt, die immer weit von dem entfernt bleiben, was wir eben nur negativ, im Nichtkennen kennen. All diese Gestaltungsversuche der Hoffnung haben viele Menschen die Jahrhunderte hindurch beschwingt, vom Glauben her zu leben (...). In der Neuzeit hat sich eine immer heftigere Kritik an dieser Weise der Hoffnung entzündet: Sie sei purer Individualismus, der die Welt ihrem Elend überlasse und sich ins private ewige Heil geflüchtet habe. Henri de Lubac hat in der Einleitung zu seinem grundlegenden Werk »*Catholicisme. Aspects sociaux du dogme*« einige charakteristische Stimmen dieser Art gesammelt, von denen eine zitiert werden soll: »Habe ich die Freude gefunden? Nein ... *Meine* Freude habe ich gefunden. Und das ist etwas furchtbar anderes ... Die Freude Jesu kann persönlich sein. Sie kann einem Menschen allein gehören, und er ist gerettet. Er ist im Frieden ..., für jetzt und für immer, aber er allein. Diese Einsamkeit in der Freude beunruhigt ihn nicht. Im Gegenteil: Er ist ja der Auserwählte! In seiner Seligkeit schreitet er durch Schlachten mit einer Rose in der Hand.«

Demgegenüber konnte Lubac von der ganzen Breite der Theologie der Väter her zeigen, dass das Heil immer als gemeinschaftliche Wirklichkeit angesehen wurde. Der Hebräer-Brief selbst spricht von einer »Stadt« (vgl. 11,10.16; 12,22; 13,14), also von einem gemeinschaftlichen Heil. Entsprechend wird die Sünde von den Vätern als Zerstörung der Einheit des Menschengeschlechtes, als Zersplitterung und Spaltung aufgefasst. Babel, der Ort der Sprachverwirrung und Trennung, erscheint als Ausdruck dessen, was Sünde überhaupt ist. Und so erscheint »Erlösung« gerade als Wiederherstellung der Einheit, in der wir neu zusammenfinden in einem Einssein, das sich in der weltweiten Gemeinschaft der Gläubigen anbahnt. Wir brauchen hier nicht auf all diese Texte einzugehen, in denen der gemeinschaftliche Charakter der Hoffnung erscheint. Bleiben wir bei Augustins Brief an Proba, in dem er dies unbekannt Bekannte, das wir suchen, nun doch ein wenig zu umschreiben versucht. Sein Stichwort dafür hatte zunächst einfach gelautet »seliges (glückliches) Leben«. Nun zitiert er Psalm 144 [143],15: »Selig ist das Volk, dessen Gott der Herr ist.« Und er fährt fort: »Damit wir zu diesem Volk gehören und [...] zum immerwährenden Leben mit Gott kommen können, darum ist das Ziel der Gebote: ›Liebe aus reinem Herzen, gutem Gewissen und ungeheucheltem Glauben‹ (1 Tim 1,5)«. Dieses wirkliche Leben, auf das wir immer irgendwie auszugreifen versuchen, ist an das Mitsein mit einem »Volk« gebunden und kann nur in diesem Wir für jeden einzelnen Ereignis werden. Es setzt gerade den Exodus aus dem Gefängnis des eigenen Ich voraus, weil nur in der Offenheit dieses universalen Subjekts sich auch der Blick auf den Quell der Freude, auf die Liebe selbst – auf Gott – eröffnet.

Diese auf Gemeinschaft hin orientierte Sicht des »seligen Lebens« zielt zwar über die gegenwärtige Welt hinaus, hat aber gerade so auch mit Weltgestaltung zu tun – in sehr unterschiedlichen Formen, je nach dem historischen Kontext und den Möglichkeiten, die er bot oder ausschloss. Zu Augustins Zeit, in der der Einbruch der neuen Völker den Zusammenhalt der Welt bedrohte, in der eine gewisse Gewähr von Recht und von Leben in einer Rechtsgemeinschaft gegeben war, ging es darum, die wirklich tragfähigen Grundlagen dieser Lebens- und Friedensgemeinschaft zu stärken, um in der Veränderung der Welt überleben zu können. Nur ein eher zufälliger und in mancher Hinsicht exemplarischer Blick auf einen Augenblick des Mittelalters sei hier versucht. Dem allgemeinen Bewusstsein erschienen die Klöster als die Orte der Weltflucht (»contemptus mundi«) und des Rückzugs aus der Weltverantwortung in die Suche nach dem privaten Heil. Bernhard von Clairvaux, der mit seinem Reformorden Scharen junger Menschen den Klöstern zugeführt hat, sah dies ganz anders. Für ihn haben die Mönche eine Aufgabe für die ganze Kirche und so auch für die Welt. Er hat in vielen Bildern die Verantwortung der Mönche für den ganzen Organismus der Kirche, ja, für die Menschheit herausgestellt; auf sie wendet er das Wort des Pseudo-Rufinus an: »Das Menschengeschlecht lebt von wenigen, denn würde es diese nicht geben, würde alle Welt zugrunde gehen ...«. Die Beschaulichen – *contemplantes* – müssen Landarbeiter – *laborantes* – werden, so sagt er uns. Der Adel der Arbeit, den das Christentum vom Judentum geerbt hat, war schon in den Ordensregeln Augustins und Benedikts hervorgetreten. Bernhard greift das von Neuem auf. Die jungen Adeligen, die zu seinen Klöstern strömten, mussten sich zur Handarbeit bequemen. Bernhard sagt zwar ausdrücklich, dass auch das Kloster das Paradies nicht wiederherstellen könne, aber es müsse doch als eine Rodungsstätte praktischer und geistlicher Art das neue Paradies vorbereiten. Wildes Waldland wird fruchtbar – gerade da, wo zugleich die Bäume des Hochmuts gefällt, der Wildwuchs der Seelen gerodet und so das Erdreich bereitet wird, auf dem Brot für Leib und Seele gedeihen kann. Sehen wir nicht gerade angesichts der gegenwärtigen Geschichte wieder, dass da keine positive Weltgestaltung gedeihen kann, wo die Seelen verwildern?

(ENZYKLIKA *SPE SALVI*, 30.11.2007, NR. 13–15)

Wenn wir mit dem in Beziehung sind, der das Leben ist, dann leben wir

Nicht die Wissenschaft erlöst den Menschen. Erlöst wird der Mensch durch die Liebe. Das gilt zunächst im rein innerweltlichen Bereich. Wenn jemand in seinem Leben die große Liebe erfährt, ist dies ein Augenblick der »Erlösung«, die seinem Leben einen neuen Sinn gibt. Aber er wird bald auch erkennen, dass die ihm geschenkte Liebe allein die Frage seines Lebens nicht löst. Sie bleibt angefochten. Sie kann durch den Tod zerstört werden. Er braucht die unbedingte Liebe. Er braucht jene Gewissheit, die ihn sagen lässt: »Weder Tod noch Leben, weder Engel noch Mächte, weder Gegenwärtiges noch Zukünftiges, weder Gewalten der Höhe oder Tiefe noch irgendeine andere Kreatur können uns scheiden von der Liebe Gottes, die in Christus Jesus ist, unserem Herrn« (*Röm* 8,38–39). Wenn es diese unbedingte Liebe gibt mit ihrer unbedingten Gewissheit, dann – erst dann – ist der Mensch »erlöst«, was immer ihm auch im Einzelnen zustoßen mag. Das ist gemeint, wenn wir sagen: Jesus Christus hat uns »erlöst«. Durch ihn sind wir Gottes gewiss geworden – eines Gottes, der nicht eine ferne »Erstursache« der Welt darstellt, denn sein eingeborener Sohn ist Mensch geworden, und von ihm kann jeder sagen: »Ich lebe im Glauben an den Sohn Gottes, der mich geliebt und sich für mich hingegeben hat« (*Gal* 2,20).

Das ewige Leben ist das wirkliche

In diesem Sinn gilt, dass, wer Gott nicht kennt, zwar vielerlei Hoffnungen haben kann, aber im letzten ohne Hoffnung, ohne die große, das ganze Leben tragende Hoffnung ist (vgl. *Eph* 2,12). Die wahre, die große und durch alle Brüche hindurch tragende Hoffnung des Menschen kann nur Gott sein – der Gott, der uns »bis ans Ende«, »bis zur Vollendung« (vgl. *Joh* 13,1 und 19,30) geliebt hat und liebt. Wer von der Liebe berührt wird, fängt an zu ahnen, was dies eigentlich wäre: »Leben«. Er fängt an zu ahnen, was mit dem Hoffnungswort gemeint ist, das uns im Taufritus begegnete: Vom Glauben erwarte ich das »ewige Leben« – das wirkliche Leben, das ganz und unbedroht, in seiner ganzen Fülle einfach Leben ist. Jesus, der von sich gesagt hat, er sei gekommen, damit wir das Leben haben und es in Fülle, im Überfluss, haben (vgl. *Joh* 10,10), hat uns auch gedeutet, was dies heißt – »Leben«: »Das ist das ewige Leben: dich erkennen, den einzigen wahren Gott und den du gesandt hast, Jesus Christus« (*Joh* 17,3). Leben im wahren Sinn hat man nicht in sich allein und nicht aus sich allein: Es ist eine Beziehung. Und das Leben in seiner Ganzheit ist Beziehung zu dem, der die Quelle des Lebens ist. Wenn wir mit dem in Beziehung sind, der nicht stirbt, der das Leben selber ist und die Liebe selber, dann sind wir im Leben. Dann »leben« wir.

Hineingenommen in Jesu »Für alle«
Aber nun kommt die Frage: Sind wir da nicht doch wieder beim Heilsindividualismus angelangt? Bei der Hoffnung nur für mich, die dann eben keine wirkliche Hoffnung ist, weil sie die anderen vergisst und auslässt? Nein. Die Beziehung zu Gott läuft über die Gemeinschaft mit Jesus – allein und aus Eigenem reichen wir da nicht hin. Die Beziehung zu Jesus aber ist Beziehung zu dem, der sich für uns alle hingegeben hat (vgl. *1 Tim* 2,6). Das Mitsein mit Jesus Christus nimmt uns in sein »Für alle« hinein, macht es zu unserer Seinsweise. Es verpflichtet uns für die anderen, aber im Mitsein mit ihm wird es auch überhaupt erst möglich, wirklich für die anderen, fürs Ganze da zu sein. Ich möchte dazu den großen griechischen Kirchenlehrer Maximus Confessor († 662) zitieren, der zunächst auffordert, nichts der Erkenntnis und der Liebe Gottes vorzuziehen, dann aber sofort aufs ganz Praktische kommt: »Wer Gott liebt, kann Geld nicht für sich behalten. Er teilt es auf ›göttliche‹ Weise aus, (...) in gleicher Weise nach dem Maß der Gerechtigkeit«.

(ENZYKLIKA SPE SALVI, 30.11.2007, NR. 26–29)

Zwei Fragen zu Tod und Auferstehung

Heiliger Vater, die nächste Frage betrifft den Tod und die Auferstehung Jesu und kommt aus Italien. Ich lese sie Ihnen vor: »Heiligkeit, was macht Jesus in der Zeit zwischen dem Tod und der Auferstehung? Im Glaubensbekenntnis heißt es, dass Jesus nach seinem Tod hinabgestiegen ist in das Reich des Todes. Können wir also davon ausgehen, dass dasselbe nach dem Tod auch uns widerfahren wird, bevor wir in den Himmel eingehen?«

Zunächst einmal darf man sich dieses Hinabsteigen der Seele Jesu nicht als geographische, örtliche Reise von einem Kontinent zum anderen vorstellen. Es ist eine Reise der Seele. Wir müssen uns vor Augen halten, dass die Seele Jesu stets mit dem Vater in Berührung ist, dass sie immer mit dem Vater in Kontakt steht. Gleichzeitig erstreckt sich diese menschliche Seele jedoch bis in die äußersten Winkel des menschlichen Seins. In diesem Sinne geht sie in die Tiefe, zu den Verlorenen, zu all jenen, die nicht am Ziel ihres Lebens angelangt sind, und so geht sie über alle Kontinente der Vergangenheit hinaus. Das Wort vom Hinabsteigen des Herrn in das Reich des Todes bedeutet vor allem, dass Jesus auch die Vergangenheit erreicht, dass die Erlösung nicht erst im Jahre Null oder 30 wirksam wird, sondern auch in die Vergangenheit hineinreicht und die Vergangenheit, alle Menschen aller Zeiten, mit einschließt. Die Kirchenväter haben dafür ein sehr schönes Bild: Jesus nimmt Adam und Eva, also die Menschheit, an die Hand und führt sie nach vorn, nach oben. So schafft er den Zugang zu Gott, denn der Mensch an sich kann nicht zur Höhe Gottes gelangen. Er selbst nimmt als Mensch den Menschen an die Hand und öffnet den Zugang. Was aber öffnet er? Die Wirklichkeit, die wir Himmel nennen. Dieses Hinabsteigen in das Reich des Todes, also in die Tiefen des menschlichen Seins, in die Tiefen der Vergangenheit der Menschheit ist ein wesentlicher Teil der Sendung Jesu, seiner Sendung als Erlöser, und lässt sich nicht auf uns übertragen. Unser Leben ist anders, wir sind bereits vom Herrn erlöst, und wir gelangen nach unserem Tod vor das Angesicht des Richters, unter dem Blick Jesu, und dieser Blick wird einerseits läuternd sein: Ich denke, dass wir alle mehr oder weniger der Läuterung bedürfen werden. Der Blick Jesu läutert uns und macht uns dann fähig, bei Gott zu leben, bei den Heiligen zu leben und vor allem in Gemeinschaft mit den uns nahestehenden Menschen zu leben, die uns vorausgegangen sind.

Auch die nächste Frage bezieht sich auf das Thema der Auferstehung und kommt aus Italien:»Heiliger Vater, als die Frauen an das Grab kommen, am Sonntag nach dem Tod Jesu, erkennen sie den Meister nicht, sondern verwechseln ihn mit jemand anderem. Dasselbe passiert auch den Aposteln: Jesus muss seine Wundmale zeigen, das Brot brechen, um eben durch die Gesten erkannt zu werden. Es ist ein wahrer, fleischlicher Leib, aber auch ein verherrlichter Leib. Was bedeutet es, dass sein auferstandener Leib nicht mehr so beschaffen ist wie der vorherige? Was heißt ›verherrlichter Leib‹ genau? Wird so die Auferstehung für uns sein?«

Wir können natürlich nicht sagen, was genau der verherrlichte Leib ist, denn das übersteigt unsere Erfahrungen. Wir können nur die Zeichen lesen, die Jesus uns gegeben hat, um wenigstens ein bisschen zu verstehen, in welcher Richtung wir diese Wirklichkeit zu suchen haben. Erstes Zeichen: Das Grab ist leer. Jesus hat also seinen Leib nicht der Verwesung überlassen, er hat uns gezeigt, dass auch die Materie für die Ewigkeit bestimmt ist, dass der Leib wirklich auferstanden ist, dass er nicht verloren geht. Jesus hat auch die Materie mit sich genommen, und so ist auch der Materie die Ewigkeit verheißen. Aber dann hat er diese Materie in einem neuen Daseinszustand angenommen, das ist der zweite Punkt: Jesus stirbt nicht mehr, er steht also über den Gesetzen der Biologie, der Physik, denn solange man diesen unterworfen ist, stirbt man. Es gibt also einen neuen, einen anderen Zustand, den wir nicht kennen, der sich jedoch in Jesus zeigt, und es ist die große Verheißung für uns alle, dass es eine neue Welt, ein neues Leben gibt, zu dem wir alle unterwegs sind. Und in diesem Zustand kann Jesus sich berühren lassen, den Seinen die Hand reichen, mit den Seinen essen, steht aber dennoch über dem Zustand des biologischen Lebens, wie wir es leben. Und wir wissen, dass er andererseits ein wahrer Mensch und kein Geist ist. Er lebt ein wahres Leben, aber ein neues Leben, das nicht mehr dem Tod unterworfen und das unsere große Verheißung ist. Es ist wichtig, das – wenigstens soweit wie möglich – im Hinblick auf die Eucharistie zu verstehen: In der Eucharistie schenkt uns der Herr seinen verherrlichten Leib, er gibt uns kein Fleisch im biologischen Sinne zu essen, sondern er gibt uns sich selbst, die Neuheit, die er ist. Er kommt als Person in unser Menschsein herein, in unser, in mein Personsein, und er berührt uns innerlich mit seinem Sein, damit wir uns von seiner Gegenwart durchdringen, in seiner Gegenwart verwandeln lassen können. Das ist ein wichtiger Punkt, denn so stehen wir bereits in Kontakt mit diesem neuen Leben, dieser neuen Lebensform, da er in mich hereingekommen ist und ich aus mir herausgekommen bin und mich nach einer neuen Dimension des Lebens ausstrecke. Ich glaube, dass dieser Aspekt der Verheißung, die Tatsache, dass er sich mir hinschenkt und mich aus mir herausholt, der wichtigste Punkt ist: Es geht nicht darum, Dinge zu erfahren, die wir nicht verstehen können, sondern zu der Neuheit unterwegs zu sein, die immer wieder aufs Neue in der Eucharistie beginnt.

(IN DER ITALIENISCHEN TV-SENDUNG »A SUA IMMAGINE«, 22.4.2011)

7 Die Stunde der Gerechtigkeit

Ewiges Leben: Weil das Unrecht nicht das letzte Wort sein kann

Im großen *Credo* der Kirche schließt der Mittelteil, der das Geheimnis Christi von der ewigen Geburt aus dem Vater und von der zeitlichen Geburt aus Maria der Jungfrau über Kreuz und Auferstehung bis zu seiner Wiederkunft behandelt, mit den Worten:»Er wird wiederkommen in Herrlichkeit, zu richten die Lebenden und die Toten.« Der Ausblick auf das Gericht hat die Christenheit von frühesten Zeiten an als Maßstab des gegenwärtigen Lebens, als Forderung an ihr Gewissen und zugleich als Hoffnung auf Gottes Gerechtigkeit bis in das alltägliche Leben hinein bestimmt. Der Glaube an Christus hat nie nur nach rückwärts und nie nur nach oben, sondern immer auch nach vorn, auf die Stunde der Gerechtigkeit hingeblickt, die der Herr wiederholt angekündigt hatte. Dieser Blick nach vorn hat dem Christentum seine Gegenwartskraft gegeben. In der Gestaltung der christlichen Kirchenbauten, die die geschichtliche und kosmische Weite des Christus-Glaubens sichtbar machen wollten, wurde es üblich, an der Ostseite den königlich wiederkommenden Herrn – das Bild der Hoffnung – darzustellen, an der Westseite aber das Weltgericht als Bild der Verantwortung unseres Lebens, das die Gläubigen gerade auf ihrem Weg in den Alltag hinaus anblickte und begleitete. In der Entwicklung der Ikonographie des Gerichts ist dann freilich immer stärker das Drohende und Unheimliche des Gerichts hervorgetreten, das die

Künstler offenbar mehr faszinierte als der Glanz der Hoffnung, die von der Drohung wohl oft allzu sehr verdeckt wurde.

Keine Gerechtigkeit ohne Auferweckung der Toten

In der Neuzeit verblasst der Gedanke an das Letzte Gericht: Der christliche Glaube wird individualisiert und ist vor allem auf das eigene Seelenheil ausgerichtet; die Betrachtung der Weltgeschichte wird statt dessen weitgehend vom Fortschrittsgedanken geprägt. Dennoch ist der tragende Gehalt der Gerichtserwartung nicht einfach verschwunden. Er nimmt nun freilich eine ganz andere Form an. Der Atheismus des 19. und des 20. Jahrhunderts ist von seinen Wurzeln und seinem Ziel her ein Moralismus: ein Protest gegen die Ungerechtigkeiten der Welt und der Weltgeschichte. Eine Welt, in der ein solches Ausmaß an Ungerechtigkeit, an Leid der Unschuldigen und an Zynismus der Macht besteht, kann nicht Werk eines guten Gottes sein. Der Gott, der diese Welt zu verantworten hätte, wäre kein gerechter und schon gar nicht ein guter Gott. Um der Moral willen muss man diesen Gott bestreiten. So schien es, da kein Gott ist, der Gerechtigkeit schafft, dass nun der Mensch selbst gerufen ist, die Gerechtigkeit herzustellen. Wenn der Protest gegen Gott angesichts der Leiden dieser Welt verständlich ist, so ist der Anspruch, die Menschheit könne und müsse nun das tun, was kein Gott tut und tun kann, anmaßend und von innen her unwahr. Dass daraus erst die größten Grausamkeiten und Zerstörungen des Rechts folgten, ist kein Zufall, sondern in der inneren Unwahrheit dieses Anspruchs begründet. Eine Welt, die sich selbst Gerechtigkeit schaffen muss, ist eine Welt ohne Hoffnung. Niemand und nichts antwortet auf das Leiden der Jahrhunderte. Niemand und nichts bürgt dafür, dass nicht weiter der Zynismus der Macht, unter welchen ideologischen Verbrämungen auch immer, die Welt beherrscht. So haben die großen Denker der Frankfurter Schule, Max Horkheimer und Theodor W. Adorno, Atheismus und Theismus gleichermaßen kritisiert. Horkheimer hat radikal bestritten, dass irgendein immanenter Ersatz für Gott gefunden werden könne, zugleich freilich auch das Bild des guten und gerechten Gottes abgelehnt. In einer äußersten Radikalisierung des alttestamentlichen Bilderverbotes spricht er von der »Sehnsucht nach dem ganz Anderen«, das unnahbar bleibt – ein Schrei des Verlangens in die Weltgeschichte hinein. Auch Adorno hat entschieden an dieser Bildlosigkeit festgehalten, die eben auch das »Bild« des liebenden Gottes ausschließt. Aber er hat auch und immer wieder diese »negative« Dialektik betont und gesagt, dass Gerechtigkeit, wirkliche Gerechtigkeit, eine Welt verlangen würde, »in der nicht nur bestehendes Leid abgeschafft, sondern noch das unwiderruflich Vergangene widerrufen wäre«. Das aber würde – in positiven und darum für ihn unangemessenen Symbolen ausgedrückt – heißen, dass Gerechtigkeit nicht sein kann ohne Auferweckung der Toten. Eine solche Aussicht bedingte jedoch »die Auferstehung des Fleisches; dem Idealismus, dem Reich des absoluten Geistes, ist sie ganz fremd«.

Ja, es gibt die Auferstehung: Es gibt die Gutmachung

Von der strengen Bildlosigkeit her, die zum ersten Gebot Gottes gehört (vgl. Ex 20,4) kann und muss auch der Christ immer wieder lernen. Die Wahrheit der negativen Theologie ist vom 4. Lateran-Konzil herausgestellt worden, das ausdrücklich sagt, dass zwischen dem Schöpfer und dem Geschöpf keine noch so große Ähnlichkeit festzustellen ist, dass nicht zwischen ihnen eine immer noch größere Unähnlichkeit bliebe. Dennoch kann die Bildlosigkeit für den Glaubenden nicht so weit gehen, dass er – wie Horkheimer und Adorno meinten – im Nein zu beiden Behauptungen, zum Theismus und zum Atheismus, stehenbleiben müsste. Gott hat sich selbst ein »Bild« gegeben: im menschgewordenen Christus. In ihm, dem Gekreuzigten, ist die Verneinung falscher Gottesbilder bis zum äußersten gesteigert. Nun zeigt Gott gerade in der Gestalt des Leidenden, der die Gottverlassenheit des Menschen mitträgt, sein eigenes Gesicht. Dieser unschuldig Leidende ist zur Hoffnungsgewissheit geworden: Gott gibt es, und Gott weiß Gerechtigkeit zu schaffen auf eine Weise, die wir nicht erdenken können und die wir doch im Glauben ahnen dürfen. Ja, es gibt die Auferstehung des Fleisches. Es gibt Gerechtigkeit. Es gibt den »Widerruf« des vergangenen Leidens, die Gutmachung, die das Recht herstellt. Daher ist der Glaube an das Letzte Gericht zuallererst und zuallermeist Hoffnung – die Hoffnung, deren Notwendigkeit gerade im Streit der letzten Jahrhunderte deutlich geworden ist. Ich bin überzeugt, dass die Frage der Gerechtigkeit das eigentliche, jedenfalls das stärkste Argument für den Glauben an das ewige Leben ist. Das bloß individuelle Bedürfnis nach einer Erfüllung, die uns in diesem Leben versagt ist, nach der Unsterblichkeit der Liebe, auf die wir warten, ist gewiss ein wichtiger Grund zu glauben, dass der Mensch auf Ewigkeit hin angelegt ist, aber nur im Verein mit der Unmöglichkeit, dass das Unrecht der Geschichte das letzte Wort sei, wird die Notwendigkeit des wiederkehrenden Christus und des neuen Lebens vollends einsichtig.

Gerechtigkeit und Gnade gehören zusammen

Der Protest gegen Gott um der Gerechtigkeit willen ist nicht dienlich. Eine Welt ohne Gott ist eine Welt ohne Hoffnung (Eph 2,12). Nur Gott kann Gerechtigkeit schaffen. Und der Glaube gibt uns die Gewissheit: Er tut es. Das Bild des Letzten Gerichts ist zuallererst nicht ein Schreckbild, sondern Bild der Hoffnung, für uns vielleicht sogar das entscheidende Hoffnungsbild. Aber ist es nicht doch auch ein Bild der Furcht? Ich würde sagen: ein Bild der Verantwortung. Ein Bild daher für jene Furcht, von der der heilige Hilarius sagt, dass all unsere Furcht in der Liebe ihren Ort hat. Gott ist Gerechtigkeit und schafft Gerechtigkeit. Das ist unser Trost und unsere Hoffnung. Aber in seiner Gerechtigkeit ist zugleich Gnade. Das wissen wir durch den Blick auf den gekreuzigten und auferstandenen Christus. Beides – Gerechtigkeit und Gnade – muss in seiner rechten inneren Verbindung gesehen werden. Die Gnade löscht die Gerechtigkeit nicht aus. Sie macht das Unrecht nicht zu Recht. Sie ist nicht ein Schwamm, der alles wegwischt, so dass am Ende dann eben doch alles gleich gültig wird, was einer auf Erden getan hat. Gegen eine solche Art von Himmel und von Gnade hat zum Beispiel Dostojewski in seinen *Brüdern Karamasow* mit Recht Protest eingelegt. Die Missetäter sitzen am Ende nicht neben den Opfern in gleicher Weise an der Tafel des ewigen Hochzeitsmahls, als ob nichts gewesen wäre. Ich möchte an dieser Stelle einen Text von Platon zitieren, der eine Vorahnung des gerechten Gerichts ausdrückt, die in vielem auch für den Christen wahr und heilsam bleibt. Er spricht – gewiss in mythologischen Bildern, die aber unzweideutig Wahrheit sichtbar machen – davon, dass am Ende die Seelen nackt vor dem Richter stehen werden. Nun zählt nicht mehr, was sie einmal in der Geschichte gewesen waren, sondern nur das, was sie in Wahrheit sind. »Da hat er (der Richter) vielleicht die Seele eines [...] Königs oder Herrschers vor sich und sieht gar nichts Gesundes an ihr. Er findet sie durchgepeitscht und voll von Narben, die von Meineid und Ungerechtigkeit stammen [...] und alles ist schief voll Lüge und Hochmut, und nichts ist gerade, weil sie ohne Wahrheit aufgewachsen ist. Und er sieht, wie die Seele durch Willkür, Üppigkeit, Übermut und Unbesonnenheit im Handeln mit

Maßlosigkeit und Schändlichkeit beladen ist. Bei diesem Anblick aber schickt er diese sofort in den Kerker, wo sie die verdienten Strafen erdulden soll [...] Manchmal aber sieht er eine andere Seele vor sich, eine, die ein frommes und ehrliches Leben geführt hat [...]; er freut sich über sie und schickt sie gewiss auf die Inseln der Seligen.« Jesus hat uns zur Warnung im Gleichnis vom reichen Prasser und dem armen Lazarus (Lk 16,19–31) das Bild einer solchen von Übermut und Üppigkeit zerstörten Seele gezeigt, die selbst einen unüberbrückbaren Graben zwischen sich und dem Armen geschaffen hat: den Graben der Verschlossenheit in den materiellen Genuss hinein, den Graben der Vergessenheit des anderen, der Unfähigkeit zu lieben, die nun zum brennenden und nicht mehr zu heilenden Durst wird. Dabei müssen wir festhalten, dass Jesus in diesem Gleichnis nicht von dem endgültigen Geschick nach dem Weltgericht handelt, sondern eine Vorstellung aufnimmt, die sich unter anderem im frühen Judentum findet und einen Zwischenzustand zwischen Tod und Auferstehung meint, in dem das endgültige Urteil noch aussteht.

Himmel, Hölle, Fegefeuer

Diese frühjüdische Vorstellung vom Zwischenzustand schließt die Auffassung ein, dass die Seelen nicht einfach nur in einer vorläufigen Verwahrung weilen, sondern schon Strafe erfahren, wie es das Gleichnis vom reichen Prasser zeigt, oder aber auch schon vorläufige Formen der Seligkeit empfangen. Und endlich fehlt nicht der Gedanke, dass es in diesem Zustand auch Reinigungen und Heilungen geben kann, die die Seele reif machen für die Gemeinschaft mit Gott. Die frühe Kirche hat solche Vorstellungen aufgenommen, aus denen sich dann in der Kirche des Westens allmählich die Lehre vom Fegefeuer gebildet hat. Wir brauchen hier nicht auf die komplizierten historischen Wege dieser Entwicklung zu blicken; fragen wir einfach danach, worum es in der Sache geht. Die Lebensentscheidung des Menschen wird mit dem Tod endgültig – dieses sein Leben steht vor dem Richter. Sein Entscheid, der im Lauf des ganzen Lebens Gestalt gefunden hat, kann verschiedene Formen haben. Es kann Menschen geben, die in sich den Willen zur Wahrheit und die Bereitschaft zur Liebe völlig zerstört haben. Menschen, in denen alles Lüge geworden ist; Menschen, die dem Hass gelebt und die Liebe in sich zertreten haben. Dies ist ein furchtbarer Gedanke, aber manche Gestalten gerade unserer Geschichte lassen in erschreckender Weise solche Profile erkennen. Nichts mehr wäre zu heilen an solchen Menschen, die Zerstörung des Guten unwiderruflich: Das ist es, was mit dem Wort *Hölle* bezeichnet wird. Auf der anderen Seite kann es ganz reine Menschen geben, die sich ganz von Gott haben durchdringen lassen und daher ganz für den Nächsten offen sind – Menschen, in denen die Gottesgemeinschaft jetzt schon all ihr Sein bestimmt und das Gehen zu Gott nur vollendet, was sie schon sind.

Durchs Feuer gehen, um gottfähig zu werden

Aber weder das eine noch das andere ist nach unseren Erfahrungen der Normalfall menschlicher Existenz. Bei den allermeisten – so dürfen wir annehmen – bleibt ein letztes und innerstes Offenstehen für die Wahrheit, für die Liebe, für Gott im Tiefsten ihres Wesens gegenwärtig. Aber es ist in den konkreten Lebensentscheidungen überdeckt von immer neuen Kompromissen mit dem Bösen – viel Schmutz verdeckt das Reine, nach dem doch der Durst geblieben ist und das doch auch immer wieder über allem Niedrigen hervortritt und in der Seele gegenwärtig bleibt. Was geschieht mit solchen Menschen, wenn sie vor den Richter hintreten? Ist all das Unsaubere, das sie in ihrem Leben angehäuft haben, plötzlich gleichgültig? Oder was sonst? Der heilige Paulus gibt uns im Ersten Korinther-Brief eine Vorstellung von der unterschiedlichen Weise, wie Gottes Gericht auf den Menschen je nach seiner Verfassung trifft. Er tut es in Bildern, die das Unanschaubare irgendwie ausdrücken wollen, ohne dass wir diese Bilder auf den Begriff bringen könnten – einfach weil wir in die Welt jenseits des Todes nicht hineinschauen können und von ihr keine Erfahrung haben. Zunächst sagt Paulus über die christliche Existenz, dass sie auf einen gemeinsamen Grund gebaut ist: Jesus Christus. Dieser Grund hält stand. Wenn wir auf diesem Grund stehengeblieben sind, auf ihm unser Leben gebaut haben, wissen wir, dass uns auch im Tod dieser Grund nicht mehr weggezogen werden kann. Dann fährt Paulus weiter: »Ob aber jemand auf dem Grund mit Gold, Silber, kostbaren Steinen, mit Holz, Heu oder Stroh weiterbaut: das Werk eines jeden wird offenbar werden; jener Tag wird es sichtbar machen, weil es im Feuer offenbart wird. Das Feuer wird prüfen, was das Werk eines jeden taugt. Hält das stand, was er aufgebaut hat, so empfängt er Lohn. Brennt es nieder, dann muss er den Verlust tragen. Er selbst aber wird gerettet werden, doch so wie durch Feuer hindurch« (1 Kor 3,12–15). In diesem Text zeigt sich auf jeden Fall, dass die Rettung der Menschen verschiedene Formen haben kann; dass manches Aufgebaute niederbrennen kann; dass der zu Rettende selbst durch »Feuer« hindurchgehen muss, um endgültig gottfähig zu werden, Platz nehmen zu können am Tisch des ewigen Hochzeitsmahls.

Unsere Lebensbauten können sich als Stroh erweisen
Einige neuere Theologen sind der Meinung, dass das verbrennende und zugleich rettende Feuer Christus ist, der Richter und Retter. Das Begegnen mit ihm ist der entscheidende Akt des Ge-

richts. Vor seinem Anblick schmilzt alle Unwahrheit. Die Begegnung mit ihm ist es, die uns umbrennt und freibrennt zum Eigentlichen unserer selbst. Unsere Lebensbauten können sich dabei als leeres Stroh, als bloße Großtuerei erweisen und zusammenfallen. Aber in dem Schmerz dieser Begegnung, in der uns das Unreine und Kranke unseres Daseins offenbar wird, ist Rettung. Sein Blick, die Berührung seines Herzens heilt uns in einer gewiss schmerzlichen Verwandlung »wie durch Feuer hindurch«. Aber es ist ein seliger Schmerz, in dem die heilige Macht seiner Liebe uns brennend durchdringt, so dass wir endlich ganz wir selber und dadurch ganz Gottes werden. So wird auch das Ineinander von Gerechtigkeit und Gnade sichtbar: Unser Leben ist nicht gleichgültig, aber unser Schmutz befleckt uns nicht auf ewig, wenn wir wenigstens auf Christus, auf die Wahrheit und auf die Liebe hin ausgestreckt geblieben sind. Er ist im Leiden Christi letztlich schon verbrannt. Im Augenblick des Gerichts erfahren und empfangen wir dieses Übergewicht seiner Liebe über alles Böse in der Welt und in uns. Der Schmerz der Liebe wird unsere Rettung und unsere Freude. Es ist klar, dass wir die »Dauer« dieses Umbrennens nicht mit Zeitmaßen unserer Weltzeit messen können. Der verwandelnde »Augenblick« dieser Begegnung entzieht sich irdischen Zeitmaßen – ist Zeit des Herzens, Zeit des »Übergangs« in die Gemeinschaft mit Gott im Leibe Christi. Das Gericht Gottes ist Hoffnung, sowohl weil es Gerechtigkeit wiewohl weil es Gnade ist. Wäre es bloß Gnade, die alles Irdische vergleichgültigt, würde uns Gott die Frage nach der Gerechtigkeit schuldig bleiben – die für uns entscheidende Frage an die Geschichte und an Gott selbst. Wäre es bloße Gerechtigkeit, würde es für uns alle am Ende nur Furcht sein können. Die Menschwerdung Gottes in Christus hat beides – Gericht und Gnade – so ineinandergefügt, dass Gerechtigkeit hergestellt wird: Wir alle wirken unser Heil »mit Furcht und Zittern« (Phil 2,12). Dennoch lässt die Gnade uns alle hoffen und zuversichtlich auf den Richter zugehen, den wir als unseren »Advokaten«, »parakletos«, kennen (vgl. 1 Joh 2,1).

Beten für die Verstorbenen: Liebe reicht bis ins Jenseits
Noch ein Motiv muss hier Erwähnung finden, weil es für die Praxis christlichen Hoffens Bedeutung hat. Wiederum schon im Frühjudentum gibt es den Gedanken, dass man den Verstorbenen in ihrem Zwischenzustand durch Gebet zu Hilfe kommen kann (z.B. 2 Makk 12,38–45; 1. Jahrhundert v. Chr.). Die entsprechende Praxis ist ganz selbstverständlich von den Christen übernommen worden, und sie ist der Ost- und Westkirche gemeinsam. Der Osten kennt kein reinigendes und sühnendes Leiden der Seelen im »Jenseits«, wohl aber verschiedene Stufen der Seligkeit oder auch des Leidens im Zwischenzustand. Den Seelen der Verstorbenen kann aber durch Eucharistie, Gebet und Almosen »Erholung und Erfrischung« geschenkt werden. Dass Liebe ins Jenseits hinüberreichen kann, dass ein beiderseitiges Geben und Nehmen möglich ist, in dem wir einander über die Grenze des Todes hinweg zugetan bleiben, ist eine Grundüberzeugung der Christenheit durch alle Jahrhunderte hindurch gewesen und bleibt eine tröstliche Erfahrung auch heute. Wer empfände nicht das Bedürfnis, seinen ins Jenseits vorangegangenen Lieben ein Zeichen der Güte, der Dankbarkeit oder auch der Bitte um Vergebung zukommen zu lassen? Nun könnte man weiterfragen: Wenn das »Fegefeuer« einfach das Reingebranntwerden in der Begegnung mit dem richtenden und rettenden Herrn ist, wie kann dann ein Dritter einwirken, selbst wenn er dem anderen noch so nahesteht? Bei solchem Fragen sollten wir uns klarmachen, dass kein Mensch eine geschlossene Monade ist.

Unsere Existenzen greifen ineinander, sind durch vielfältige Inter-aktionen miteinander verbunden. Keiner lebt allein. Keiner sündigt allein. Keiner wird allein gerettet. In mein Leben reicht immerfort das Leben anderer hinein: in dem, was ich denke, rede, tue, wirke. Und umgekehrt reicht mein Leben in dasjenige anderer hinein: im Bösen wie im Guten. So ist meine Bitte für den anderen nichts ihm Fremdes, nichts Äußerliches, auch nach dem Tode nicht. In der Verflochtenheit des Seins kann mein Dank an ihn, mein Gebet für ihn ein Stück seines Reinwerdens bedeuten. Und dabei brauchen wir nicht Weltzeit auf Gotteszeit umzurechnen: In der Gemein-schaft der Seelen wird die bloße Weltzeit überschritten. An das Herz des anderen zu rühren, ist nie zu spät und nie vergebens. So wird ein wichtiges Element des christlichen Begriffs von Hoffnung nochmals deutlich. Unsere Hoffnung ist immer wesentlich auch Hoffnung für die anderen; nur so ist sie wirklich auch Hoffnung für mich selbst. Als Christen sollten wir uns nie nur fragen: Wie kann ich mich selber retten? Sondern auch: Wie kann ich dienen, damit andere gerettet werden und dass anderen der Stern der Hoffnung aufgeht? Dann habe ich am meisten auch für meine eigene Rettung getan.

(ENZYKLIKA SPE SALVI, 30.11.2007, NR. 41–48)

Unsere Existenzen sind aneinander gebunden

Erneuern wir am heutigen Tag die Hoffnung auf das ewige Le-ben, das wirklich im Tod und in der Auferstehung Christi gründet. »Ich bin auferstanden und bin jetzt immer bei dir«, sagt uns der Herr, und meine Hand trägt dich. Wo auch immer du fallen magst – du wirst in meine Hände fallen, und ich werde sogar an der Pforte des Todes da sein. Wohin dich keiner mehr begleiten kann und wohin du nichts mitnehmen kannst, dort warte ich auf dich, um für dich die Finsternis in Licht zu verwandeln. Die christliche Hoffnung ist jedoch nie nur individuell, sie ist immer auch Hoffnung für die anderen. Unsere Existenzen sind zutiefst aneinander gebunden, und das Gute und das Böse, das einer tut, berührt immer auch die anderen. So kann das Gebet einer Seele auf ihrer irdischen Pilgerschaft einer anderen Seele helfen, die sich nach dem Tod läutert. Das ist der Grund, warum die Kirche uns (...) einlädt, für unsere lieben Verstorbenen zu beten und an ihren Gräbern auf den Friedhöfen zu verweilen.

(ANGELUS, 2.11.2008)

Texte und Worte von
Papst Johannes Paul II.

1 Tod: Der Blick über die Schwelle ist getrübt

Du stammst aus Gott

»Bedenke, o Mensch, dass du Staub bist und zum Staub zurückkehren wirst« (Worte bei der Erteilung des Aschenkreuzes). Bedenke, o Mensch, dass du zu Höherem berufen bist als zu diesen irdischen und materiellen Werten, die dich vom Wesentlichen abzulenken drohen. Denke, o Mensch, an deine erste Berufung: Du stammst aus Gott und kehrst zu Gott zurück auf dem Weg über die Auferstehung der Toten, den uns Christus vorausgegangen ist.

(FASTENBOTSCHAFT 1981)

Die große Schule des Lebens und Sterbens

Der letzte Trost, den wir miteinander suchen, meine lieben Mitpilger »in diesem Tal der Tränen«, ist der Trost im Angesicht des Todes. Seit unserer Geburt gehen wir ihm entgegen, aber im Alter wird uns sein Nahen von Jahr zu Jahr bewusster – wenn wir es nicht gewaltsam aus unseren Gedanken und Gefühlen verdrängen. Der Schöpfer hat es so gefügt, dass im Alter ein Annehmen und Bestehen des Todes auf fast natürliche Weise vorbereitet, erleichtert und eingeübt wird. Ist doch das Altwerden (...) ein allmähliches Abschiednehmen von der ungebrochenen Fülle des Lebens, vom unbehinderten Kontakt mit der Welt.

Die große Schule des Lebens und Sterbens führt uns sodann an manches offene Grab, sie lässt uns an manchem Sterbebett stehen, bevor wir selbst es sind, um die – so gebe es Gott – andere betend stehen werden. Der alte Mensch hat solche Lehrstunden des Lebens in höherer Zahl erlebt als der junge, und er erlebt sie in steigender Häufigkeit. Das ist sein großer Vorteil auf dem Weg an die große Schwelle, die wir uns oft einseitig als Abgrund und Nacht ausmalen.

Ohne Vertrautheit mit Gott gibt es letztlich keinen Trost im Sterben
Der Blick über die Schwelle ist von unserer Seite aus getrübt; aber jenen, die uns vorangegangen sind, mag es Gott viel öfter, als man meint, gewähren, in seiner Liebe unser Leben zu begleiten und zu umsorgen. (...) Je mehr die Mitmenschen unserer sichtbaren Umwelt an die Grenzen ihres Helfens kommen, desto mehr sollen wir in jenen die Boten der Liebe Gottes sehen, die den Tod schon bestanden haben und uns von drüben her erwarten: die Heiligen, besonders unsere persönlichen Patrone, und unsere verstorbenen Angehörigen und Freunde, die wir in Gottes Barmherzigkeit geborgen hoffen.

Viele von euch, meine lieben Schwestern und Brüder, haben die sichtbare Nähe ihres Lebensgefährten verloren. Ihnen gilt meine seelsorgliche Bitte: Lasst immer bewusster Gott zum Partner eures Lebens werden, dann seid ihr zugleich mit jenem verbunden, den Er euch einst zum Weggefährten gab und der nun selber in Gott seine Mitte gefunden hat.

Ohne eine Vertrautheit mit Gott gibt es letztlich keinen Trost im Sterben. Denn gerade das will ja Gott mit dem Tod: dass wir uns wenigstens in dieser einen hohen Stunde unseres Lebens ganz in seine Liebe fallen lassen, ohne jede andere Sicherheit als ebendiese seine Liebe. Wie könnten wir ihm ungetrübter unser Glauben, Hoffen, Lieben zeigen!

Der Tod selber ist ein Trost ...

Ein letzter Gedanke in diesem Zusammenhang. Er ist sicher manchem von euch aus dem Herzen gesprochen. Der Tod selber ist ein Trost! Das Leben auf dieser Erde, selbst wenn sie nicht ein »Tal der Tränen« wäre, könnte uns nicht für immer Heimat bieten. Sie würde mehr und mehr zum Gefängnis, zur »Verbannung«. Denn »alles Vergängliche ist nur ein Gleichnis«! Und so drängen sich uns die nie verblassenden Worte des heiligen Augustinus auf die Lippen: »Auf Dich hin hast Du uns geschaffen, Herr; und ruhelos ist unser Herz, bis es seine Ruhe findet in Dir!«

So gibt es nicht die Todgeweihten und die im sogenannten Leben Stehenden. Was uns allen bevorsteht, ist eine Geburt, eine Verwandlung, deren Wehen wir mit Jesus am Ölberg fürchten, deren strahlenden Ausgang wir aber schon in uns tragen, seit wir in der Taufe in Jesu Tod und Sieg hineingetaucht wurden.

(ANSPRACHE AN ALTE MENSCHEN, MÜNCHEN, 19.11.1980)

Sterben ist Leben vor dem Tod: Besuch in einem Hospiz

Wir leben in einer Gesellschaft, in der Schmerz, Leid, Krankheit und Tod gern aus dem persönlichen und öffentlichen Bewusstsein verdrängt werden. Gleichzeitig jedoch wird das Thema in der Presse, im Fernsehen und auf Tagungen vermehrt aufgegriffen. Die Verdrängung des Sterbens zeigt sich auch darin, dass viele Patienten in Krankenhäusern oder anderen Institutionen außerhalb ihres gewohnten Lebensbereiches sterben.

In Wirklichkeit aber wünschen sich aber die meisten Menschen, ihre Augen auf dieser Erde in ihrer häuslichen Umgebung zu schließen, umsorgt von vertrauten Angehörigen und treuen Freunden.

Die Familien fühlen sich jedoch oft seelisch und körperlich überfordert, um diesen Wunsch zu erfüllen. Besonders hart trifft es Alleinstehende, die keinen haben, der ihnen am Ende ihres Lebens seine Nähe schenkt und sie begleitet. Auch wenn sie mit einem Dach über dem Kopf sterben, ihr Herz ist obdachlos.

Um dieser Not abzuhelfen, haben sich in den vergangenen Jahren kirchliche, kommunale und private Initiativen gebildet, um die häusliche, aber auch die stationäre Begleitung, medizinische Betreuung und Pflege sowie den seelsorgerlichen Beistand Sterbender besser zu ermöglichen und betroffenen Angehörigen kompetente Hilfen anzubieten. Eine dieser wertvollen Initiativen ist die Hospizbewegung, die im Haus der *Caritas Socialis* im Rennweg eine beispielhafte Verwirklichung gefunden hat. Dabei haben sich die Schwestern vom Anliegen ihrer Gründerin Hildegard Burjan leiten lassen, die als »charismatische Künderin sozialer Liebe« an den Brennpunkten menschlicher Not präsent sein wollte.

Für die meisten Menschen kommt der Tod immer zu früh

Wer wie ich dieses Hospiz besuchen darf, geht nicht entmutigt nach Hause. Im Gegenteil: Der Besuch ist mehr als eine Besichtigung. Er wird zur Begegnung. Die kranken, leidenden und sterbenden Menschen, die der Besucher hier antrifft, laden ihn durch ihr selbstverständliches Dasein dazu ein, Leiden und Tod nicht totzuschweigen. Er wird ermutigt, die Grenzen des eigenen Lebens wahrzunehmen und sich damit ehrlich auseinanderzusetzen. Das Hospiz lässt die Erfahrung reifen, dass Sterben Leben vor dem Tod ist. Hier kann auch der letzte Teil des irdischen Lebens bewusst erlebt und individuell gestaltet werden. Weit davon entfernt, ein »Sterbehaus« zu sein, wird diese Stätte zu einer Schwelle der Hoffnung, die über das Leiden und den Tod hinausführt.

Die meisten Menschen, denen nach medizinischen Untersuchungen die Diagnose der Unheilbarkeit mitgeteilt wurde, leben in der Angst vor dem Fortschreiten ihrer Krankheit. Zu den momentanen Beschwerden tritt die Furcht vor einer weiteren Verschlechterung. In einer solchen Situation wird für viele der Sinn ihres Lebens brüchig. Sie fürchten sich vor dem möglichen bevorstehenden Leidensweg. Die bedrohliche Zukunft überschattet die noch erträgliche Gegenwart. Wem ein langes und erfülltes Leben geschenkt wird, mag dem Tod vielleicht gelassener entgegensehen und »lebenssatt« (*Gen* 25,9) sein Sterben akzeptieren. Für die meisten Menschen jedoch kommt der Tod immer zu früh, auch wenn sie hochbetagt sind. Viele Zeitgenossen wünschen sich einen kurzen und schmerzlosen Tod, andere erbitten sich Zeit zum Abschiednehmen. Fast immer werden Fragen und Ängste, Zweifel und Wünsche die letzte Etappe des Lebensweges begleiten. Selbst den Christen bleibt die Angst vor dem Tod oft nicht erspart, der nach dem Zeugnis der Heiligen Schrift der letzte Feind ist (vgl. *1 Kor* 15,24; *Offb* 20,14).

Einüben in die Kunst des Sterbens

Das Ende des Lebens stellt dem Menschen tiefgreifende Fragen: Wie mag das Sterben sein? Werde ich allein sein oder liebe Menschen um mich haben? Was erwartet mich danach? Wird mich Gott in seine Arme nehmen?

Sich behutsam und sensibel diesen Fragen zu stellen, darin besteht die Aufgabe besonders derer, die im Krankenhaus und im Hospiz tätig sind. Besonders kommt es darauf an, so über Leiden und Tod zu sprechen, dass diese ihre Schrecken verlieren. Denn auch das Sterben ist ein Teil des Lebens. Unsere Zeit ruft geradezu nach Menschen, die dieses Bewusstsein wieder neu zu wecken vermögen. Während es im Mittelalter eine »Kunst des Sterbens« gab, wird in unseren

Tagen auch unter Christen die bewusste Annahme des Sterbens und die Einübung darin nur zögernd gewagt. Zu sehr ist der Mensch darauf ausgerichtet, das Leben auszukosten. Er geht lieber in der Gegenwart auf und lenkt sich durch Arbeit, berufliche Bestätigung und Vergnügen ab. Trotz oder gerade wegen der Konsum-, Leistungs- und Erlebnisgesellschaft wird jedoch der Durst nach Transzendenz eher noch größer. Auch wenn deren konkrete Jenseitsvorstellungen mitunter sehr diffus zu sein scheinen, gibt es zunehmend weniger Menschen, die glauben, dass mit dem Tod alles aus sei.

Der unmittelbare Einblick ist verstellt
Zwar verstellt der Tod auch dem Christen den unmittelbaren Einblick in das, was kommen wird, aber er darf sich an die Zusage Christi halten:»Ich lebe, und auch ihr werdet leben« (*Joh* 14,19). Die Worte Jesu und das Zeugnis der Apostel spiegeln in reicher Bildersprache die neue Welt der Auferstehung wider, aus der die Hoffnung spricht:»Dann werden wir alle beim Herrn sein« (1 *Thess* 4,17). Um den Schwerkranken und Sterbenden diese Botschaft nahezubringen, müssen diejenigen, die sich der Patienten annehmen, mit ihrem eigenen Verhalten zeigen, dass ihnen die Worte des Evangeliums ernst sind. Deshalb zählen Sorge und Begleitung von Menschen im Angesicht des Todes zu den wichtigsten Kriterien kirchlicher Glaubwürdigkeit. Denn wer sich in der letzten Phase dieses Lebens von überzeugenden Christen getragen weiß, der kann leichter darauf vertrauen, dass nach dem Tod Christus als das neue Leben auf ihn wartet. So breitet sich über allem gegenwärtigen Schmerz und Leid der Glanz einer Frohen Botschaft aus:»Für jetzt bleiben Glaube, Hoffnung und Liebe, diese drei; doch am größten unter ihnen ist die Liebe« (1 *Kor* 13,13). Und die Liebe ist stärker als der Tod (vgl. *Hld* 8,6).

Wie das Wissen, geliebt zu sein, die Angst vor dem Leiden mindern kann, so bewirkt die Achtung vor der Würde des Leidenden, dass er auch in dieser anspruchsvollen und schwierigen Phase des Lebens einen Gewinn für seine menschliche und christliche Reife zu entdecken weiß. Den Menschen vergangener Zeiten war klar, dass das Leiden zum Leben gehört. Dies wurde auch allgemein akzeptiert. Heute zielt das Bestreben eher dahin, das Leiden zu umgehen. Die vielen schmerzstillenden Medikamente sind ein beredtes Beispiel dafür. Ohne die Nützlichkeit, die ihnen in vielen Fällen zukommt, zu schmälern, sollte man jedoch nicht vergessen, dass ein vorschnelles Abstellen des Leidens die Auseinandersetzung mit ihm und die damit verbundene Erlangung einer größeren menschlichen Reife verhindern kann. Damit der Patient auf diesem Weg wachsen kann, braucht er an seiner Seite kompetente Menschen, die ihn wirklich begleiten. Eine Voraussetzung, dem anderen tatsächlich beizustehen, liegt daher im Respekt vor seinem besonderen Leiden und in der Anerkennung der Würde, die der Kranke auch in dem Verfall bewahrt, die das Leiden bisweilen mit sich bringt.

Die Grenzen annehmen

Die Hospizarbeit knüpft an dieser Überzeugung an. Sie zielt darauf ab, alte, kranke und sterbende Menschen in ihrer Würde zu achten und ihnen zu helfen, ihr Leiden als Reifungs- und Vollendungsprozess ihres Lebens zu erfassen. Was ich in der Enzyklika *Redemptor hominis* als Leitmotiv formuliert habe, dass nämlich im Menschen der Weg der Kirche liegt (vgl. dort Nr. 5), wird im Hospiz eingelöst. Nicht die hochentwickelte Technik der Apparatemedizin steht im Mittelpunkt, sondern der Mensch in seiner einzigartigen Würde.

Die Bereitschaft, die mit Geburt und Tod verfügten Grenzen anzunehmen und zu einer grundlegenden Passivität unseres Lebens »ja« sagen zu lernen, führt deshalb zu keiner Entfremdung des Menschen. Vielmehr geht es um die Annahme des eigenen Menschseins in seiner vollen Wahrheit und mit den Schätzen, die jeder Phase des irdischen Lebenslaufes je eigen sind. Auch in seiner letzten Gebrochenheit wird ja menschliches Leben niemals sinnlos oder unnütz. Gerade von den kranken und sterbenden Patienten wird unserer Gesellschaft ein grundlegender Unterricht erteilt. Diese sieht sich ja den Anfechtungen der modernen Mythen wie Lebenslust, Leistung und Konsumismus ausgesetzt. Die kranken und sterbenden Menschen erinnern uns daran, dass keiner über den Wert oder Unwert des Lebens eines anderen Menschen zu befinden hat, selbst nicht über das eigene. Das Leben ist Geschenk Gottes, ein Gut, über das nur Er allein bestimmen kann.

Das Leben künstlich verlängern? Den Tod beschleunigen?
In dieser Perspektive stellt die Entscheidung zum aktiven Töten immer eine Willkür dar, auch wenn man sie als Geste der Solidarität und des Mitleids ausgeben will. Der Kranke erwartet von seinem Nächsten eine Hilfe, um das Leben bis zuletzt durchzustehen und es in Würde zu beschließen, wann Gott es will. Die künstliche Verlängerung des Lebens um jeden Preis auf der einen und die Beschleunigung des Todes auf der anderen Seite mögen unterschiedlichen Grundeinstellungen entspringen. Sie stimmen aber darin überein, dass sie Leben und Tod als Wirklichkeiten sehen, die vom Menschen selbst in Freiheit zu setzen seien. Diese falsche Sicht gilt es zu überwinden. Es muss wieder klar werden, dass das Leben ein Geschenk ist, das der Mensch in seiner Verantwortung vor Gottes Angesicht führen soll. Hier entspringt der Einsatz für eine humane

und christliche Sterbebegleitung, wie sie im Hospiz umgesetzt wird. Von unterschiedlichen Richtungen herkommend, sind Ärzte und Pflegende, Seelsorger und Schwestern, Angehörige und Freunde bestrebt, Kranke und Sterbende zur persönlichen Gestaltung ihrer letzten Lebensphase zu befähigen, so gut dies im Nachlassen ihrer körperlichen und geistigen Kräfte möglich bleibt. Dieses Engagement hat hohen menschlichen und christlichen Wert. Er zielt darauf ab, Gott als »Freund des Lebens« (*Weish* 11,26) entdecken und im Leiden die Frohe Botschaft herauslesen zu helfen: »Ich bin gekommen, damit sie das Leben haben und es in Fülle haben« (*Joh* 10,10).

Diesem Antlitz Gottes, der ein Freund des Lebens und der Menschen ist, begegnen wir vor allem in Jesus von Nazareth. Zu den ausdrucksstärksten Ausfaltungen dieses Evangeliums zählt das Gleichnis vom barmherzigen Samariter. Der Leidende am Straßenrand weckte das Mitleid des Samariters: »Er ging zu ihm hin, goss Öl und Wein auf seine Wunden und verband sie. Dann hob er ihn auf sein Reittier, brachte ihn zu einer Herberge und sorgte für ihn« (*Lk* 10,33f.). In der Herberge des barmherzigen Samariters liegt eine der Wurzeln des christlichen Hospizgedankens. Gerade entlang der großen mittelalterlichen Pilgerwege boten die Hospize denen Rast und Ruhe, die unterwegs waren. Den Müden und Erschöpften waren sie Stätten erster Hilfe und Erholung, den Kranken und Sterbenden wurden sie zu Orten des körperlichen und seelischen Beistandes.

Der Sterbende soll das »Pallium« spüren

Bis heute ist die Hospizarbeit diesem Erbe verpflichtet. Wie der barmherzige Samariter auf seinem Weg stehenblieb und den Leidenden umsorgte, so ist es auch den Begleitern der Sterbenden angeraten innezuhalten, um die Wünsche, Bedürfnisse und Anliegen der Patienten zu erspüren. Aus dieser Wahrnehmung kann eine Vielfalt geistlichen Tuns erwachsen wie das Hören auf das Wort Gottes und das gemeinsame Gebet. Auf menschlicher Ebene tut es gut, sich im Gespräch auszutauschen oder einfach anteilnehmend dazusein, ohne dabei die zahllosen kleinen Dienste und Aufmerksamkeiten zu vergessen, die von Wärme und Zuneigung zeugen. Wie der Samariter den Verletzten mit Öl behandelte, so sollte auch die Kirche das Sakrament der Krankensalbung denen nicht vorenthalten, die es wünschen. Auf dieses Angebot des unverbrüchlichen Zeichens der Nähe Gottes hinzuweisen, gehört zu den Pflichten wahrhaftiger Seelsorge. Denn die palliative Betreuung sterbender Menschen braucht wesentlich ein spirituelles Element. Der Sterbende soll das »Pallium« spüren, die Ummantelung, in der er sich im Augenblick seines Hinscheidens bergen darf.

Wie das Leid des Verletzten das Mitleid des Samariters geweckt hat, so möge aus der Begegnung mit dem Leiden im Hospiz eine Leidensgemeinschaft aller werden, die einen Patienten auf der Lebensetappe seines Sterbens begleiten. Gefühle der Nähe und Anteilnahme mögen daraus erwachsen, wie sie der wahrhaft christlichen Liebe entsprechen. Denn die Tränen dieser Welt trocknen nur die, die selbst weinen können. (...)

Die Sterbenden sind unsere Lehrer
Allen, die sich in der Hospizbewegung unermüdlich einsetzen, gilt meine höchste Wertschätzung. Darin schließe ich alle ein, die in Krankenhäusern und Pflegeheimen Dienst tun, und auch jene, die ihre schwerkranken und sterbenden Angehörigen nicht allein lassen. Besonders danke ich den Kranken und Sterbenden, die unsere Lehrer sind, wenn wir das Evangelium vom Leiden besser ver-

stehen wollen. *Credo in Vitam.* Ich glaube an das Leben. Schwester Leben und Bruder Tod nehmen uns in die Mitte, wenn unser Herz unruhig wird angesichts der letzten Aufgabe, vor die jeder von uns auf dieser Erde einmal gestellt wird: »Euer Herz lasse sich nicht verwirren. (...) Im Haus meines Vaters gibt es viele Wohnungen« (Joh 14,1f.).

(ANSPRACHE IN EINEM HOSPIZ IN WIEN, 21.6.1998)

Von der Würde des Sterbenden

Das Phänomen des Aufgebens von Sterbenden, das in den hochentwickelten Gesellschaften Verbreitung findet, hat unterschiedliche Wurzeln sowie vielschichtige Dimensionen, wie Sie in Ihren Untersuchungen dargelegt haben.

Es gibt eine sozio-kulturelle Dimension, die im allgemeinen mit »Verdrängung des Todes« bezeichnet wird: Die Gesellschaften, die auf dem Prinzip des Strebens nach materiellem Wohlstand beruhen, empfinden den Tod als Sinnlosigkeit; in der Absicht, den damit verbundenen Fragen auszuweichen, schlagen sie manchmal eine schmerzlose Vorwegnahme des Todes vor. Die sogenannte »Wohlstandskultur« trägt oft ein Unvermögen in sich, den Sinn des Lebens in Leidens- und Grenzsituationen, die den Menschen auf dem Weg zum Tod begleiten, zu begreifen. Ein derartiges Unvermögen entsteht verstärkt, wenn es innerhalb eines der Transzendenz gegenüber verschlossenen Humanismus auftritt; es wandelt sich dann nicht selten in einen Verlust der Glaubensüberzeugung vom Wert des Menschen und des Lebens.

Auch gibt es eine philosophische und ideologische Dimension: Darin beruft man sich auf die absolute Unabhängigkeit des Menschen, als sei er der Urheber seines Lebens. In dieser Perspektive stützt man sich auf den Grundsatz der Selbstbestimmung und geht so weit, Selbstmord und Euthanasie als paradoxe Formen von Bestätigung und zugleich Zerstörung des eigenen Ichs zu verherrlichen.

Wenn Todkranke aufgegeben werden
Ferner existiert eine medizinische und fürsorgerische Dimension: Sie kommt zum Ausdruck in der Tendenz, die Betreuung Schwerkranker einzuschränken, eingewiesen in medizinische Einrichtungen, die nicht immer in der Lage sind, eine individuelle und humane Pflege zu gewährleisten. Daraus folgt, dass der Mensch im Krankenhaus nicht selten von jedem Kontakt mit seiner Familie abgeschnitten und einer Art technologischer Vereinnahmung ausgesetzt ist, die ihn in seiner Würde erniedrigt.

Schließlich ist das der unterschwellige Druck des sogenannten »Nützlichkeitsdenkens«, das viele entwickelte Gesellschaften auf der Grundlage der Kriterien von Produktivität und Effizienz regelt: Unter diesem Gesichtspunkt werden Schwerkranke und Sterbende, die spezielle Langzeit-Therapien benötigen, unter dem Gesichtspunkt des Kosten-Nutzen-Verhältnisses als Last und Kostenfaktor betrachtet. Ein solches Denken führt demnach zu einer verminderten Unterstützung in der Endphase des Lebens.

Vordringen einer Kultur des Todes
Das ist das ideologische Umfeld, dem die immer häufigeren Meinungskampagnen, die auf die Schaffung von Gesetzen zugunsten von Euthanasie und assistiertem Selbstmord abzielen, ihre Anregungen entnehmen. Die diesbezüglich in einigen Ländern schon erreichten Tatbestände, sei es durch Beschluss eines Obersten Gerichts oder durch Abstimmung im Parlament,

sind eine Bestätigung für die Ausbreitung bestimmter Überzeugungen.

Es handelt sich um das Vordringen jener Kultur des Todes, die auch aus anderen Phänomenen ersichtlich ist; alle sind sie auf irgend eine Weise auf eine Geringschätzung der Menschenwürde reduzierbar: Ich meine hier beispielsweise solche Fälle, in denen Menschen infolge von Hunger, Gewalt, Krieg, mangelnder Kontrolle im Straßenverkehr oder unzureichender Beachtung der Sicherheitsbestimmungen bei der Arbeit ums Leben kommen.

Die Hoffnung und das Unbekannte

Angesichts der neuen Ausdrucksformen der Kultur des Todes ist die Kirche verpflichtet, zu ihrer Liebe zum Menschen zu stehen, ist der Mensch doch »der erste Weg, den die Kirche [...] beschreiten muss« (*Redemptor hominis*, 14). Die Kirche hat heute den Auftrag, das Antlitz des Menschen – besonders das Antlitz des Sterbenden – mit dem ganzen Licht ihrer Lehre zu erhellen, mit dem Licht der Vernunft und des Glaubens; sie hat die Pflicht, wie sie es schon zu verschiedenen entscheidenden Anlässen getan hat, alle Kräfte der Gesellschaft und der Menschen guten Willens zu sammeln, damit um den Sterbenden mit neuer Wärme ein Band der Liebe und Solidarität gelegt wird.

Die Kirche ist sich bewusst, dass der Augenblick des Todes immer von einer besonderen Dichte menschlicher Empfindungen begleitet ist: Das irdische Leben ist vollendet; die affektiven, familiären und sozialen Bande, die zum Wesen der Person gehören, zerbrechen; im Bewusstsein des Sterbenden und seiner Betreuer kommt es zu einem Konflikt zwischen der Hoffnung auf Unsterblichkeit und jenem Unbekannten, das auch die aufgeklärtesten Geister unruhig stimmt. Die Kirche erhebt ihre Stimme, damit der

Sterbende seelisch nicht verletzt wird, sondern mit liebevoller Fürsorge begleitet wird, während er sich vorbereitet, die Schwelle der Zeit zu überschreiten, um in die Ewigkeit einzugehen.

Wenn sich das Vergängliche mit Unvergänglichkeit bekleidet

Die Würde des Sterbenden hat ihre Wurzeln in seiner Geschöpflichkeit und seiner personalen Berufung zu unsterblichem Leben. Der Blick voller Hoffnung verwandelt die Verwesung unserer sterblichen Hülle. »Wenn sich aber dieses Vergängliche mit Unvergänglichkeit bekleidet und dieses Sterbliche mit Unsterblichkeit, dann erfüllt sich das Wort der Schrift: Verschlungen ist der Tod vom Sieg« (1 Kor 15,54; vgl. 2 Kor 5,1).

Wenn die Kirche die Unantastbarkeit des Lebens also auch bei Sterbenden verteidigt, verfällt sie damit keinerlei Form von Verabsolutierung des physischen Lebens; vielmehr lehrt sie, die wahre Würde der Person als ein Geschöpf Gottes zu achten, und hilft, den Tod zuversichtlich anzunehmen, wenn die physischen Kräfte nicht mehr zu erhalten sind.

(ANSPRACHE AN DIE PÄPSTLICHE AKADEMIE FÜR DAS LEBEN, 27.2.1999)

2 Die Christen fürchten das Sterben nicht: Schriftworte über Tod und Leben

Nach dem Tod werden wir erst klar sehen

Das Leben auf Erden hat ein Ende. Sterben macht Angst. Es besteht die Gefahr, dass der Tod in den Hintergrund gedrängt wird – sowohl im öffentlichen Leben als auch im eigenen Bewusstsein.

Die Christen hingegen fürchten das Sterben nicht. Die Gerechten müssen keine Angst davor haben, so lesen wir im Neuen Testament. Sie sind erwählt, das verheißene Reich in Besitz zu nehmen. Sie werden zur Rechten Gottes sitzen und »Gesegnete meines Vaters« heißen (vgl. Mt 25,34).

Nach dem Tod werden wir erst klar sehen, »dass der Tod vom Sieg verschlungen ist«. Wir werden ohne Angst rufen können: »Tod, wo ist dein Sieg? Tod, wo ist dein Stachel?« (1 Kor 15,54) Diese Rückkehr zu Gott, dem Vater, dieses große Wiedersehen im Haus des Vaters ist das Ziel, zu dem wir als Christen auf dieser Erde unterwegs sind.

(GENERALAUDIENZ, 2.6.1999)

Der Tod im Zeugnis der Heiligen Schrift

Es ist heute schwer geworden, vom Tod zu sprechen, weil die Wohlstandsgesellschaft diese Wirklichkeit zu verdrängen neigt und allein der Gedanke daran Angst hervorruft. In der Tat: »Angesichts des Todes wird das Rätsel des menschlichen Daseins am größten«, stellt das Konzil fest (*Gaudium et spes*, 18). Aber über diese Wirklichkeit bietet uns das Wort Gottes, wenn auch stufenweise fortschreitend, ein Licht, das erhellt und tröstet.

Erste Hinweise werden im Alten Testament aus allgemeinen Erfahrungen der Sterblichen gegeben, die noch nicht erleuchtet sind von der Hoffnung auf ein seliges Leben über den Tod hinaus. Man dachte gemeinhin, dass das menschliche Dasein im »Scheol«, Ort der Schatten, ende, einem mit Leben in Fülle unvereinbaren Ort. Sehr bedeutsam in dieser Hinsicht sind die Worte des Buches Ijob: »Sind wenig nicht die Tage meines Lebens? Lasse ab von mir, damit ich ein wenig heiter blicken kann, bevor ich fortgehe ohne Wiederkehr ins Land des Dunkels und des Todesschattens, ins Land, so finster wie die Nacht, wo Todesschatten herrscht und keine Ordnung, und wenn es leuchtet, ist es wie tiefe Nacht« (*Ijob* 10,20–22).

In dieser dramatischen Sicht des Todes gewinnt die Offenbarung Gottes langsam an Raum, und das menschliche Denken öffnet sich für einen neuen Horizont, der im Neuen Testament volles Licht erhalten soll.

Der ursprüngliche Plan Gottes war anders

Es wird vor allem erkannt, dass der Tod, jener unerbittliche Feind des Menschen, der ihn zu überwältigen und seiner Macht zu unterwerfen sucht, nicht von Gott gemacht sein kann, weil Gott keine Freude am Untergang der Lebenden haben kann (vgl. *Weish* 1,13). Der ursprüngliche Plan Gottes war anders, doch wurde er von der Sünde vereitelt, die der Mensch unter dämonischem Einfluss beging, wie das Buch der Weisheit erklärt: »Gott hat den Menschen zur Unvergänglichkeit erschaffen und ihn zum Bild seines eigenen Wesens gemacht. Doch durch den Neid des Teufels kam der Tod in die Welt, und ihn erfahren alle, die ihm angehören« (*Weish* 2,23–

24). Auf diese Auffassung beruft sich auch Jesus (vgl. *Joh 8,44*), und auf sie gründet sich die Lehre des hl. Paulus über die Auferstehung Christi, des neuen Adam (vgl. *Röm 5,12.17; 1 Kor 15,21*). Mit seinem Tod und seiner Auferstehung hat Jesus die Sünde und den Tod, der ihre Folge ist, besiegt.

Im Licht des von Jesus Vollbrachten versteht man die Haltung des Gottvaters gegenüber Leben und Tod seiner Geschöpfe. Schon der Psalmist hatte intuitiv verstanden, dass Gott seine treuen Diener im Grab nicht verlassen, noch seinen Frommen der Vergänglichkeit preisgeben kann (vgl. *Ps 16,10*). Jesaja weist auf eine Zukunft hin, in der Gott den Tod für immer beseitigt, »die Tränen ab[wischt] von jedem Gesicht« (*Jes 25,8*) und die Toten zu neuem Leben erweckt: »Deine Toten werden leben, die Leichen stehen wieder auf; wer in der Erde liegt, wird erwachen und jubeln. Denn der Tau, den du sendest, ist ein Tau des Lichts; die Erde gibt die Toten heraus« (*Jes 26,19*). Dem Tod als gleichmachender Realität für alle Lebenden wird somit das Bild von der Erde als Mutter entgegengesetzt, die sich zur Geburt eines neuen Lebewesens anschickt und die Gerechten zum Licht gebiert, denen es beschieden ist, in Gott zu leben. Für sie heißt es daher zu Recht: »In den Augen der Menschen wurden sie gestraft; doch ihre Hoffnung ist voll Unsterblichkeit« (*Weish 3,4*)

Dem Tod mit Hoffnung entgegentreten

Die Hoffnung auf Auferstehung wird vortrefflich im zweiten Buch der Makkabäer von den sieben Brüdern und ihrer Mutter im Augenblick, da sie das Martyrium erleiden, bekräftigt. Einer von ihnen erklärt: »Vom Himmel habe ich sie [die Glieder] bekommen, und wegen seiner Gesetze achte ich nicht auf sie. Von ihm hoffe ich sie wiederzuerlangen« (*2 Makk 7,11*); ein anderer »sagte, als er dem Ende nahe war: Gott hat uns die Hoffnung gegeben, dass er uns wieder auferweckt. Darauf warten wir gern, wenn wir von Menschenhand sterben« (2 Makk 7,14). Heroisch ermutigt die Mutter sie, mit dieser Hoffnung dem Tod entgegenzutreten (vgl. 2 Makk 7,29).

Schon in der Perspektive des Alten Testamentes mahnten die Propheten, »den Tag des Herrn« mit rechter Gesinnung zu erwarten, er würde sonst »Finsternis und nicht Licht« sein (vgl. Am 5,18.20). In der vollen Offenbarung des Neuen Testamentes wird betont, dass alle dem Gericht unterworfen sind (vgl. 1 Petr 4,5; Röm 14,10). Doch davor brauchen sich die Gerechten nicht zu fürchten, da sie als Auserwählte dazu bestimmt sind, das verheißene Erbe zu empfangen; sie werden zur Rechten Christi versammelt werden, der sie »von meinem Vater gesegnet« nennen wird (Mt 25,34; vgl. 22,14; 24,22.24).

»Bruder Tod«

Der Tod, den der Gläubige als Glied des mystischen Leibes erfährt, eröffnet den Weg zum Vater, der uns im Tod Christi, »Sühne für unsere Sünden« (1 Joh 4,10; vgl. Röm 5,7), in der Tat seine Liebe erwiesen hat. Wie der Katechismus der Katholischen Kirche unterstreicht, ist der Tod »für jene, die in der Gnade Christi sterben, (...) ein Hineingenommenwerden in den Tod des Herrn, um auch an seiner Auferstehung teilnehmen zu können« (Nr. 1006).

Jesus »liebt uns und hat uns von unseren Sünden erlöst (...); er hat uns zu Königen gemacht und zu Priestern vor Gott, seinem Vater« (Offb 1,5–6). Sicher müssen wir durch den Tod hindurchgehen, aber nunmehr mit der Gewissheit, dem Vater zu begegnen, wenn »sich dieses Vergängliche mit Unvergänglichkeit bekleidet und dieses Sterbliche mit Unsterblichkeit« (1 Kor 15,54). Dann werden wir klar erkennen: »Verschlungen ist der Tod vom Sieg« (ebd.), und wir werden ohne Angst in die herausfordernde

Frage einstimmen können: »Tod, wo ist dein Sieg? Tod, wo ist dein Stachel?« (*1 Kor* 15,55).

Gerade diese christliche Sicht vom Tod war es, die den hl. Franz von Assisi in seinem Sonnengesang jubeln ließ: »Gepriesen seist du, mein Herr, durch unseren Bruder, den leiblichen Tod« (*Sonnengesang*, 13). Angesichts dieser tröstlichen Perspektive versteht man die im Buch der Offenbarung gegebene Seligpreisung, gewissermaßen eine Krönung der Seligpreisungen des Evangeliums: »Selig die Toten, die im Herrn sterben, von jetzt an; ja, spricht der Geist, sie sollen ausruhen von ihren Mühen; denn ihre Werke begleiten sie« (*Offb* 14,13).

(GENERALAUDIENZ, 2.6.1999)

Ein Lied des Hiskija

Unter den verschiedenen Gesängen, die die Psalmen begleiten, gibt es im *Stundengebet* auch einen Dankhymnus mit dem Titel: »Das Danklied Hiskijas« (*Jes* 38,9). Es ist in einen Abschnitt des Buches des Propheten Jesaja in der Art einer geschichtlichen Erzählung eingeschoben (vgl. *Jes* 36–39). (...) Einerseits wird an den Alptraum des Leidens erinnert, von dem der Herr den Gläubigen befreit hat, andererseits wird die Dankbarkeit über das Leben und die wiedererlangte Rettung voll Freude besungen.

König Hiskija, ein gerechter Herrscher und Freund des Propheten Jesaja, war von einer schweren Krankheit heimgesucht worden, die der Prophet Jesaja als tödlich bezeichnet hatte (vgl. *Jes* 38,1). »Da drehte sich Hiskija mit dem Gesicht zur Wand und betete zum Herrn: Ach Herr, denk daran, dass ich mein Leben lang treu und mit aufrichtigem Herzen meinen Weg vor deinen Augen gegangen bin und dass ich immer getan habe, was dir gefällt. Und Hiskija begann laut zu weinen. Da erging das Wort des Herrn an Jesaja: Geh zu Hiskija, und sag zu ihm: So spricht der Herr, der Gott deines Vaters David: Ich habe dein Gebet gehört und deine Tränen gesehen. Ich will zu deiner Lebenszeit noch fünfzehn Jahre hinzufügen« (*Jes* 38,2–5).

In der Unterwelt blieb die Zeit stehen

Da stimmt der König aus tiefstem Herzen ein Danklied an. Wie bereits gesagt, ist es zunächst eine Erinnerung an Vergangenes. Nach der alten Auffassung Israels führte der Tod in eine Unterwelt, in Hebräisch »*Scheol*« genannt, in der das Licht erlosch, das Dasein schwand und gleichsam geisterhaft wurde, die Zeit stehenblieb, die Hoffnung erlosch und man keine Möglichkeit mehr hatte, den Herrn im Gottesdienst anzurufen und ihm zu begegnen.

Hiskija erinnert sich vor allem der bitteren Worte, die er gesprochen hatte, als sein Leben dem Tod nahe war: »Ich darf den Herrn nicht mehr schauen im Land der Lebenden« (V. 11). Auch der Psalmist betete so, als er erkrankt war: »Denn bei den Toten denkt niemand mehr an dich. Wer wird dich in der Unterwelt noch preisen?« (*Ps* 6,6). Der Todesgefahr entronnen, kann Hiskija kraftvoll und froh ausrufen: »Nur die Lebenden danken dir, wie ich am heutigen Tag« (*Jes* 39,19).

Ein Same der Ewigkeit, zum Keimen gebracht

Das Lied des Hiskija über dieses Thema bekommt einen neuen Akzent, wenn es im Blick auf Ostern gelesen wird. Schon im Alten Testament eröffneten sich in den Psalmen helle Lichtblicke, wenn der Betende seine Gewissheit aussprach, dass »du mich nicht der Unterwelt preisgibst; du lässt deinen Frommen das Grab nicht schauen. Du zeigst mir den Pfad zum Leben. Vor deinem Angesicht herrscht Freude in Fülle, zu deiner Rechten Wonne für alle Zeit«

(Ps 16,10–11; vgl. Ps 49 und 73). Der Autor des Buches der Weisheit zögert seinerseits nicht, zu bekräftigen, dass die Hoffnung der Gerechten »voll Unsterblichkeit« ist (Weish 3, 4), denn er ist davon überzeugt, dass die während seines irdischen Daseins gelebte Erfahrung der Gemeinschaft mit Gott nicht zerstört wird. Wir werden nach dem Tod immer vom ewigen und unendlichen Gott gestützt und beschützt, weil »die Seelen der Gerechten in Gottes Hand sind und keine Qual sie berühren kann« (Weish 3,1).

Vor allem durch den Tod und die Auferstehung des Gottessohnes Jesus Christus wurde in unsere sterbliche Vergänglichkeit ein Same der Ewigkeit gelegt und zum Keimen gebracht, so dass wir die auf dem Alten Testament gründenden Worte des Apostels wiederholen können: »Wenn sich aber dieses Vergängliche mit Unvergänglichkeit bekleidet und dieses Sterbliche mit Unsterblichkeit, dann erfüllt sich das Wort der Schrift: Verschlungen ist der Tod vom Sieg. Tod, wo ist dein Sieg? Tod, wo ist dein Stachel?« (1 Kor 15,54–55; vgl. Jes 25,8; Hos 13,14).

»Meine Lebenszeit ist vor dir wie ein Nichts«

Aber das Lied des Königs Hiskija lädt uns auch ein, über unsere kreatürliche Hinfälligkeit nachzudenken. Die Bilder sind beeindruckend. Das menschliche Leben wird mit dem Symbol des Zeltes der Nomaden beschrieben: Wir sind immer Pilger und Gast auf Erden. Es wird auch der Vergleich mit dem gewebten Tuch verwandt, das unvollendet bleiben kann, wenn der Faden abgeschnitten und die Arbeit unterbrochen wird (vgl. Jes 12). Der Psalmist hat das gleiche Gefühl: »Du machtest meine Tage nur eine Spanne lang, meine Lebenszeit ist vor dir wie ein Nichts. Ein Hauch nur ist jeder Mensch. Nur wie ein Schatten geht der Mensch einher, um ein Nichts macht er Lärm« (Ps 39,6–7). Man muss sich seiner Grenzen bewusst wer-

den, man muss wissen, dass »unser Leben siebzig Jahre währt –
sagt der Psalmist –, und wenn es hoch kommt, sind es achtzig. Das
Beste daran ist nur Mühsal und Beschwer, rasch geht es vorbei, wir
fliegen dahin« (Ps 90,10).

Am Tag der Krankheit und des Leidens ist es immer recht, zu
Gott die eigene Klage zu erheben, wie uns Hiskija lehrt, der mit poetischen Bildern seine Klage als das Zwitschern einer Schwalbe und
das Gurren einer Taube beschreibt (vgl. *Jes* 39,14). Und obwohl er
nicht zögert zu bekennen, dass er Gott als einen Gegner empfindet,
fast als einen Löwen, der alle Knochen zermalmt (vgl. V. 13), hört er
nicht auf zu rufen:»Ich bin in Not, Herr. Steh mir bei!« (V. 14).

Wege, die nicht immer mit unseren Erwartungen übereinstimmen
Der Herr bleibt nicht gleichgültig gegenüber den Tränen des Leidenden, und auf Wegen, die nicht immer mit unseren Erwartungen
übereinstimmen, antwortet, tröstet und heilt er. Das bekennt Hiskija am Ende, wenn er alle einlädt zu hoffen, zu beten und voller
Zuversicht darauf zu vertrauen, dass Gott seine Geschöpfe nicht
verlässt:»Der Herr war bereit, mir zu helfen; wir wollen singen und
spielen im Haus des Herrn, solange wir leben« (V. 20).

(GENERALAUDIENZ, 27.2.2002)

Memento mori:
Eine Auslegung von Psalm 49,14–21

14 *So geht es denen, die auf sich selbst vertrauen, und so ist das
Ende derer, die sich in großen Worten gefallen. [Sela]*
15 *Der Tod führt sie auf seine Weide wie Schafe, sie stürzen hinab zur
Unterwelt. Geradewegs sinken sie hinab in das Grab; ihre Gestalt zerfällt, die Unterwelt wird ihre Wohnstatt.*

16 Doch Gott wird mich loskaufen aus dem Reich des Todes, ja, er nimmt mich auf. [Sela]

17 Lass dich nicht beirren, wenn einer reich wird und die Pracht seines Hauses sich mehrt;

18 denn im Tod nimmt er das alles nicht mit, seine Pracht steigt nicht mit ihm hinab.

19 Preist er sich im Leben auch glücklich und sagt zu sich:»Man lobt dich, weil du dir's wohl sein lässt«,

20 so muss er doch zur Schar seiner Väter hinab, die das Licht nie mehr erblicken.

21 Der Mensch in Pracht, doch ohne Einsicht, er gleicht dem Vieh, das verstummt.

(Das) gehört zu den ständigen Versuchungen der Menschheit: Indem man sich an das Geld klammert, das eine unbesiegbare Macht zu besitzen scheint, bildet man sich ein, »auch den Tod kaufen« und von sich fernhalten zu können. In Wirklichkeit bricht der Tod über uns herein und zerstört alle Illusionen, indem er alle Schranken niederreißt, jegliches Selbstvertrauen erniedrigt (vgl. V. 14) und Reiche und Arme, Herrscher und Untergebene, Törichte und Weise ins Jenseits führt. Eindrucksvoll ist das vom Psalmisten gezeichnete Bild, das den Tod als einen Hirten darstellt, der die Herde der verweslichen Geschöpfe mit fester Hand führt (vgl. V. 15). Psalm 49 stellt uns also eine realistische und ernste Betrachtung des Todes vor, des unausweichlichen, endgültigen Ziels des menschlichen Daseins.

Das Nachdenken über den Tod erweist sich als wohltuend

Wir versuchen oft und in jeder Weise, diese Wirklichkeit zu übersehen, indem wir den Gedanken an sie von unserem Horizont verdrängen. Aber dieses Bemühen ist nicht nur nutzlos, sondern auch unangemessen. Denn das Nachdenken über den Tod erweist sich als wohltuend, weil es viele zweitrangige Wirklichkeiten relativiert, die wir leider verabsolutiert haben, wie gerade den Reichtum, den Erfolg, die Macht ... Ein Weiser des Alten Testaments, Jesus Sirach, mahnt: »Bei allem, was du tust, denk an das Ende, so wirst du niemals sündigen« (Sir 7,36).

Aber da tritt in unserem Psalm eine entscheidende Wende ein. Wenn das Geld uns nicht vom Tod »loskaufen« kann (vgl. Ps 49,8–9), gibt es doch einen, der uns aus diesem dunklen und dramatischen Horizont retten kann. Denn der Psalmist sagt: »Doch Gott wird mich loskaufen aus dem Reich des Todes, ja, er nimmt mich auf« (V. 16).

Gott selbst zahlt ein Lösegeld

Für den Gerechten öffnet sich so eine Perspektive der Hoffnung und Unsterblichkeit. Auf die am Anfang des Psalms gestellte Frage: »Warum soll ich mich ... fürchten?« (V. 6) wird jetzt die Antwort gegeben: »Lass dich nicht beirren, wenn einer reich wird« (V. 17).

Der im geschichtlichen Verlauf arme und gedemütigte Gerechte hat an seinem Lebensende keinen Besitz mehr, er hat nichts, was er als »Lösegeld« geben könnte, um den Tod aufzuhalten und sich seinem eiskalten Griff zu entziehen. Aber jetzt kommt die große Überraschung: Gott selbst zahlt ein Lösegeld und entreißt seinen Getreuen den Händen des Todes, denn Er ist der einzige, der den für die Menschen unausweichlichen Tod besiegen kann.

Deshalb lädt der Psalmist ein, »sich nicht zu fürchten« und den Reichen nicht zu beneiden, der in seiner Pracht immer überheblicher wird (vgl. Ps 49,17), denn er wird im Tod alles verlieren; er wird weder Gold noch Silber, weder Ruhm noch Erfolg mitnehmen können (vgl. V. 18–19). Der Gläubige hingegen wird nicht verlassen vom Herrn, der ihm »den Pfad zum Leben zeigt. Vor seinem Angesicht herrscht Freude in Fülle, zu seiner Rechten Wonne für alle Zeit« (vgl. Ps 16,11).

Ernstes Nachdenken über die Bestimmung des Menschen
An den Schluss der Weisheitsbetrachtung von Psalm 49 können wir also die Worte Jesu setzen, der uns den wahren Schatz zeigt, der dem Tod standhält: »Sammelt euch nicht Schätze hier auf der Erde, wo Motte und Wurm sie zerstören und wo Diebe einbrechen und sie stehlen, sondern sammelt euch Schätze im Himmel, wo weder Motte noch Wurm sie zerstören und keine Diebe einbrechen und sie stehlen. Denn wo dein Schatz ist, da ist auch dein Herz« (Mt 6,19–21). (...)
Die mahnende Wirklichkeit des Todes wird heute oft verdrängt. Ein ernstes Nachdenken über die letzte Bestimmung des Menschen tut not. Nur im Glauben finden wir die Hoffnung, die nicht trügt: Unsterblichkeit in der ewigen Gemeinschaft Gottes und seiner Heiligen. »Ja, Gott wird mich loskaufen aus dem Reich des Todes, er nimmt mich auf« (Ps 49,16).

(GENERALAUDIENZ, 27.10.2004)

»Gott hat den Tod nicht gemacht«

Die Gemeinschaft der Heiligen reicht über die Schwelle des Todes hinaus. Es ist eine Gemeinschaft, die ihre Mitte in Gott hat, in dem Gott der Lebenden (vgl. Mt 22,32). »Selig die Toten, die im Herrn sterben, von jetzt an« (*Offb* 14,13), lesen wir im Buch der Offenbarung. (...) »Gott hat den Tod nicht gemacht«, bekräftigt die Heilige Schrift; »er hat alles zum Dasein geschaffen« (*Weish* 1,13–14). »Doch durch den Neid des Teufels kam der Tod in die Welt, und ihn erfahren alle, die ihm angehören« (*Weish* 2,24).

Das Evangelium zeigt, dass Jesus Christus über den leiblichen Tod, den er fast als einen Schlaf betrachtete, volle Macht besaß (vgl. *Mt 9,24–25; Lk 7,14–15; Joh 11,11*). Etwas anderes ist jener Tod, von dem Jesus gesagt hat, dass er zu fürchten sei: der Tod der Seele, die auf Grund der Sünde das göttliche Gnadenleben verliert und sich endgültig vom Leben und von der Glückseligkeit ausschließt.

Aber Gott will, dass alle Menschen gerettet werden (vgl. *1 Tim 2,4*). Deshalb sandte er seinen Sohn in die Welt (vgl. *Joh 3,16*), damit jeder Mensch das Leben »in Fülle« habe (vgl. *Joh 10,10*). Der himmlische Vater will keines seiner Kinder verlieren, sondern alle heilig und untadelig vor sich sehen (vgl. *Eph 1,4*).

Heilig und untadelig wie die Jungfrau Maria, das herausragende Modell der neuen Menschheit. Ihre Glückseligkeit in der Herrlichkeit Gottes ist vollkommen. In ihr leuchtet das Ziel auf, das wir alle anstreben. Ihr vertrauen wir unsere verstorbenen Brüder und Schwestern an in der Erwartung, uns alle im Haus des Vaters wiederzufinden.

(ANGELUS, 1.11.2001)

Nicht Verachtung, sondern Liebe zum Leben

»Wer an seinem Leben hängt, verliert es.« Diese Worte beinhalten nicht Verachtung, sondern im Gegenteil wahre Liebe für das Leben. Eine Liebe, die dieses grundlegende Gut nicht nur für sich selbst und für den unmittelbaren Moment wünscht, sondern für alle und für immer, steht in scharfem Gegensatz zur Mentalität der »Welt«. In Wirklichkeit findet man das Leben nur, wenn man Jesus auf dem »engen Weg« folgt; wer sich hingegen für den »breiten« und bequemen Weg entscheidet, verwechselt das Leben mit vergänglichen Befriedigungen und missachtet die eigene Würde und die der anderen.

(ANGELUS, 4.3.2001)

Geist und Fleisch

In der paulinischen Gegenüberstellung von »Geist« und »Fleisch« ist auch der Gegensatz zwischen »Leben« und »Tod« enthalten. Ein schwerwiegendes Problem, zu dem sofort zu sagen ist, dass der Materialismus als Gedankensystem in allen seinen Formen die Annahme des Todes als endgültigen Endes der menschlichen Existenz bedeutet. Alles, was materiell ist, ist vergänglich, und deswegen ist der menschliche Körper (sofern »animalisch«) sterblich. Wenn der Mensch in seinem Wesen nur »Fleisch« ist, bleibt der Tod für ihn unüberwindliche Grenze und endgültiges Ende. So kann man verstehen, wie man sagen kann, dass das menschliche Leben ausschließlich ein »Sein zum Sterben« ist. (...)

Steigt nicht aus den dunklen Schatten der materialistischen Zivilisation und vor allem von jenen »Zeichen des Todes«, die im soziologisch-geschichtlichen Rahmen, in dem diese sich verwirklicht, immer zahlreicher werden, vielleicht ein neuer, mehr oder weniger bewusster Ruf nach dem Geist auf, der lebendig macht? In jedem Fall bleibt auch unabhängig vom Ausmaß der menschlichen Hoffnung oder Verzweiflung sowie der Illusionen oder der Täuschungen, die sich aus der Entwicklung der materialistischen Gedanken und Lebenssysteme ergeben, die christliche Gewissheit, dass »der Geist weht, wo er will« und dass wir »die Erstlingsgabe des Geistes« besitzen. Auch wir können den Leiden der vergänglichen Zeit unterworfen werden, aber »wir seufzen in unserem Herzen und warten ... auf die Erlösung unseres Leibes«, das heißt unseres ganzen menschlichen Seins, körperlich und geistig. Wir seufzen, gewiss, aber in einer Erwartung voll unvergänglicher Hoffnung, weil sich gerade diesem menschlichen Wesen Gott genähert hat, der Geist ist. Gott Vater sandte »seinen Sohn in der Gestalt des Fleisches, das unter der Macht der Sünde steht, zur Sühne für die Sünde, um ... die Sünde zu verurteilen«. Auf dem Höhepunkt des Ostergeheimnisses ist der Sohn Gottes, der für die Sünden der Welt Mensch geworden und gekreuzigt worden ist, nach seiner Auferstehung in der Mitte seiner Apostel erschienen, hat sie angehaucht und ihnen gesagt: »Empfangt den Heiligen Geist«. Dieses »Hauchen« setzt sich für immer fort. Und siehe, »der Geist nimmt sich unserer Schwachheit an«.

Der Geist macht lebendig

Das Geheimnis der Auferstehung und des Pfingstgeschehens wird von der Kirche verkündet und gelebt, die das Zeugnis der Apostel über die Auferstehung Jesu Christi als Erbe empfangen hat und fortsetzt. Sie ist die fortwährende Zeugin dieses Sieges über den Tod, der die Macht des Heiligen Geistes offenbart und sein neues Kommen, seine neue Gegenwart in den Menschen und in der Welt bestimmt hat. Denn in der Auferstehung Christi hat der Heilige Geist, der Beistand, sich vor allem als derjenige offenbart, der lebendig macht: »Der Christus Jesus von den Toten auferweckt hat, wird auch euren sterblichen Leib lebendig machen, durch den Geist, der in euch wohnt«. Im Namen der Auferstehung Christi verkündet die Kirche das Leben, das sich über die Grenze des Todes hinaus bezeugt hat, das Leben, das stärker ist als der Tod. Gleichzeitig verkündet sie denjenigen, der dieses Leben schenkt: den Geist, den Lebensspender; sie verkündet ihn und wirkt mit ihm zusammen in der Vermittlung des Lebens. Denn wenn »der Leib tot ist aufgrund der Sünde, ist der Geist Leben aufgrund der Gerechtigkeit«, die von dem gekreuzigten und auferstandenen Christus gewirkt worden ist. Im Namen der Auferstehung Christi dient die Kirche dem Leben, das aus Gott selbst hervorgeht (...).

(ENZYKLIKA DOMINUM ET VIVIFICANTEM, 18.5.1986, NR. 57f.)

3 Vor dem Kreuz

Ein letztes Wort, das öffnet

»*In manus tuas, Domine, commendo spiritum meum*«, »Vater, in deine Hände lege ich meinen Geist.« Dies sind die Worte, dies ist der letzte Ruf Christi am Kreuz. Es ist das Wort, welches das Mysterium der Passion beendet und das Geheimnis der Befreiung durch den Tod eröffnet und das sich in der Auferstehung verwirklichen wird. Es ist ein gewichtiges Wort. Im Bewusstsein seiner Bedeutung hat es die Kirche in die Liturgie des Stundengebetes aufgenommen und beendet es jeden Tag mit diesen Worten: »*In manus tuas, Domine, commendo spiritum meum.*«

Heute möchten wir diese Worte auf die Lippen der Menschheit legen, (...) weil diese Worte, dieser Leidensruf Christi, sein letztes Wort, nicht nur schließt: Dieses Wort öffnet. Es bedeutet eine Öffnung auf die Zukunft hin.

»Vater, in deine Hände lege ich meinen Geist.« Dieses Wort öffnet. Wir wünschen, (dass dieses Wort ...) auch das letzte Wort für jeden von uns ist, jenes, welches uns die Ewigkeit eröffnen wird.

(NACH DEM KREUZWEG AM KOLOSSEUM, 2.4.1999)

Er hat die Schranke unserer Trauer aufgebrochen

Wie erschütternd ist doch das dramatische Geschehen des Jesus von Nazaret! Um dem Menschen die Fülle des Lebens wiederzugeben, hat sich der Gottessohn bis aufs Tiefste erniedrigt. Doch aus dem Tod, der von Ihm frei gewählt wurde, wächst das Leben. Die Heilige Schrift sagt: *oblatus est quia ipse voluit.* Er wurde geopfert, weil er es selbst gewollt hat. Er legt ein außerordentliches Zeugnis der Liebe ab, das Frucht eines Gehorsams ist, der seinesgleichen sucht und bis zur letzten Selbsthingabe drängt.

(...) Wie kann man den Blick abwenden von Jesus, der am Kreuz stirbt? Sein gepeinigtes Antlitz erregt Verwirrung. (...) Auf diesem Antlitz verdichten sich die Schatten allen Leids, allen Unrechts und aller Gewalt, die Menschen zu jeder Zeit der Geschichte tragen mussten. Aber jetzt – vor dem Kreuz – erscheint unsere tägliche Mühsal, ja sogar der Tod, von der Hoheit des verlassenen und sterbenden Christus umgeben.

In seinem Tod bekommt das Leben des Menschen Sinn –
und auch sein Tod

Das Antlitz des blutenden Messias am Kreuz macht offenbar, dass Gott sich aus Liebe in die Plagen und Qualen der Menschheit eingelassen hat. So müssen wir unseren Schmerz nicht allein tragen. Er hat ja für uns bezahlt mit seinem Blut, das er bis zum letzten Tropfen vergossen hat. Er ist in unsere Leiden eingetreten und hat die Schranke unserer verzweifelten Trauer aufgebrochen.

In seinem Tod bekommt das Leben des Menschen Sinn und Wert, ja sogar der Tod. Vom Kreuz aus appelliert Christus an die persönliche Freiheit der Männer und Frauen aller Zeiten; jeden ruft er dazu auf, ihm nachzufolgen und sich vollkommen den Händen Gottes zu überlassen. Sogar die geheimnisvolle Fruchtbarkeit des Schmerzes lässt er uns entdecken.

(NACH DEM KREUZWEG AM KOLOSSEUM, 13.4.2001)

Der Tod hat nicht das letzte Wort

Das Geheimnis des Kreuzestodes und der Auferstehung versichert uns, dass Hass, Gewalt, Blut und Tod nicht das letzte Wort im menschlichen Leben haben. Der endgültige Sieg gehört Christus, und von ihm sollen wir ausgehen, wenn wir für alle eine Zukunft im wahren Frieden, in Gerechtigkeit und Solidarität aufbauen wollen.

(GENERALAUDIENZ, 16.4.2003)

Kreuzigung: Der Mensch in schrecklicher Spannung

»Sie durchbohren mir Hände und Füße. Man kann all meine Knochen zählen« (Ps 22,17–18). »Man kann ... zählen«: was für prophetische Worte! Man weiß jedoch, dass dieser Leib ein Lösegeld ist. Ein hohes Lösegeld ist dieser ganze Leib: die Hände, die Füße und jeder Knochen. Der ganze Mensch in höchster Spannung: Skelett, Muskeln, Nervensystem, jedes Organ, jede Zelle, alles ist in höchstem Maße angespannt. »Wenn ich über die Erde erhöht bin, werde ich alle Menschen an mich ziehen« (Joh 12,32).

Diese Worte drücken die volle Wirklichkeit der Kreuzigung aus. Zu ihr gehört auch diese schreckliche Spannung, die durch die Hände, die Füße und alle Knochen geht: die schreckliche Spannung des ganzen Leibes, der, nachdem er wie ein Gegenstand an die Balken des Kreuzes genagelt wurde, im Todeskampf bis zum Äußersten erniedrigt wird. Und in dieselbe Wirklichkeit der Kreuzigung tritt die ganze Welt ein, die Jesus an sich ziehen will (vgl. Joh 12,32). Die Welt ist der Zugkraft des Leibes ausgesetzt, der sich aus Trägheit nach unten wendet. In eben dieser Spannung liegt das Leiden des Gekreuzigten.

(MEDITATION ZUR 12. KREUZWEGSTATION, 18.4.2003)

Ein Planet von Grabmälern

Von dem Augenblick an, wo der Mensch wegen der Sünde vom Baum des Lebens getrennt wurde (vgl. Gen 3,23–24), ist die Erde zu einem Friedhof geworden. So viele Gräber wie Menschen. Ein großer Planet von Grabmälern.

In der Nähe von Golgota gab es ein Grab, das dem Josef von Arimathäa gehörte (vgl. Mt 27,60). In dieses Grab wurde der Leichnam Jesu nach der Abnahme vom Kreuz mit der Zustimmung Josefs gelegt (vgl. Mk 15,42–46 usw.). Sie beeilten sich, den Leichnam noch vor dem Paschafest (vgl. Joh 19,31), das bei Sonnenuntergang begann, vom Kreuz zu nehmen.

Unter allen über die Kontinente unseres Planeten verstreuten Gräbern gibt es eines, in dem der Sohn Gottes, der Mensch Jesus Christus, den Tod durch den Tod besiegt hat. (...) Obgleich sich unser Planet immer wieder mit Gräbern bevölkert, obgleich der Friedhof wächst, in dem der aus Staub geformte Mensch zum Staub zurückkehrt (vgl. Gen 3,19), leben dennoch alle Menschen, die auf das Grab Jesu Christi blicken, in der Hoffnung auf die Auferstehung.

(ZUM KREUZWEG AM KOLOSSEUM, 18.4.2003)

Horizontal und vertikal

Gerade vor dem traurigen Hintergrund der Spaltungen und der Schwierigkeiten einer Aussöhnung unter den Menschen lade ich dazu ein, das Geheimnis des Kreuzes zu betrachten, das größte

Drama von allen, bei dem Christus das Drama der Trennung des Menschen von Gott bis auf den Grund wahrnimmt und erleidet, und dies so intensiv, dass er mit den Worten des Propheten aufschreit »Mein Gott, mein Gott, warum hast du mich verlassen?« und dabei zugleich unsere Versöhnung erwirkt. Der Blick auf das Geheimnis von Golgota muss uns immer an jene »vertikale« Dimension der Trennung und Wiederversöhnung im Verhältnis des Menschen zu Gott erinnern, die aus der Sicht des Glaubens die »horizontale« Dimension immer übersteigt, das heißt die Wirklichkeit von Spaltung und die notwendige Wiederversöhnung unter den Menschen.

(NACHSYNODALES SCHREIBEN ÜBER DIE BUSSE, 2.12.1984)

Das Paradoxon des Kreuzes

Das Leiden gehört zur Transzendenz des Menschen, der lernen muss, es zu akzeptieren und es zu bewältigen (...). Aber wie könnte ihm dies gelingen, wenn nicht durch das Kreuz Christi?

Im Tod und in der Auferstehung des Erlösers findet das menschliche Leiden seinen tiefsten Sinn und seinen heilbringenden Wert. All die Last der Bedrängnis und der Schmerzen der Menschheit gründet im Geheimnis eines Gottes, der, indem er für uns Mensch geworden ist, sich erniedrigt und sich »für uns zur Sünde« gemacht hat (2 Kor 5,21). Auf Golgota hat er die Schuld jedes Menschen auf sich genommen, und in seiner Einsamkeit und Verlassenheit zum Vater gerufen: »Warum hast du mich verlassen?« (Mt 27,46).

Vom Paradoxon des Kreuzes leitet sich die Antwort auf unsere bedrängendsten Fragen ab. Christus leidet für uns: Er nimmt das Leid aller auf sich und befreit uns von ihm. Christus leidet mit uns, wodurch er uns ermöglicht, mit ihm unsere Schmerzen zu teilen.

In Verbindung mit dem Leiden Christi wird das menschliche Leiden zum Heilswerk. Eben deshalb kann sich der Gläubige den Worten des hl. Paulus anschließen: »Jetzt freue ich mich in den Leiden, die ich für euch ertrage. Für den Leib Christi, die Kirche, ergänze ich in meinem irdischen Leben das, was an den Leiden Christi noch fehlt« (Kol 1,24). Der im Glauben angenommene Schmerz wird zur Pforte, um in das Geheimnis des erlösenden Leidens des Herrn einzutreten. Es ist ein Leiden, das uns nicht mehr des inneren Friedens und des Glücks beraubt, denn es ist erleuchtet vom Glanz der Auferstehung. (...)

Im Licht des Glaubens wird der körperliche Tod, der vom Tod Christi besiegt ist (vgl. *Röm* 6,4), zum unumgänglichen Übergang zur Fülle der Unsterblichkeit.

(BOTSCHAFT ZUM WELTTAG DER KRANKEN, 1.12.2003)

4 Das Evangelium vom (ewigen) Leben

Siegen soll die Achtung vor dem Leben!

»Tod und Leben stritten im Kampfe, wie nie einer war.« Siegen sollen die Gedanken des Friedens, siegen soll die Achtung vor dem Leben! Ostern enthält die Botschaft vom Leben, das vom Tode befreit ist, vom Leben, das von dem Tod gerettet wurde. So sollen alle Gedanken und Programme siegen, die das Menschenleben vor dem Tod beschützen, und nicht die Illusionen derer, die einen Fortschritt darin sehen, wenn sie dem Menschen das Recht zubilligen, gerade empfangenes Leben zu töten.

(OSTERBOTSCHAFT URBI ET ORBI, 19.4.1981)

Das »ewige Leben« ist einfach »das Leben«

Das Leben, das der Sohn Gottes den Menschen geschenkt hat, beschränkt sich nicht bloß auf das zeitlich-irdische Dasein. Das Leben, das von Ewigkeit her »in ihm« und »das Licht der Menschen« ist (Joh 1,4), beruht darauf, dass es aus Gott geboren ist und an der Fülle seiner Liebe teilhat: »Allen aber, die ihn aufnahmen, gab er Macht, Kinder Gottes zu werden, allen, die an seinen Namen glauben, die nicht aus dem Blut, nicht aus dem Willen des Fleisches, nicht aus dem Willen des Mannes, sondern aus Gott geboren sind« (Joh 1,12–13).

Manchmal nennt Jesus dieses Leben, das zu schenken er gekommen ist, einfach: »das Leben»; und stellt die Geburt aus Gott als eine notwendige Bedingung dar, um das Ziel erreichen zu können, für das Gott den Menschen erschaffen hat: »Wenn jemand nicht von neuem geboren wird, kann er das Reich Gottes nicht sehen« (*Joh* 3,3). Das Geschenk dieses Lebens bildet den eigentlichen Zweck der Sendung Jesu: er ist der, der »vom Himmel herabkommt und der Welt das Leben gibt« (*Joh* 6,33), so dass er mit voller Wahrheit sagen kann: »Wer mir nachfolgt, ... wird das Licht des Lebens haben« (*Joh* 8,12).

An anderen Stellen spricht Jesus vom »ewigen Leben«, wobei das Adjektiv nicht nur auf eine überirdische Perspektive verweist. »Ewig« ist das Leben, das Jesus verheißt und schenkt, weil es Fülle der Teilhabe am Leben des »Ewigen« ist. Jeder, der an Jesus glaubt und in Gemeinschaft mit ihm tritt, hat das ewige Leben (vgl. *Joh* 3,15; 6,40), weil er von ihm die einzigen Worte hört, die seinem Dasein Lebensfülle offenbaren und einflößen; es sind die »Worte des ewigen Lebens«, die Petrus in seinem Glaubensbekenntnis anerkennt: »Herr, zu wem sollen wir gehen? Du hast Worte des ewigen Lebens. Wir sind zum Glauben gekommen und haben erkannt: Du bist der Heilige Gottes« (*Joh* 6,68–69). Worin dann das ewige Leben besteht, erklärt Jesus selbst, wenn er sich im *Hohenpriesterlichen Gebet* an den Vater wendet: »Das ist das ewige Leben: dich, den einzigen wahren Gott zu erkennen und Jesus Christus, den du gesandt hast« (*Joh* 17,3).

Ewiges Leben ist Gottes Leben, und das Leben seiner Kinder
Gott und seinen Sohn erkennen heißt, das Geheimnis der Liebesgemeinschaft des Vaters, des Sohnes und des Heiligen Geistes im eigenen Leben anzunehmen, das sich schon jetzt in der Teilhabe am göttlichen Leben dem ewigen Leben öffnet.

Das ewige Leben ist also das Leben Gottes selbst und zugleich das Leben der Kinder Gottes. Immer neues Staunen und grenzenlose Dankbarkeit müssen den Gläubigen angesichts dieser unerwarteten und unaussprechlichen Wahrheit erfassen, die uns von Gott in Christus zuteil wird. Der Gläubige macht sich die Worte des Apostels Johannes zu eigen: »Wie groß die Liebe ist, die der Vater uns geschenkt hat: wir heißen Kinder Gottes, und wir sind es ... Liebe Brüder, jetzt sind wir Kinder Gottes. Aber was wir sein werden, ist noch nicht offenbar geworden. Wir wissen, dass wir ihm ähnlich sein werden, wenn er offenbar wird; denn wir werden ihn sehen, wie er ist« (1 Joh 3,1–2).

So erreicht die christliche Wahrheit über das Leben ihren Höhepunkt. Die Würde dieses Lebens hängt nicht nur von seinem Ursprung, von seiner Herkunft von Gott ab, sondern auch von seinem Endziel, von seiner Bestimmung als Gemeinschaft mit Gott im Erkennen und in der Liebe zu ihm. Im Lichte dieser Wahrheit präzisiert und vervollständigt der hl. Irenäus seine Lobpreisung des Menschen: »Herrlichkeit Gottes« ist »der lebendige Mensch«, aber »das Leben des Menschen besteht in der Schau Gottes«.

Ewiges Leben hat Konsequenzen für unser irdisches Leben

Daraus erwachsen unmittelbare Konsequenzen für das menschliche Leben in seiner irdischen Situation, in dem allerdings bereits das ewige Leben keimt und heranwächst. Wenn der Mensch instinktiv das Leben liebt, weil es ein Gut ist, so findet diese Liebe weitere Motivierung und Kraft, neue Fülle und Tiefe in den göttlichen Dimensionen dieses Gutes. So gesehen beschränkt sich die Liebe, die jeder Mensch zum Leben hat, nicht auf die einfache Suche eines Raumes der Selbstäußerung und der Beziehung zu den anderen, sondern sie entwickelt sich aus dem freudigen Bewusstsein, die eigene Existenz zu dem »Ort« der Offenbarwerdung Gottes sowie der Begegnung und der Gemeinschaft mit ihm machen zu können. Das

Leben, das Jesus uns schenkt, entwertet nicht unser zeitliches Dasein, sondern nimmt es an und führt es seiner letzten Bestimmung zu: »Ich bin die Auferstehung und das Leben ...; jeder, der lebt und an mich glaubt, wird auf ewig nicht sterben« (Joh 11,25f.).

(ENZYKLIKA EVANGELIUM VITAE, 25.3.1995, NR. 37f.)

Erhebung zum Leben Gottes selbst

Ich möchte mit einem jeden von euch innehalten, um uns in den zu versenken, den sie durchbohrt haben und der alle an sich zieht (vgl. Joh 19,37; 12,32). Wenn wir »das Schauspiel« der Kreuzigung (vgl. Lk 23,48) betrachten, werden wir an diesem glorreichen Stamm die Erfüllung und volle Offenbarung des ganzen Evangeliums vom Leben entdecken können.

In den frühen Nachmittagsstunden des Karfreitag, »brach eine Finsternis über das ganze Land herein ... Die Sonne verdunkelte sich. Der Vorhang im Tempel riss mitten entzwei« (Lk 23,44.45). Das ist das Symbol einer gewaltigen kosmischen Umwälzung und eines schrecklichen Kampfes zwischen den Mächten des Guten und den Mächten des Bösen, zwischen Leben und Tod. Auch wir befinden uns heute inmitten eines dramatischen Kampfes zwischen der »Kultur des Todes« und der »Kultur des Lebens«. Aber von dieser Finsternis wird der Glanz des Kreuzes nicht verdunkelt; ja, dieses hebt sich noch klarer und leuchtender ab und offenbart sich als Mittelpunkt, Sinn und Vollendung der ganzen Geschichte und jedes Menschenlebens.

Der an das Kreuz genagelte Jesus wird erhöht. Er erlebt den Augenblick seiner größten »Ohnmacht«, und sein Leben scheint völlig dem Hohn und Spott seiner Widersacher und den Händen seiner Mörder preisgegeben zu sein: er wird verspottet, verhöhnt, geschmäht (vgl. *Mk* 15,24–36). Doch gerade angesichts all dessen ruft der römische Hauptmann aus, als er »ihn auf diese Weise sterben sah«: »Wahrhaftig, dieser Mensch war Gottes Sohn!« (*Mk* 15,39). So wird im Augenblick seiner äußersten Schwachheit die Identität des Gottessohnes offenbar: am Kreuz offenbart sich seine Herrlichkeit!

Das Wunder der erhöhten Schlange
Durch seinen Tod erhellt Jesus den Sinn des Lebens und des Todes jedes Menschen. Vor seinem Tod betet Jesus zum Vater und ruft ihn um Vergebung für seine Verfolger an (vgl. *Lk* 23,34), und dem Verbrecher, der ihn bittet, an ihn zu denken, wenn er in sein Reich kommt, antwortet er: »Amen, das sage ich dir: Heute noch wirst du mit mir im Paradies sein« (*Lk* 23,43). Nach seinem Tod »öffneten sich die Gräber, und die Leiber vieler Heiligen, die entschlafen waren, wurden auferweckt« (*Mt* 27,52). Das von Jesus gewirkte Heil ist Geschenk des Lebens und der Auferstehung. Während seines Erdendaseins hatte Jesus auch Heil geschenkt, indem er alle heilte und segnete (vgl. *Apg* 10,38). Aber die Wunder, die Krankenheilungen und selbst die Auferweckungen waren Zeichen für ein anderes Heil, das in der Vergebung der Sünden, das heißt in der Befreiung des Menschen von der tiefsten Krankheit, und in seiner Erhebung zum Leben Gottes selbst besteht.

Am Kreuz erneuert und verwirklicht sich in seiner ganzen, endgültigen Vollendung das Wunder von der von Mose in der Wüste erhöhten Schlange (vgl. *Joh* 3,14–15; *Num* 21,8–9). Auch heute begegnet jeder in seiner Existenz bedrohte Mensch, wenn er auf den blickt, der durchbohrt wurde, der sicheren Hoffnung, Befreiung und Erlösung zu finden.

Aber da ist noch eine andere genaue Begebenheit, die meinen Blick auf sich zieht und ein ergriffenes Nachdenken bei mir auslöst:

»Als Jesus von dem Essig genommen hatte, sprach er: Es ist vollbracht! Und er neigte das Haupt und gab seinen Geist auf« (*Joh* 19,30). Und der römische Soldat »stieß mit der Lanze in seine Seite, und sogleich floss Blut und Wasser heraus« (*Joh* 19,34).

Vom Kreuz her entsteht das Volk des Lebens

Nun hat alles seine ganze Vollendung erlangt. Das »Aufgeben des Geistes« beschreibt den Tod Jesu ähnlich dem jedes anderen Menschen, spielt aber, wie es scheint, auch auf die »Spendung des Geistes« an, durch die er uns vom Tod befreit und uns einem neuen Leben öffnet.

Es ist das Leben Gottes selbst, das dem Menschen zuteil wird. Es ist das Leben, das durch die Sakramente der Kirche – deren Symbole sind das aus der Seite Christi geflossene Blut und Wasser – ständig den Kindern Gottes mitgeteilt wird, die so das Volk des neuen Bundes bilden. Vom Kreuz, der Quelle des Lebens her entsteht das »Volk des Lebens« und breitet sich aus.

Die Betrachtung des Kreuzes führt uns so zu den tiefsten Wurzeln des ganzen Geschehens.

(ENZYKLIKA EVANGELIUM VITAE, 25.3.1995, NR. 50)

5 Tod, Auferstehung und Würde des Menschen

Das Kreuz gibt dem Menschen seine Würde zurück

Die Erlösung der Welt – dieses ehrfurchtgebietende Geheimnis der Liebe, in dem die Schöpfung erneuert wird – ist in ihrer tiefsten Wurzel die Fülle der Gerechtigkeit in einem menschlichen Herzen: im Herzen des Erstgeborenen Sohnes, damit sie Gerechtigkeit der Herzen vieler Menschen werden kann, die ja im erstgeborenen Sohn von Ewigkeit vorherbestimmt sind, Kinder Gottes zu werden, berufen zur Gnade und zur Liebe. Das Kreuz auf dem Kalvarienberg, durch das Jesus Christus – Mensch, Sohn der Jungfrau Maria, vor dem Gesetz Sohn des Josef von Nazaret – diese Welt »verlässt«, ist zur gleichen Zeit eine neue Manifestation der ewigen Vaterschaft Gottes, der sich in ihm erneut der Menschheit und jedem Menschen nähert, indem er ihm den dreimalheiligen Geist der Wahrheit schenkt.

Mit dieser Offenbarung des Vaters und der Ausgießung des Heiligen Geistes, die dem Geheimnis der Erlösung ein unauslöschliches Merkmal einprägen, erklärt sich der Sinn des Kreuzes und des Todes Christi. Der Gott der Schöpfung offenbart sich als Gott der Erlösung, als Gott, der sich selbst treu ist, treu seiner Liebe zum Menschen und zur Welt, wie sie sich schon am Tag der Schöpfung offenbart hat. Seine Liebe ist eine Liebe, die vor nichts zurückweicht, was die Gerechtigkeit in ihm selbst fordert. Und darum hat Gott den Sohn, »der die Sünde nicht kannte, für uns zur Sünde gemacht«. Wenn er den, der völlig ohne Sünde war, »zur Sünde gemacht hat«, so tat er dies, um die Liebe zu offenbaren, die immer größer ist als alles Geschaffene, die Liebe, die er selber ist, denn »Gott ist Liebe«. Die Liebe ist vor allem größer als die Sünde, als die Schwachheit und die Vergänglichkeit des Geschaffenen, stärker als der Tod; es ist eine Liebe, die stets bereit ist, aufzurichten und zu verzeihen, stets bereit, dem verlorenen Sohn entgegenzugehen und immer auf der Suche ist nach dem »Offenbarwerden der Söhne Gottes«, die zur künftigen Herrlichkeit berufen sind. Diese Offenbarung der Liebe wird auch Barmherzigkeit genannt; diese Offenbarung der Liebe und der Barmherzigkeit hat in der Geschichte nur eine Form und einen Namen: Sie heißt Jesus Christus.

Der Mensch muss sich mit seinem Leben und Tod Christus nahen
Der Mensch kann nicht ohne Liebe leben. Er bleibt für sich selbst ein unbegreifliches Wesen; sein Leben ist ohne Sinn, wenn ihm nicht die Liebe geoffenbart wird, wenn er nicht der Liebe begegnet, wenn er sie nicht erfährt und sich zu eigen macht, wenn er nicht lebendigen Anteil an ihr erhält. Und eben darum macht Christus, der Erlöser, (...) dem Menschen den Menschen selbst voll kund. Dieses ist – wenn man sich so ausdrücken darf – die menschliche Dimension im Geheimnis der Erlösung. In dieser Dimension findet der Mensch die Größe, die Würde und den Wert, die mit seinem Menschsein gegeben sind. Im Geheimnis der Erlösung wird der Mensch »neu bestätigt« und in gewisser Weise neu geschaffen. Er ist neu erschaffen! »Es gibt nicht mehr Juden und Griechen, nicht Sklaven und Freie, nicht Mann und Frau; denn ihr alle seid »einer« in Christus Jesus«. Der Mensch, der sich selbst bis in die Tiefe verstehen will – nicht nur nach unmittelbar zugänglichen, partiellen, oft oberflächlichen und sogar nur scheinbaren Kriterien und Maßstäben des eigenen Seins –, muss sich

mit seiner Unruhe, Unsicherheit und auch mit seiner Schwäche und Sündigkeit, mit seinem Leben und Tode Christus nahen. Er muss sozusagen mit seinem ganzen Selbst in ihn eintreten, muss sich die ganze Wirklichkeit der Menschwerdung und der Erlösung »aneignen« und assimilieren, um sich selbst zu finden. Wenn sich in ihm dieser tiefgreifende Prozess vollzieht, wird er nicht nur zur Anbetung Gottes veranlasst, sondern gerät auch in tiefes Staunen über sich selbst. Welchen Wert muss der Mensch in den Augen des Schöpfers haben, wenn »er verdient hat, einen solchen und so großen Erlöser zu haben«, wenn »Gott seinen Sohn hingegeben hat«, damit er, der Mensch, »nicht verlorengeht, sondern das ewige Leben hat«. Dieses tiefe Staunen über den Wert und die Würde des Menschen nennt sich Evangelium, Frohe Botschaft. Dieses Staunen rechtfertigt die Sendung der Kirche in der Welt, auch und vielleicht vor allem »in der Welt von heute«. Dieses Staunen und zugleich die Überzeugung und Gewissheit, die in ihrer tiefsten Wurzel Glaubensgewissheit ist, die aber auf verborgene und geheimnisvolle Weise auch jeden Aspekt des wahren Humanismus beseelt, ist eng mit Christus verbunden. Dies bestimmt auch seinen Platz, sein – wenn man so sagen darf – besonderes Bürgerrecht in der Geschichte des Menschen und der Menschheit. Die Kirche, die nicht aufhört, das Geheimnis Christi in seiner Gesamtheit zu betrachten, weiß mit voller Glaubensgewissheit, dass die Erlösung, die durch das Kreuz erfolgt ist, dem Menschen endgültig seine Würde und den Sinn seiner Existenz in der Welt zurückgegeben hat, den Sinn, den er in beachtlichem Maße durch die Sünde verloren hatte. Deshalb hat die Erlösung sich im Ostergeheimnis vollendet, das durch das Kreuz und den Tod zur Auferstehung führt.

Die grundlegende Aufgabe der Kirche in allen Epochen und besonders in der unsrigen ist es, den Blick des Menschen, das Bewusstsein und die Erfahrung der ganzen Menschheit auf das Geheimnis Christi zu lenken und auszurichten, allen Menschen zu helfen, mit dem tiefen Geheimnis der Erlösung, die sich in Jesus Christus ereignet, vertraut zu werden. Gleichzeitig berührt man damit auch die tiefste Schicht im Menschen, die Sphäre des menschlichen Herzens, des Bewusstseins und des Lebensgeschickes der Menschen.

(ENZYKLIKA REDEMPTOR HOMINIS, 4.3.1979, NR. 9f.)

Jesus wendet sich in Getsemani als Mensch an den Vater

Die messianische Verkündigung Christi und sein Wirken unter den Menschen finden ihren Abschluss in Kreuz und Auferstehung. Wir müssen tief in dieses letzte Geschehen eindringen – das vor allem in der Sprache des Konzils das *Paschamysterium* genannt wird –, wenn wir der Wahrheit vom Erbarmen, wie sie in der Geschichte unseres Heils geoffenbart wurde, entsprechen wollen. (...) Denn wenn auch die Wirklichkeit der Erlösung in ihrer menschlichen Dimension die unerhörte Größe des Menschen enthüllt, (...) so erlaubt uns doch die göttliche Dimension der Erlösung, auf eine sozusagen unüberbietbar empirische und »historische« Weise zugleich die Tiefe jener Liebe zu enthüllen, die nicht einmal vor dem außerordentlichen Opfer des Sohnes zurückweicht, um der Treue des Schöpfers und Vaters zu den Menschen gerecht zu werden, die nach seinem Bild geschaffen und vom »Anfang« an in diesem Sohn zur Gnade und Herrlichkeit berufen sind.

Die Ereignisse des Karfreitags und noch vorher das Gebet in Getsemani stellen im Verlauf der Offenbarung der Liebe und des Erbarmens in der messianischen Sendung Christi einen radikalen

Umschwung dar. Er, der »umherzog, Gutes zu tun« und »alle Krankheiten und Leiden zu heilen«, scheint jetzt selbst das größte Erbarmen zu verdienen und das Erbarmen anzurufen, während er gefangengenommen, beschimpft, verurteilt, gegeißelt, mit Dornen gekrönt und ans Kreuz genagelt wird, wo er unter unbeschreiblichen Qualen seinen Geist aufgibt. Gerade in diesen Stunden würde er ganz besonders das Erbarmen der Menschen, denen er Gutes erwiesen hat, verdienen, und es wird ihm nicht zuteil. Nicht einmal jenen, die ihm am nächsten sind, gelingt es, ihn zu beschützen und den Händen seiner Verfolger zu entreißen. In diesem letzten Abschnitt seines messianischen Dienstes erfüllen sich an Christus die Worte der Propheten, vor allem die Weissagungen Jesajas über den Gottesknecht: »Durch seine Wunden sind wir geheilt«.

Das Kreuz zeigt die Gerechtigkeit nach dem Maß Gottes
Christus wendet sich als Mensch, der im Ölgarten und auf Golgota wirklich und auf entsetzliche Art leidet, an den Vater, an jenen Vater, dessen Liebe er den Menschen verkündet und dessen Erbarmen er mit all seinem Tun bezeugt hat. Gerade ihm bleibt jedoch das furchtbare Erleiden des Todes am Kreuz nicht erspart: »Den, der keine Sünde kannte, hat (Gott) für uns zur Sünde gemacht« [2 Kor 5,21], wird später der heilige Paulus schreiben und so die ganze Tiefe des Kreuzesgeheimnisses und die göttliche Dimension der Erlösungswirklichkeit in wenigen Worten zusammenfassen. Gerade diese Erlösung ist die letzte und endgültige Offenbarung der Heiligkeit Gottes, der die absolute Fülle der Vollkommenheit ist: Fülle der Gerechtigkeit und der Liebe, weil die Gerechtigkeit auf der Liebe gründet, von ihr ausgeht und ihr zustrebt. Im Leiden und Tod Christi – in der Tatsache, dass der Vater seinen Sohn nicht verschonte, sondern ihn »für uns zur Sünde gemacht hat« – kommt

die absolute Gerechtigkeit zum Ausdruck, insofern [Christus] wegen der Sünden der Menschheit Leiden und Kreuz erduldet. Das ist geradezu ein »Übermaß« der Gerechtigkeit, denn die Sünde des Menschen wird »aufgewogen« durch das Opfer des Gott-Menschen. Diese Gerechtigkeit wahrhaft göttlichen »Maßes« entspringt ganz der Liebe, der Liebe des Vaters und des Sohnes, und bringt von ihrem Wesen her Früchte in der Liebe. Diese göttliche Gerechtigkeit, wie sie das Kreuz Christi offenbart, ist eben insofern »nach dem Maße« Gottes, als sie Ursprung und Erfüllung in der Liebe hat und Früchte des Heils hervorbringt. Die göttliche Dimension der Erlösung beschränkt sich nicht auf das Gericht über die Sünde, sondern sie erneuert in der Liebe jene schöpferische Kraft im Menschen, die ihm wieder die von Gott kommende Fülle des Lebens und der Heiligkeit zugänglich macht. Auf diese Weise beinhaltet die Erlösung die Offenbarung des Erbarmens in seiner Vollendung.

Das Paschamysterium ist der Gipfelpunkt der Offenbarung und Verwirklichung des Erbarmens, das den Menschen zu rechtfertigen und die Gerechtigkeit wiederherzustellen vermag im Sinne der Heilsordnung, die Gott vom Anbeginn her im Menschen und durch ihn in der Welt wollte. Der leidende Christus spricht den Menschen, und nicht nur den Gläubigen, besonders an. Auch der Ungläubige kann in ihm die überzeugende Solidarität mit dem Schicksal des Menschen sowie die harmonische Vollendung einer selbstlosen Hingabe an die Sache des Menschen, an die Wahrheit und Liebe entdecken. Die göttliche Dimension des Paschageheimnisses reicht jedoch noch tiefer. Das auf Golgota errichtete Kreuz, an dem Christus sein letztes Zwiegespräch mit dem Vater führt, erwächst aus dem innersten Kern jener Liebe, die dem nach Gottes Bild und Gleichnis geschaffenen Menschen gemäß dem ewigen Plan Gottes geschenkt worden ist. Gott, wie Christus ihn geoffenbart hat, bleibt nicht nur als Schöpfer und letzter Seinsgrund in enger Verbindung mit der Welt. Er ist auch Vater: mit dem Menschen, den er in der sichtbaren Welt ins Dasein gerufen hat, verbinden ihn Bande, welche die des Erschaffens an Tiefe übertreffen. Es sind dies die Bande der Liebe, die nicht nur das Gute hervorbringt, sondern am Leben Gottes selbst, des Vaters, des Sohnes und des Heiligen Geistes, teilhaben lässt. Wer liebt, den drängt es ja, sich selbst zum Geschenk zu machen.

Kreuz: Der Mensch als angenommener Sohn Gottes

Das Kreuz Christi auf Golgota steht am Weg jenes *admirabile commercium*, jener wunderbaren Selbstmitteilung Gottes an den Menschen, die zugleich die Einladung an den Menschen in sich schließt, sich und mit sich die ganze sichtbare Welt Gott hinzugeben und so an seinem Leben teilzuhaben; als angenommener Sohn der Wahrheit und Liebe in Gott und aus Gott teilhaft zu werden. Am Weg der ewigen Erwählung des Menschen zur Würde eines angenommenen Sohnes Gottes steht in der Geschichte das Kreuz Christi, des eingeborenen Sohnes, der als »Licht vom Licht, wahrer Gott vom wahren Gott« gekommen ist, um ein letztes Zeugnis abzulegen für den wunderbaren Bund Gottes mit der Menschheit, Gottes mit dem Menschen – mit jedem Menschen. Dieser Bund, der so alt ist wie der Mensch und auf das Geheimnis der Erschaffung selbst zurückgeht, der mehrmals mit dem einen auserwählten Volk erneuert wurde, ist gleichermaßen der neue und endgültige Bund, der auf Golgota geschlossen wurde und nicht auf ein einziges Volk, auf Israel, beschränkt ist, sondern allen und einem jeden offensteht.

Was sagt uns also das Kreuz Christi, welches in einem bestimmten Sinn das letzte Wort seiner Botschaft und Mission als Messias ist? Und doch ist es nicht das letzte Wort des Bundes-Gottes – dieses wird im Morgengrauen jenes Tages gesprochen, an dem zunächst die Frauen und dann die Apostel zum Grab des gekreuzigten Herrn kommen, es leer vorfinden und zum ersten Mal vernehmen: »Er ist auferstanden!«. Sie werden es weitersagen und Zeugen des Auferstandenen sein. Dennoch ist auch in dieser Verherrlichung des Sohnes Gottes das Kreuz weiterhin gegenwärtig, welches – durch das gesamte messianische Zeugnis des Menschen-Sohnes, der an ihm den Tod erlitten hat – unaufhörlich vom göttlichen Vater spricht, der seiner ewigen Liebe zum Menschen unverbrüchlich treu bleibt, der »die Welt so sehr geliebt hat« – und somit den Menschen in ihr – , »dass er seinen einzigen Sohn hingab, damit jeder, der an ihn glaubt, nicht zugrunde geht, sondern das ewige Leben hat«. An den gekreuzigten Sohn glauben, heißt »den Vater sehen«, heißt glauben, dass die Liebe in der Welt gegenwärtig ist und dass sie mächtiger ist als jedwedes Übel, in das der Mensch, die Menschheit, die Welt verstrickt sind. An diese Liebe glauben heißt, an das Erbarmen glauben. Dieses ist ja die unerlässliche Dimension der Liebe, ist sozusagen ihr zweiter Name und zugleich die spezifische Art, wie sie sich zeigt und vollzieht angesichts der Wirklichkeit des Übels in der Welt, das den Menschen trifft und bedrängt, sich auch in sein Herz einschleicht und ihn »ins Verderben der Hölle stürzen kann«.

Die letzte Vollendung des messianischen Programms
(...) Im Kreuz neigt sich Gott am tiefsten zum Menschen herab und zu allem, was der Mensch insbesondere in schwierigen und schmerzlichen Augenblicken als sein unglückliches Schicksal bezeichnet. Im Kreuz werden gleichsam von einem heilenden Hauch der ewigen Liebe die schmerzlichsten Wunden der irdischen Existenz des Menschen berührt; es ist die letzte Vollendung des messia-

nischen Programms, das Christus einst in der Synagoge von Nazaret formulierte und dann vor den Abgesandten Johannes' des Täufers wiederholte. Dieses Programm bestand – wie von Jesaja prophezeit – in der Offenbarung der barmherzigen Liebe zu den Armen, den Leidenden und Gefangenen, zu den Blinden, den Unterdrückten und den Sündern. Im Paschageheimnis wird die Schranke des vielfachen Übels, in das der Mensch in seiner irdischen Existenz verstrickt ist, überschritten: Das Kreuz Christi lässt uns die tiefsten Wurzeln des Übels verstehen, die in die Sünde und den Tod hinabreichen, und wird so auch zu einem eschatologischen Zeichen. Erst in der endzeitlichen Erfüllung und in der endgültigen Erneuerung der Welt wird die Liebe in allen Auserwählten die tiefsten Quellen des Übels besiegen und als vollreife Frucht das Reich des Lebens, der Heiligkeit und der seligen Unsterblichkeit hervorbringen. Das Fundament dieser endzeitlichen Vollendung ist bereits im Kreuz Christi und in seinem Tod gelegt. Die Tatsache, dass »Christus am dritten Tag auferweckt worden ist«, stellt das endgültige Zeichen der messianischen Mission dar, die Krönung der ganzen Offenbarung der erbarmenden Liebe in einer vom Übel geprägten Welt. Sie ist auch ein Zeichen, das »einen neuen Himmel und eine neue Erde« ankündigt, wo Gott »alle Tränen von ihren Augen abwischen wird; der Tod wird nicht mehr sein, keine Trauer, keine Klage, keine Mühsal. Denn das, was früher war, ist vergangen« [*Offb* 21,4].

In der endzeitlichen Vollendung wird sich das Erbarmen als Liebe offenbaren; in der Zeitlichkeit, in der menschlichen Geschichte, einer Geschichte von Sünde und Tod, muss sich die Liebe vor allem als Erbarmen offenbaren und vollziehen. Das messianische Programm Christi, sein Programm des Erbarmens, wird zum Programm seines Volkes, der Kirche. Im Mittelpunkt dieses Programms steht immer das Kreuz; denn in ihm erreicht die Offenbarung der erbarmenden Liebe ihren Höhepunkt. Solange »das Frühere« nicht vergangen sein wird, wird das Kreuz der »Ort« bleiben, auf den sich die folgenden Worte der Offenbarung des Johannes beziehen lassen: »Ich stehe vor der Tür und klopfe an. Wer meine Stimme hört und die Tür öffnet, bei dem werde ich eintreten, und wir werden Mahl halten, ich mit ihm und er mit mir«. Eine besondere Offenbarung seines Erbarmens ist es, wenn Gott seinen gekreuzigten Sohn dem Erbarmen des Menschen anempfiehlt.

Das Wort, das nicht vergeht

Christus ist als Gekreuzigter das Wort, das nicht vergeht, derjenige, der an der Tür steht und an das Herz jedes Menschen klopft, der dabei nicht über dessen Freiheit verfügt, sondern die Freiheit zur Liebe zu wecken sucht – nicht nur im Sinne einer Solidarität mit dem leidenden Menschensohn, sondern in bestimmtem Sinn auch als »Erbarmen«, das wir ihm ganz persönlich bezeugen. Konnte im Rahmen des messianischen Programms Christi, im Lauf der Offenbarung des Erbarmens durch das Kreuz die Würde des Menschen mehr geachtet und erhoben werden als dadurch, dass er, der Erbarmen findet, zugleich »Erbarmen schenken« darf?

(...) Das Paschageheimnis ist Christus am Höhepunkt der Offenbarung des unerforschlichen Geheimnisses Gottes. Gerade hier bewahrheiten sich voll und ganz die im Abendmahlssaal gesprochenen Worte: »Wer mich gesehen hat, hat den Vater gesehen«. Denn Christus, den der Vater zugunsten des Menschen »nicht verschonte« und dem in seinem Leiden und in der Qual des Kreuzes menschliches Erbarmen nicht zuteil wurde, hat in seiner Auferstehung die Fülle der Liebe des Vaters zu ihm und in ihm zu allen Menschen geoffenbart. »Er ist doch nicht ein Gott von Toten, sondern von Lebenden«. In seiner Auferstehung hat Christus gerade insofern den Gott der erbarmenden Liebe geoffenbart, als er das Kreuz als Weg zur Auferstehung auf sich genommen hat. Deshalb konzentrieren sich, wenn wir des Kreuzes Christi, seines Leidens und seines Todes gedenken, unser Glaube und unsere Hoffnung auf den Auferstandenen – der »am Abend dieses ersten Tages der Woche« im Abendmahlssaal, wo die Jünger versammelt waren, »in ihre Mitte trat, ... sie anhauchte und zu ihnen sprach: Empfangt den Heiligen Geist! Wem ihr die Sünden vergebt, dem sind sie vergeben; wem ihr die Vergebung verweigert, dem ist sie verweigert« [*Joh* 20,23].

So hat also der Sohn Gottes in seiner Auferstehung in radikaler Weise selbst das Erbarmen erfahren, das heißt die Liebe des Vaters, die stärker ist als der Tod. Derselbe Gottessohn offenbart am Ende – in gewisser Hinsicht schon jenseits des Endes – seiner messianischen Mission sich selbst als unerschöpfliche Quelle des Erbarmens, derselben Liebe, die in der weiteren Perspektive der Heilsgeschichte in der Kirche sich ständig stärker als die Sünde erweisen wird. Der österliche Christus ist die endgültige Inkarnation des Erbarmens, dessen lebendiges, heilsgeschichtliches und zugleich endzeitliches Zeichen. In diesem Geist legt uns die Liturgie der Osterzeit den Psalmvers auf die Lippen: »Die Erbarmungen des Herrn will ich ewig besingen« [*Ps* 89,2].

(ENZYKLIKA DIVES IN MISERICORDIA, 30.11.1980, NR. 7f.)

6 Der Gesang der Auferstehung

Welch ein Sonnenuntergang!

An jenem dramatischen Karfreitag,
an dem der Menschensohn »sich erniedrigte
und gehorsam war bis zum Tod, bis zum Tod am Kreuz« (Phil 2,8),
endete das Leben des Erlösers auf Erden.
Nach seinem Tod wurde Er bei Sonnenuntergang
rasch ins Grab gelegt.
Welch ein Sonnenuntergang!
In jener Stunde, da die Finsternis hereinbrach,
endete der »erste Akt« des Schöpfungswerkes,
das die Sünde verwirrt hatte.
Der Tod hatte scheinbar gesiegt, das Böse triumphiert.
Aber gerade in der Stunde der abgrundtiefen Grabesstille
begann die Vollendung des Heilsplans;
die »neue Schöpfung« nahm ihren Anfang.
Denn Gott hat Jesus Christus,
der aus Liebe gehorsam war bis zum Tod,
»erhöht und ihm den Namen verliehen,
der größer ist als alle Namen« (Phil 2,9).
In diesem Namen gibt es wieder Hoffnung
für jede menschliche Existenz.
In diesem Namen ist der Mensch
der Macht der Sünde und des Todes entrissen
und dem Leben und der Liebe wiedergeschenkt.

Am heutigen Tag besingen Himmel und Erde
den erhabenen und unvergleichlichen »Namen«
des Gekreuzigten, der auferstanden ist.
Alles scheint wie vorher, doch in Wirklichkeit
ist nichts mehr so, wie es war.
Er, das Leben, das nicht mehr stirbt,
hat jede menschliche Existenz erlöst
und ihm die Tür der Hoffnung aufgetan.
»Das Alte ist vergangen,
und Neues ist geworden« (2 Kor 5,17).
Jedes Vorhaben und jeder Plan des Menschen,
dieses erhabenen und doch zerbrechlichen Geschöpfes,
erhalten heute in Christus, der vom Tod erstanden ist,
einen neuen »Namen«,
denn »in ihm ist das Leben für alle erstanden«.
In dieser neuen Schöpfung erfüllt sich das Wort der Genesis:
»Dann sprach Gott: Lasst uns Menschen machen
als unser Abbild, uns ähnlich« (Gen 1,26).
Durch sein Ostern hat Christus, der neue Adam,
der »lebendig machender Geist« wurde (1 Kor 15,45),
den alten Adam von der Niederlage des Todes losgekauft.

(URBI ET ORBI, 15.4.2001)

Maria, sag uns, was hast du gesehen?

Mors et vita / duello conflixere mirando ...
»Tod und Leben stritten im Kampfe, wie nie einer war; /
der Fürst des Lebens erlag dem Tod; /
zum Leben erstanden, triumphiert er als König.«

Der Mensch, der gegen das Böse kämpft,
der sich immer gegen den Tod auflehnt,
der das Leben vor jeder Gefahr schützen und retten will,
dieser Mensch möge heute innehalten.
Er möge innehalten und staunen.
Ja, heute wurde der Tod besiegt.
Der Sohn Gottes, geboren von der Jungfrau,
Gott von Gott, Licht vom Licht,
der Sohn Gottes, eines Wesens mit dem Vater,
hat den schmachvollen Tod am Kreuz auf sich genommen.
Am Karfreitag war er ins Grab gelegt worden,
und heute vor Sonnenaufgang
hat er den Stein vom Grab weggewälzt
und ist mit eigener Kraft auferstanden:
Dux vitae mortuus regnat vivus.
    Dic nobis, Maria, / quid vidisti in via? ...
»Maria, sage uns an: / Was hast du auf dem Wege gesehen?
Ich sah das Grab, / und Christus sah ich, der lebt! / ...
Ich sah das Tuch und die Linnen / und sah die Engel,
die sagten mir sichere Kunde.«
Die Auferstehung Christi ist von den Zeugen bestätigt,
durch diejenigen, die in der Morgendämmerung
am ersten Tag nach dem Sabbat,
das heißt heute, zum Grab gingen.
Zuerst die Frauen und nach ihnen die Apostel.
Die alte liturgische Sequenz
richtet sich an Maria von Magdala,
denn ihr war es gegeben,
nicht nur das leere Grab zu entdecken,
sondern den Aposteln das Ereignis zu verkünden.

Petrus und Johannes eilten herbei und stellten fest,
dass das, was die Frauen gesagt hatten, wahr war.

Wir wenden uns an dich, Maria von Magdala,
die du, unter dem Kreuz kniend,
die Füße des sterbenden Christus geküsst hast.
Unter dem Antrieb der Liebe bist du zum Grab gelaufen
und hast es leer gefunden;
Als erste hast du den Auferstandenen gesehen
und mit ihm gesprochen.
Reuige Sünderin,
Christus hat dich in gewisser Weise den Aposteln gleichgestellt,
indem er dir die Nachricht von der Auferstehung in den Mund legte.
Freu dich, Maria von Magdala!
Freut euch, Petrus und Johannes!
Freut euch, Apostel alle!
Freue dich, Kirche, denn das Grab ist leer.
Christus ist erstanden!
Dort, wo man ihn hingelegt hatte,
lagen nur die Leinenbinden,
lag nur das Schweißtuch,
in das man ihn am Karfreitag gewickelt hatte.
Verkündet zusammen mit uns und mit der ganzen Menschheit:
Surrexit Christus spes mea – Surrexit Christus spes nostra!

(URBI ET ORBI, 30.3.1997)

In dieser Nacht wird ein neues Volk geboren

Oh erhabenes Geheimnis dieser Heiligen Nacht! Die Nacht, in
der wir das exzeptionelle Ereignis der Auferstehung neu erleben!
Wenn Christus Gefangener des Grabes geblieben wäre, hätten die

Menschheit und alles Geschaffene gewissermaßen ihren Sinn verloren. Aber Du, Christus, bist wahrhaftig auferstanden! (...)

In dieser Nacht der Auferstehung beginnt alles neu vom »Anfang« her; die Schöpfung nimmt ihre ursprüngliche Bedeutung im Plan der Erlösung wieder an. Es ist wie ein Neubeginn der Geschichte und des Kosmos, weil Christus auferstanden ist, »als der Erste der Entschlafenen« (1 Kor 15,20). Er, »der Letzte Adam«, ist zum »lebendig machenden Geist« geworden (1 Kor 15,45).

Die Sünde unserer Stammeltern wird im Osterlob als »felix culpa« besungen: »Oh glückliche Schuld, welch großen Erlöser hast du gefunden!« Wo die Sünde übermächtig wurde, herrscht nun die Gnade (...)

In dieser Heiligen Nacht wird ein neues Volk geboren (...)

(PREDIGT IN DER OSTERNACHT, 19.4.2003)

Geburtsort einer neuen Menschheit: Predigt in der Grabeskirche von Jerusalem

Das Grab ist leer. Es ist ein stilles Zeugnis des zentralen Ereignisses der Menschheitsgeschichte: der Auferstehung unseres Herrn Jesus Christus. Seit fast zweitausend Jahren legt das leere Grab Zeugnis ab für den Sieg des Lebens über den Tod. Zusammen mit den Aposteln und Evangelisten, mit der Kirche aller Zeiten und aller Orte bezeugen und verkünden auch wir: »Christus ist auferstanden! Von den Toten auferweckt, wird er nie mehr sterben; der Tod hat keine Macht mehr über ihn« (Röm 6,9).

»Mors et vita duello conflixere mirando; dux vitae mortuus, regnat vivus – Tod und Leben, die kämpfen unbegreiflichen Zweikampf, des Lebens Fürst, der starb, herrscht nun lebend« (Lateinische Ostersequenz Victimae paschali laudes). Der Herr des Lebens war tot;

jetzt herrscht er, siegreich über den Tod, über die Quelle des ewigen Lebens für alle, die glauben. (...)

»Reißt diesen Tempel nieder, in drei Tagen werde ich ihn wieder aufrichten« (Joh 2,19).

Der Evangelist Johannes berichtet, dass sich die Jünger nach der Auferstehung Jesu von den Toten an seine Worte erinnerten und glaubten (vgl. Joh 2,22). Jesus hatte diese Worte als Zeichen für die Jünger gesprochen. Als er mit ihnen den Tempel besuchte, trieb er die Geldwechsler und Händler aus diesem heiligen Ort hinaus (vgl. Joh 2,15). Und als die Anwesenden protestierten und sagten: »Welches Zeichen lässt du uns sehen als Beweis, dass du dies tun darfst?«, entgegnete Jesus: »Reißt diesen Tempel nieder, in drei Tagen werde ich ihn wieder aufrichten.« Der Evangelist merkt an, dass er damit »den Tempel seines Leibes« meinte (vgl. Joh 2,18–21).

Die Auferstehung Jesu ist das Zeichen

Die in Jesu Worten enthaltene Verheißung erfüllte sich am Ostermorgen, als er am dritten Tage von den Toten auferstand. Die Auferstehung unseres Herrn Jesus Christus ist das Zeichen, dass der Ewige Vater seinem Versprechen treu bleibt und aus dem Tod neues Leben hervorbringt: »Die Auferstehung der Toten und das Leben der kommenden Welt.« Das Geheimnis wird deutlich widergespiegelt in dieser alten Kirche der »Anastasis«, die sowohl das leere Grab, das Zeichen der Auferstehung, als auch Golgota, den Ort der Kreuzigung, umschließt. Die frohe Botschaft der Auferstehung kann niemals vom Geheimnis des Kreuzes getrennt werden. (...) Paulus betont das: »Wir dagegen verkünden Christus als den Gekreuzigten« (1 Kor 1,23). Christus, der sich selbst als Abendopfer auf dem Altar des Kreuzes hingab (vgl. Ps 141,2), ist jetzt offenbart als »Gottes Kraft und Gottes Weisheit« (1 Kor 1,24). In dieser Auferstehung werden die Söhne und Töchter Adams zu Teilhabern an dem göttlichen Leben, das von aller Ewigkeit mit dem Vater im Heiligen Geist war.

(...) Die Auferstehung Jesu ist das endgültige Siegel aller Verheißungen Gottes, der Geburtsort einer neuen, auferweckten Menschheit, der Unterpfand einer Geschichte, die von den messianischen Gaben des Friedens und der geistigen Freude geprägt ist. An der Schwelle eines neuen Jahrtausends können und sollten die Christen in die Zukunft blicken mit unerschütterlichem Vertrauen auf die glorreiche Macht des Auferstandenen, alle Dinge neu zu machen (vgl. *Offb* 21,5). Er ist derjenige, der die ganze Schöpfung von ihrer Unterwerfung unter die Vergänglichkeit befreit (vgl. *Röm* 8,20). Durch seine Auferstehung öffnet er den Weg zur großen Sabbatruhe, zum Achten Tag, wenn die Pilgerfahrt der Menschheit enden wird und Gott über alles und in allem herrscht (vgl. 1 *Kor* 15,28).

(PREDIGT IN DER GRABESKIRCHE VON JERUSALEM, 26.3.2000)

Wir müssen Ihm persönlich begegnen

Die Evangelien berichten manchmal in allen Einzelheiten über die Begegnungen des auferstandenen Herrn zunächst mit den Frauen, die zum Grab geeilt waren, und dann mit den Aposteln. Als Augenzeugen werden sie als erste das Evangelium von seinem Tod und seiner Auferstehung verkünden. (...) Die Kirche, Hüterin dieses universalen Heilsgeheimnisses, gibt es von Generation zu Generation weiter an die Männer und Frauen allerorts und aller Zeiten. Es ist notwendig, dass auch in unserer Zeit dank des Einsatzes der Gläubigen die Botschaft kraftvoll erklingt, dass Christus tot war und durch die Kraft seines Geistes jetzt lebt und herrscht. Damit die Christen diesen ihnen erteilten Auftrag vollkommen erfüllen, ist es unerlässlich, dass sie dem auferstandenen Gekreuzigten persönlich begegnen und sich von der Kraft seiner Liebe verwandeln lassen. Wenn das geschieht, verwandelt sich die Trauer in Freude, die Angst weicht dem missionarischen Eifer.

(GENERALAUDIENZ, 14.4.2004)

Die eschatologische Spannung der Eucharistie

Die Akklamation des Volkes nach der Wandlung endet treffend mit dem Bekenntnis der eschatologischen Perspektive, welche die Eucharistiefeier auszeichnet (vgl. 1 Kor 11,26): »... bis du kommst in Herrlichkeit«. Die Eucharistie bedeutet Spannung auf das Ziel hin, Vorgeschmack der vollkommenen Freude, die Christus versprochen hat (vgl. Joh 15,11); in gewisser Weise ist sie Vorwegnahme des Paradieses, »Unterpfand der künftigen Herrlichkeit«. In der Eucharistie drückt alles die vertrauensvolle Erwartung aus, dass »wir voll Zuversicht das Kommen unseres Erlösers Jesus Christus erwarten«. Wer sich von Christus in der Eucharistie nährt, muss nicht das Jenseits erwarten, um das ewige Leben zu erlangen: Er besitzt es schon auf Erden als Erstlingsgabe der künftigen Fülle, die den ganzen Menschen betreffen wird. In der Eucharistie empfangen wir tatsächlich auch die Garantie der leiblichen Auferstehung am Ende der Welt: »Wer mein Fleisch isst und mein Blut trinkt, hat das ewige Leben, und ich werde ihn auferwecken am Letzten Tag« (Joh 6,54). Diese Garantie der künftigen Auferstehung kommt aus der Tatsache, dass das Fleisch des Menschensohnes, das uns zur Speise gereicht wird, sein Leib im verherrlichten Zustand des Auferstandenen ist. Mit der Eucharistie nehmen wir sozusagen das »Geheimnis« der Auferstehung in uns auf. Deshalb definierte der heilige Ignatius von Antiochien das eucharistische Brot zu Recht als »Medizin der Unsterblichkeit, Gegengift gegen den Tod«.

Ein Aufbrechen des Himmels, der sich über der Erde öffnet

Die eschatologische Spannung, die durch die Eucharistie wachgerufen wird, drückt die Gemeinschaft mit der himmlischen Kirche aus und stärkt sie. Es ist kein Zufall, dass die orientalischen Anaphoren und die eucharistischen Hochgebete des lateinischen Ritus das ehrfürchtige Gedenken Mariens, der allzeit jungfräulichen Mutter unseres Herrn und Gottes Jesus Christus, der Engel, der heiligen Apostel, der ruhmreichen Märtyrer und aller Heiligen enthalten. Dies ist ein Aspekt der Eucharistie, der es verdient, hervorgehoben zu werden: Während wir das Opfer des Lammes feiern, vereinen wir uns mit der himmlischen Liturgie und gesellen uns zu jener gewaltigen Schar, die ruft:»Die Rettung kommt von unserem Gott, der auf dem Thron sitzt, und von dem Lamm!« (*Offb* 7,10). Die Eucharistie ist wirklich ein Aufbrechen des Himmels, der sich über der Erde öffnet. Sie ist ein Strahl der Herrlichkeit des himmlischen Jerusalem, der die Wolken unserer Geschichte durchdringt und Licht auf unseren Weg wirft.

Eine bedeutsame Konsequenz der eschatologischen Spannung, die in die Eucharistie eingeschrieben ist, besteht auch darin, dass sie uns auf dem Weg durch die Geschichte einen Impuls gibt und in die tägliche Arbeit und Pflicht eines jeden einen Samen lebendiger Hoffnung legt. Wenn die christliche Sichtweise nämlich dazu führt, auf »einen neuen Himmel« und »eine neue Erde« zu blicken (vgl. *Offb* 21,1), so schwächt dies nicht, sondern fördert unseren Verantwortungssinn für die gegenwärtige Welt. (...)

Den Tod des Herrn verkünden, »bis er kommt« (1 Kor 11,26), bringt für alle, die an der Eucharistie teilnehmen, den Auftrag mit sich, das Leben zu »verwandeln«, damit es in gewisser Weise ganz »eucharistisch« werde. Genau diese Frucht der Verwandlung der Existenz wie auch der Auftrag, die Welt nach dem Evangelium umzugestalten, lassen die eschatologische Spannung der Eucharistiefeier und des ganzen christlichen Lebens aufleuchten: »Komm, Herr Jesus!« (Offb 22,20).

(ENZYKLIKA ECCLESIA DE EUCHARISTIA, 17.4.2003, NR. 18–20)

7 Das Testament

Dass alles mich auf diesen Augenblick vorbereiten möge...

»Seid also wachsam! Denn ihr wisst nicht, an welchem Tag euer Herr kommt« (vgl. Mt 24,42) – diese Worte erinnern mich an den letzten Ruf, der dann ergehen wird, wenn der Herr es will. Ich will ihm folgen und wünsche, dass alles, was zu meinem irdischen Leben gehört, mich auf diesen Augenblick vorbereiten möge. Ich weiß nicht, wann er kommt, aber so, wie alles andere, lege ich auch diesen Augenblick in die Hände der Mutter meines Meisters: *Totus Tuus*. Denselben mütterlichen Händen überantworte ich alles und alle, mit denen mich mein Leben und meine Berufung verbunden hat. Diesen Händen überlasse ich vor allem die Kirche und auch meine Nation und die ganze Menschheit. Ich danke allen. Alle bitte ich um Vergebung. Ich bitte auch um das Gebet, damit sich die Barmherzigkeit Gottes als größer erweise als meine Schwachheit und Unwürdigkeit. (...)

Auch während dieser Exerzitien habe ich über die Wahrheit des Priestertums Christi im Blick auf jenen Übergang nachgedacht, der für jeden von uns der Augenblick des eigenen Todes ist. Das Abschiednehmen von dieser Welt – um für die andere geboren zu werden, für die künftige Welt, deren beredtes [*darübergeschrieben*: entscheidendes] Zeichen für uns die Auferstehung Christi ist. (...)

Immer bereit, vor den Herrn und Richter zu treten

Heute möchte ich dem nur soviel hinzufügen, dass mit der Möglichkeit des Todes ein jeder immer rechnen muss. Und dass jeder immer bereit sein muss, vor den Herrn und Richter – und gleichzeitig Erlöser und Vater – zu treten. Folglich bin auch ich mir dessen ständig bewusst, wobei ich diesen entscheidenden Augenblick der Mutter Christi und der Kirche anvertraue – der Mutter meiner Hoffnung.

Die Zeiten, in denen wir leben, sind unsagbar schwierig und unruhig. Schwierig und angespannt ist – eine für diese Zeit bezeichnende Prüfung – auch der Weg der Kirche geworden, sowohl für die Gläubigen wie für die Hirten. In einigen Ländern (wie zum Beispiel in jenem, von dem ich während der Exerzitien gelesen habe) befindet sich die Kirche in einer Zeit derartiger Verfolgung, dass sie jener der ersten Jahrhunderte in nichts nachsteht, vielmehr diese durch den Grad der Unbarmherzigkeit und des Hasses noch übersteigt. *Sanguis martyrum – semen christianorum* [Das Blut der Märtyrer ist der Same der Christen]. Und außerdem – so viele Menschen kommen unschuldig ums Leben, selbst in dem Land, in dem wir leben.

Er selbst wird entscheiden, wann und wie
Ich will mich noch einmal völlig dem Willen des Herrn anvertrauen. Er selbst wird entscheiden, wann und wie ich mein irdisches Leben und mein Hirtenamt beenden soll. Im Leben und im Tod *Totus Tuus* durch die Immaculata. Indem ich schon jetzt diesen Tod annehme, hoffe ich, dass Christus mir die Gnade jenes letzten Geleites, das heißt für [mein] Ostern, gewähren möge. Ich hoffe auch, dass er sie für jenes wichtigste Anliegen fruchtbar machen wird, dem ich zu dienen trachte: für die Rettung der Menschen, für den Schutz der Menschheitsfamilie und in ihr aller Nationen und Völker (unter denen sich das Herz ganz besonders meiner irdischen Heimat zuwendet), fruchtbar für die Menschen, denen er

mich in besonderer Weise anvertraut hat – für das Anliegen der Kirche, zur Ehre Gottes selbst. (...)

Am Tag des 13. Mai 1981, dem Tag des Attentats auf den Papst bei der Generalaudienz auf dem Petersplatz, hat mich die Göttliche Vorsehung auf wunderbare Weise vor dem Tod bewahrt. Er, der der einzige Herr über Leben und Tod ist, hat mir dieses Leben verlängert, ja gleichsam von neuem geschenkt. Es gehört seit diesem Augenblick noch mehr Ihm. Ich hoffe, dass Er selbst mich erkennen lässt, bis wann ich diesen Dienst ausüben soll, zu dem Er mich am 16. Oktober 1978 berufen hat. Ich bitte Ihn, mich dann zu sich zu rufen, wenn Er es tun will. »Leben wir, so leben wir dem Herrn, sterben wir, so sterben wir dem Herrn« (vgl. *Röm* 14,8). Ich hoffe auch, dass mir die Göttliche Barmherzigkeit, solange es mir gegeben ist, den Petrusdienst in der Kirche zu leisten, die für diesen Dienst nötige Kraft geben möge. (...)

Ich kehre in Gedanken an den Anfang meines Lebens zurück
Wie viele Menschen müsste ich hier aufzählen! Die meisten von ihnen hat Gott der Herr wahrscheinlich zu sich gerufen – an sie und an jene, die noch auf dieser Seite weilen, mögen die Worte dieses Testaments erinnern – an alle und überall, gleich an welchem Ort sie weilen. (...)

In dem Maße, wie das Ende meines irdischen Daseins näher rückt, kehre ich in Gedanken an dessen Anfang zurück, zu meinen Eltern, zu meinem Bruder und meiner Schwester (die ich nicht kannte, weil sie vor meiner Geburt starb), zur Pfarrei von Wadowice, wo ich getauft wurde, zu jener Stadt meiner Jugend, zu den Altersgenossen, zu den Mitschülerinnen und Mitschülern in der Volksschule, im Gymnasium, auf der Universität, bis zur Zeit der Besatzung, als ich Arbeiter war, und schließlich zur Pfarrei von Niegowice und zur Krakauer Pfarrei Sankt Florian, zur Hochschulseelsorge, zu meinem Umfeld ... zu allen Lebensbereichen ... in Krakau und in Rom ... zu den Menschen, die mir in besonderer Weise vom Herrn anvertraut wurden.

Allen will ich nur eines sagen:»Gott möge es euch vergelten!«
»*In manus Tuas, Domine, commendo spiritum meum.*«

(TESTAMENT, VERÖFFENTLICHT NACH DEM TOD VON JOHANNES PAUL II. IM APRIL 2005. DIE EINTRAGUNGEN BEGINNEN IM MÄRZ 1979 UND ENDEN IM MÄRZ 2000)

Texte und Worte von Papst Johannes Paul I.

1 Hoffnung auf Ewigkeit

Sich zu Gott auf die Reise machen

Lieben heißt, sich auf den Weg machen, mit dem Herzen auf das geliebte Objekt zulaufen. In der *Nachfolge Christi* [von Thomas a Kempis] heißt es: Wer liebt,»läuft, fliegt und freut sich« (I,III, c.V, Nr. 4). Gott lieben heißt, sich zu Gott auf die Reise machen. Diese Reise ist schön.

Als Junge begeisterte ich mich an den Reisen von Jules Verne (»20.000 Meilen unter dem Meer«,»Von der Erde zum Mond«,»In 80 Tagen um die Welt« u.a.). Aber die Reisen unserer Liebe zu Gott sind viel interessanter. (...)

Jesus ist ans Kreuz genagelt: Willst du ihn küssen?

Die Reise bringt aber auch Opfer mit sich. Doch sie dürfen uns nicht aufhalten. Jesus ist ans Kreuz genagelt: Willst du ihn küssen? Das ist nur möglich, wenn du dich über das Kreuz beugst und dich von den Dornen der Krone, die der Herr auf dem Haupt hat, stechen lässt (vgl. Franz von Sales, *Oeuvres*, Bd. XXI). Mache es nicht wie der hl. Petrus, der am Berg Tabor, wo Freude herrschte, aus ehrlichem Herzen»Es lebe Jesus!«rief, aber auf Golgota, bei Gefahr und Schmerz, sich neben Jesus nicht einmal blicken ließ (vgl. Franz von Sales, *Oeuvres*, Bd. XV). (...)

Gott lieben ist – wie wir gesehen haben – auch eine Reise: Gott will dies immer noch intensiver und vollkommener.

(LETZTE GENERALAUDIENZ VOR DEM TOD, 27.9.1978)

»Wir haben ein Haus im Himmel«

Am 22. Oktober dieses Jahres wird, wie wir erfahren haben, die 700-Jahrfeier dieser Kirche begangen (...). Diese Kirche vermittelt den Seelen Sehnsucht nach jener himmlischen Wohnung, wo wir in alle Ewigkeit die Gnade genießen dürfen, die wir weder mit den Augen sehen noch mit den Ohren hören können, die von keinem Gedanken verdunkelt werden kann; denn »wir haben eine Wohnung von Gott, ein nicht von Händen errichtetes, ewiges Haus im Himmel« (2 Kor 5,1).

Diese Wohnung im Himmel ist es, die unserer kurzen und oft beschwerlichen irdischen Pilgerfahrt wahre Bedeutung und echten Sinn verleiht. Nach jenem seligen, niemals vergehenden Leben sollen wir uns im Unglück sehnen und es im Glück nicht vergessen.

(BRIEF ZUM 700-JAHR-JUBILÄUM DES ERFURTER DOMS, LETZTES VON JOHANNES PAUL I. UNTERZEICHNETES DOKUMENT, 28.9.1978)

Hoffnung mitten im Sterben

Mitunter könnte es den Eindruck erwecken, die christliche Hoffnung habe in unserer Welt ihre belebende Kraft verloren. Auf der einen Seite erblicken wir Lebensangst und Verzweiflung, auf der anderen eine rücksichtslose Anmaßung des Menschen, sich allein aus eigener Kraft seine Zukunft gestalten und sichern zu wollen. Gegen allen Kleinmut und orientierungslose Müdigkeit, gegen alle blinde Gewalttätigkeit setzt dieser Katholikentag das Zeichen der Zuversicht, der Hoffnung. Gegen allen Hochmut und alle trügerische Selbstsicherheit des Menschen verankert er Zukunft und Hoffnung in dem, der allein sie zu geben vermag: in Gott, dem Herrn der Geschichte. (...)

Im Glauben sind wir motiviert, das Gute im Mitmenschen vorauszusetzen und zu versuchen, mit ihm zusammen in Einheit und

Frieden zu leben. Die alten Menschen unter uns wissen in der gleichen christlichen Hoffnung, dass ihr Wert vor Gott nicht abnimmt, wenn sie müde und schwach geworden sind und nicht mehr schaffen können. Diese Zuversicht schließlich lässt uns nicht in Panik geraten, wenn eine schwere und vielleicht tödliche Krankheit uns befällt. In Christus wurzelnde Hoffnung schenkt immer wieder Menschen unter uns die Gnade, den Glauben an Gott mitten im Sterben zu bezeugen. (...)

(BOTSCHAFT AN DEN 85. DEUTSCHEN KATHOLIKENTAG, 8.9.1978)

Hoffnung für die Einzelnen: Von der Ewigkeit sprechen

Auf dem 85. Deutschen Katholikentag in Freiburg, vergangene Woche, wurde das Thema »Ich will euch Zukunft und Hoffnung geben« behandelt. Man sprach davon, die »Welt« zu verbessern, und da hatte das Wort »Zukunft« seinen Platz. Wenn man aber von der Hoffnung für die »Welt« auf die Hoffnung für die einzelnen zu sprechen kommt, dann muss man auch von der »Ewigkeit« sprechen. Am Strand von Ostia hat ein berühmtes Gespräch zwischen dem hl. Augustinus und der hl. Monika stattgefunden: Die Vergangenheit vergessend und sich der Zukunft zuwendend, fragten sie sich, wie es wohl um das ewige Leben bestellt sei (vgl. Augustinus, *Bekenntnisse* IX, 10). Das ist christliche Hoffnung! Das (...) verstehen wir darunter, wenn wir mit dem Katechismus beten: »Mein Gott, von deiner Güte erhoffe ich ... das ewige Leben und die Gnaden, die notwendig sind, um es mir mit den guten Werken zu verdienen, die ich tun muss und tun will. O mein Gott, lass mich nicht in Ewigkeit zuschanden werden!«

(GENERALAUDIENZ, 20.9.1978)

Ist die Hölle ewig?

Ich sehe hier unter euch einige meiner früheren Mitschüler. Wir haben damals gelernt, dass die Hölle *ewig* ist. Ich war von den Vernunftargumenten, die da angeführt wurden, nie restlos überzeugt. Der heilige Thomas bemüht sich sehr, die Ewigkeit der Hölle mit dem Argument zu beweisen, dass die Sünde irgendwie unendlich sei (*habet quamdam infinitatem*). Ich bin von diesem Argument nie überzeugt gewesen, es leuchtet mir einfach nicht ein. Die Sünde wird immer *endlich* sein.

Ich persönlich wäre also versucht, die Hölle nicht für ewig zu halten, wenn da nicht das Evangelium wäre. Dort heißt es ganz eindeutig, dass sie ewig im strengen Sinne ist. Ein Geheimnis, wenn ihr wollt, aber es kann keinen Zweifel daran geben.

Die Julisonne und das Wachs

Der Glaube sagt es uns ganz klar. Ich verstehe es zwar nicht, doch ich bekenne es. Es wäre mir sicherlich lieber, wenn es nicht so wäre, aber es steht nun einmal eindeutig im Evangelium: Was immer man auch dagegen einwenden mag, sie ist trotzdem ewig!

Und man kann sehr gewichtige Einwände hören: Aber wie passt denn das zusammen mit einem Gott, der doch unendlich gut ist? Ich weiß es nicht, ich weiß nur eines: Legt einmal ein kleines Stück hartes Wachs in die heiße Julisonne und daneben ein wenig weichen, halbflüssigen Schlamm! Dann wartet und schaut nach einer Stunde nach: Das harte Wachs ist flüssig geworden und der weiche Schlamm hart und trocken. Wer hat das bewirkt? Die Sonne, ein und dieselbe Sonne. Wie denn? Zwei gegensätzliche Wirkungen? Ja, dieselbe Sonne hat den Schlamm getrocknet und das Wachs flüssig gemacht. Wieso? Ich weiß es nicht.

Dasselbe tut auch Gott, aber es ist nicht seine Schuld ...

(AUS: ALBINO LUCIANI, DAS BEISPIEL DES SAMARITERS, DIE EXERZITIEN JOHANNES PAUL I., GRAZ/WIEN/KÖLN 1982, S. 59f.)

Texte und Worte von Papst Paul VI.

1 In der Finsternis des Todes

Gemeinsame Sehnsucht unserer Seelen

Gemeinsame Sehnsucht unserer armen Seelen, welche von den religiösen Problemen gequält sind, die der modernen Mentalität eigentümlich sind, wäre ein Zweifaches:

1.) von Gott irgendeine direkte Erfahrung zu erlangen; ihn zu verstehen, wenn man ihn schon nicht sehen kann; ihn zu fühlen, wenn man ihn schon nicht verstehen kann: *sitivit in Te anima mea ... in terra deserta et inaquosa ...* (»Gott, mein Gott bist du, dich suche ich, /es dürstet nach dir meine Seele. / Nach dir schmachtet mein Fleisch / wie dürres, lechzendes Land ohne Wasser.« Ps 63,1f.);

2.) von Gott irgendein wundersames Zeichen zu erlangen, irgendeinen außergewöhnlichen Hinweis auf sein allmächtiges Wirken oder auf seinen liebevollen Beistand ...

Die Nächstenliebe und dann die Gottesliebe können eine glückliche und hinreichende Antwort auf die erste Sehnsucht geben: Wer liebt, der fühlt, wer liebt, der weiß, wer liebt, erfährt Gott; durch die Liebe kann man diese neue Gewissheit erlangen, die die Seele sicher und vertrauensvoll macht, so dass sie freudig im Schatten der anhaltenden Nacht auf das künftige Licht zugeht.

Das Wort Christi erfüllt die zweite Sehnsucht, wobei sie einen tiefen Akt des Glaubens erbittet: Selig sind, die nicht sehen und doch glauben ...

(UNDATIERTE HANDSCHRIFTLICHE NOTIZ, NACH DEM TOD VERÖFFENTLICHT IN: OSSERVATORE ROMANO (ITAL.), 6.8.2017, S. 5; ÜBERSETZUNG DES HERAUSGEBERS)

»Gedenke, Mensch, dass du Staub bist«

Eine ernste Lehre erteilt uns heute die Liturgie, eine dramatische Lehre, in einem Ritus von plastischer Eindringlichkeit. Das Auflegen der Asche hat eine so klare und durchsichtige Bedeutung, dass jeder Kommentar überflüssig wird. Es führt uns zu einer realistischen Betrachtung über die Hinfälligkeit unseres menschlichen Daseins, das dem Tod geweiht ist, der unseren Körper wieder zu Staub werden lässt: diesen Körper, für dessen Vitalität, Gesundheit, Kraft, Schönheit und Unternehmungslust wir jeden Tag Pläne schmieden. Der liturgische Brauch weist uns mit schonungsloser Offenheit auf diese objektive Gegebenheit hin: hier auf Erden ist nichts sicher und endgültig; die Zeit entflieht unerbittlich, und wie ein reißender Strom treibt sie uns und das unsrige ohne Rast der geheimnisvollen Mündung des Todes zu.

»Ein Kunstgriff, der eher zum Lachen als zum Denken reizt«

Die Versuchung, sich der Evidenz dieser Feststellung zu entziehen, ist alt. Da er dem Tod nicht entrinnen kann, hat der Mensch versucht, ihn zu vergessen oder zu bagatellisieren, indem er ihn all dessen beraubte, was ihn zu einem entscheidenden Ereignis seines Daseins macht. Der Satz Epikurs: »Wenn wir sind, gibt es den Tod nicht, und wenn der Tod da ist, gibt es uns nicht«, ist die klassische Formulierung dieser Neigung, die von der Antike bis in unsere Tage auf tausenderlei Weise Ausdruck fand. Aber in Wirklichkeit handelt es sich hier um »einen Kunstgriff, der eher zum Lachen als zum Denken reizt« (M. Blondel). Denn der Tod gehört nun einmal zu unserer Existenz und bestimmt ihre Entwicklung von innen her. Das hat der hl. Augustinus richtig erkannt, als er argumentiert: »Wenn einer zu sterben beginnt von dem Augenblick an, wo der Tod in ihm zu wirken beginnt, indem er ihm das Leben entzieht ..., dann beginnt der Mensch sich zweifellos von dem Augenblick an im Tod zu befinden, in dem sein leibliches Leben beginn«(Augustinus, *De Civitate Dei*, 13,10).

In voller Übereinstimmung mit der Wirklichkeit ermahnt uns daher die Sprache der Liturgie:»Gedenke, Mensch, dass du Staub bist und wieder zu Staub zurückkehren wirst!«Das sind Worte, die mit aller Schärfe das unumgängliche Problem unseres langsamen Versinkens im Fließsand der Zeit beleuchten und mit dramatischer Dringlichkeit die»Frage nach dem Sinn«unseres vorübergehenden Eintauchens in das Leben aufwerfen, um dann in schicksalhafter Weise vom dunklen Schatten des Todes verschlungen zu werden. Wahrhaftig,»angesichts des Todes wird das Rätsel des menschlichen Daseins am größten«(Enzyklika *Gaudium et spes*, Nr. 18).

Der Glaube gibt keine ausweichende Antwort
Der Glaube gibt, wie ihr wisst, auf dieses Rätsel keine ausweichende Antwort. Diese Antwort spricht sich in einer Erklärung und einer Verheißung aus. Die Erklärung fasst der hl. Paulus in die berühmten Worte zusammen:»Wie durch einen einzigen Menschen die Sünde in die Welt kam und durch die Sünde der Tod und auf diese Weise der Tod zu allen Menschen gelangte, weil alle sündigten ...«(*Röm* 5,12). Der Tod, wie wir ihn heute erfahren, ist also eine Frucht der Sünde:»der Lohn, den die Sünde zahlt«(*Röm* 6,23). Es fällt schwer, diesen Gedanken anzunehmen, und tatsächlich lehnt das profane Denken unserer Zeit ihn einstimmig ab. Die Leugnung Gottes oder der Verlust des lebendigen Empfindens seiner Gegenwart hat viele Zeitgenossen verführt, die Sünde soziologisch, psychologisch, existentialistisch oder evolutionistisch zu deuten. Allen diesen Interpretationen ist gemeinsam, dass sie der

Sünde ihren tragischen Ernst absprechen. Ganz anders die Offenbarung. Sie stellt die Sünde als eine schreckliche Wirklichkeit dar, der gegenüber jedes andere zeitliche Übel immer von zweitrangiger Bedeutung sein wird. Denn in der Sünde durchbricht der Mensch »die geschuldete Ausrichtung auf sein letztes Ziel, zugleich aber auch seine ganze Ordnung hinsichtlich seiner selbst wie hinsichtlich der anderen Menschen und der ganzen Schöpfung« (Gaudium et spes, Nr. 13). Die Sünde bezeichnet das radikale Scheitern des Menschen, die Auflehnung gegen Gott, der das Leben ist, das »Auslöschen des Geistes« (vgl. 1 Thess 5,19). Und der Tod ist dafür also nur die äußere, sichtbare Bestätigung.

Das ist die Erklärung, die uns die Offenbarung bietet und die von der Erfahrung durch eine Fülle trauriger Beweise bestätigt wird. Der Glaube beschränkt sich jedoch nicht darauf, unser Drama zu erklären. Er gibt uns auch die frohe Nachricht, dass eine Lösung möglich ist. Gott hat sich nicht mit dem Versagen seines Geschöpfes abgefunden: in seinem Sohn, der Mensch geworden, gestorben und auferstanden ist, öffnet er das Herz des Menschen erneut der Hoffnung. »Tod und Leben stießen in einem erstaunlichen Kampf aufeinander« – so singen wir am Ostertag –, »der Herr des Lebens war tot, aber jetzt lebt er und triumphiert« (Sequenz). Im Ostermysterium hat Christus den Tod überwunden, insofern dieser unsere verletzte Natur offenbar, und durch seine glorreiche Auferstehung endgültig die Macht der Sünde, die in der Welt wirksam ist, bis in den Grund besiegt. Jetzt kann jeder Mensch, der sich durch den Glauben an Christus anschließt und sich bemüht, sein Leben nach ihm auszurichten, schon die lebenspendende Kraft erfahren, die vom Auferstandenen ausgeht. Er ist nicht länger Sklave des Todes (vgl. Röm 8,2), denn in ihm wirkt schon »der Geist dessen, der Jesus von den Toten auferweckt hat« (Röm 8,11).

So lautet nun die Frohbotschaft: In Christus Jesus können wir den Tod besiegen.

(PREDIGT AM ASCHERMITTWOCH, 8.2.1978)

Fürbitten für einen Ermordeten

Jetzt möchten unsere Lippen – verschlossen unter einer Last, so schwer wie der Stein, der vor dem Eingang des Grabes Christi lag – sich öffnen zum »De Profundis«, dem Klageschrei des unsagbaren Schmerzes über diese Tragödie, der unsere Stimme erstickt.

Herr, erhöre uns!

Und wer könnte unsere Klage hören, wenn nicht Du, Gott des Lebens und des Todes? Du hast unser Gebet um die Rettung Aldo Moros, dieses guten, milden, weisen, unschuldigen Menschen und Freundes, nicht erhört; aber Du, o Herr, hast seinen unsterblichen Geist, gezeichnet vom Glauben an Christus, die Auferstehung und das Leben, nicht verlassen. Für ihn, für ihn bitten wir.

Herr, erhöre uns!

O Gott, Vater der Barmherzigkeit, lass die Verbindung nicht abreißen, die auch in der Finsternis des Todes zwischen den aus diesem Leben Geschiedenen und uns besteht, die wir noch im Tageslicht einer Sonne leben, die unweigerlich untergeht ...

Herr, erhöre uns!

Inzwischen, Herr, gib, dass unser Herz, versöhnt durch die Kraft deines Kreuzes, diese ungerechte, tödliche Gewalttat verzeihen kann, der dieser uns so teure Mensch und auch die anderen, die das gleiche grausame Schicksal erlitten haben, zum Opfer gefallen sind (...)

Herr, erhöre uns!

(FÜRBITTEN BEIM TRAUERGOTTESDIENST FÜR DEN VON TERRORISTEN ERMORDETEN POLITIKER ALDO MORO, 13.5.1978)

Wir wissen, dass die Toten leben

Wir fühlen uns wohl alle wie überwältigt von den beiden Gedanken, die unsere Seelen durchdringen, um uns mit übermenschlicher Furcht und Hoffnung zu erfüllen. Es ist der Gedanke an den Tod und an die Toten, an unsere Verstorbenen.

Was den ersten Gedanken, den an den Tod betrifft, so haben wir über seine tragische Wirklichkeit bereits zu Beginn der Fastenzeit meditiert, als die Kirche uns aus der üblichen Unbekümmertheit aufrüttelte und aufforderte:»Bedenke, o Mensch, dass du Staub bist und wieder zu Staub zurückkehren wirst!« Der Ernst dieser Botschaft bezog sich auf das gegenwärtige Leben, auf welchem das unerbittliche Schicksal der Vergänglichkeit ruht. Die Botschaft des heutigen Tages ist hingegen eine Herausforderung an die Zukunft, die versucht, in das Geheimnis des Jenseits einzudringen. Dieses Geheimnis hat einen erschreckenden, aber gleichzeitig völlig beruhigenden Aspekt. Es ist das Geheimnis der Auferstehung der Toten, das am Ende der Geschichte steht als sieghaftes Nein zur Auflösung der menschlichen Existenz. Mit unvergleichlicher Kraft, mit einer Autorität, die keinen Zweifel aufkommen lässt, mit einer prophetischen Schau, die in unserer Auferstehung die allmächtige Schöpfermacht Gottes am Werke sieht, versichert uns unser Glaube der Auferstehung der Toten.

Sieghaftes Nein zur Auflösung der menschlichen Existenz
Liebe Gläubige, lest wieder einmal das berühmte 15. Kapitel im ersten Brief des hl. Paulus an die Korinther, und ihr werdet in euch die Kraft des göttlichen Wortes spüren:»Nun steht aber fest, dass Christus von den Toten auferweckt worden ist, der Erste der Entschlafenen ... Wie in Adam alle sterben, so werden in Christus einst alle lebendig gemacht ... So ist es auch mit der Auferstehung der Toten: Was gesät wird, ist armselig; was auferweckt wird, herrlich.

Was gesät wird, ist schwach; was auferweckt wird, ist stark. Gesät wird ein irdischer Leib, auferweckt ein überirdischer Leib ... Wie wird das Bild des Irdischen getragen haben, so werden wir auch das Bild des Himmlischen tragen« (1 Kor 15,20 passim). »Die Hoffnung lässt nicht zugrunde gehen« (Röm 5,5). Und von dieser gewaltigen Hoffnung, deren Wirklichkeit wir uns nicht einmal vorstellen können, muss unser jetziger prosaisches, leiderfülltes und hinfälliges Leben erleuchtet werden:»Tod, wo ist dein Sieg?« (1 Kor 15,55).

Die Toten werden durch die Lebenden weitergeführt
Erfüllt von diesem untrüglichen Wunder des endgültigen Sieges unseres Lebens in Christus wollen wir uns über die Gräber unserer Toten neigen. Wir dringen damit vor in das Dunkel der »anderen Welt«, einer Welt, über die wir keine genauen Vorstellungen besitzen und die wir daher in den Formen unseres jetzigen Erkennens und Denkens nicht darstellen können. Einiges wissen wir jedoch zu unserer Belehrung und zu unserem Trost. Wir wissen vor allem, dass unsere Toten fortleben! Die menschliche Seele ist unsterblich: auch wenn sie vom Körper, dessen Leben sie war, getrennt wird, lebt sie weiter. Wir wissen ferner, dass Gott dort gegenwärtig ist als Richter, vor dem wir uns fürchten (vgl. Röm 2,2 u.a.). Wir wissen aber auch, dass der Herr gütig und milde ist; er kennt die menschliche Schwachheit und ist »voll Erbarmen« (Eph 2,4). Wir wissen noch mehr: manche gute und segensreiche Tat kann Verstorbenen nützen durch die geheimnisvolle Anrechnung unserer Verdienste vor Gott. Das ist die Lehre der Kirche von den Fürbitten, eine überaus trostreiche Lehre! Die »Gemeinschaft der Heiligen« vermag auch im Jenseitigen wirksam zu werden: Unsere Gebete, Almosen, Bußübungen und guten Werke können unseren Verstorbenen zugute kommen.

Ein unaussprechlicher Trost erfüllt unsere betrübten Herzen. Wir vernehmen die Botschaft Dantes, als käme sie von jenseits des Grabes:»Die Toten werden durch die Lebenden weitergeführt« (*Purgatorio* 12,24). Wir wiederholen diese Worte, als wären sie an uns gerichtet, und nehmen uns vor, in Liebe für sie zu beten.

(GENERALAUDIENZ AM FEST ALLERSEELEN, 2.11.1977)

Die Formel für das wahre Leben

So viele hochherzige, aber gleichsam verblendete Menschen suchen inständig nach einer Existenzformel, die ihren überquellenden Kräften einen rückhaltlosen Einsatz ermöglicht; sie werden aber von den Verlockungen des Alltags oder von der Faszination utopischer Programme enttäuscht, die dem, der sich ihnen verschreibt, kaum einen sinnvollen Weg weisen können. (...)

Ist vielleicht unter euch, jungen Menschen, unter euch, Männern und Frauen, die ihr uns zuhört, jemand, der an der Suche nach dieser keineswegs ungewöhnlichen, verborgenen Lebensnorm leidet? Sucht ihr vielleicht bei uns die Formel für das wahre Leben, dessen enormer Wert ein Risiko rechtfertigt, das Geschenk einer konkurrenzlosen Entscheidung?

Leben, das mit dem Tod nicht verlöscht

Nun, wir möchten euch, die ihr nach dieser letzten Antwort sucht, der Antwort auf die Frage nach dem echten, weisen, wahrhaft menschenwürdigen Einsatz des Lebens, zweierlei sagen: Da ist zunächst die Tatsache unserer Unkenntnis der Dinge, welche den Reichtum, die Kraft, den Zauber der äußeren Welt ausmachen. Wir sind da Fremdlinge, wir gehören zu den Armen im Geist. Verlangt nicht von uns, verlangt nicht von der Kirche etwas, was wir euch nicht geben können. Wir kennen das irdische Glück nicht mehr (vgl. *Joh 16,20*).

Wenn ihr uns aber nach dem Geheimnis des wahren Lebens fragt, das sich auf die Wahrheit, auf die Liebe, auf die Mitwirkung mit der göttlichen Gnade gründet; nach dem Geheimnis des Lebens der starken, ernsten und zugleich frohen Menschen; nach dem Leben der Menschen, auch der bescheidenen und armen der modernen Gesellschaft, das aber auf echte Ideale gestützt ist, auf eine transzendente Gemeinschaft, die den Geist auch in den Widerwärtigkeiten glücklich macht: mit einem Wort, nach dem Leben der Berufung durch die Taufe, das voll innerem Frohlocken ist und mit dem Tod nicht verlöscht, nach dem guten, einfachen, ehrenhaften und innerlich ausgewogenen Leben, nach dem christlichen Leben – ja, das können wir euch lehren, und wir können euch dabei helfen. Wollt ihr das?

(GENERALAUDIENZ, 23.11.1977)

Seligkeit und Grauen

Ich [Jean Guitton]

»Mehrmals hat mir ein lutheranischer Freund gesagt, der Katholik suche zu sehr nach einer greifbaren Sicherheit. Er wolle, meinte er, um jeden Preis wissen, dass das Mysterium erfüllt ist, dass ihm vergeben ist und er in Frieden sterben kann. Die römische Zuversicht, sagte er, vermindere den Glauben und das fragenlose Ausgeliefertsein in der Nacht des Nichtwissens.«

Er [Papst Paul VI.]

»In einem katholischen Menschen vereinigt und versöhnt sich alles: das Ungewisse und das Gewisse. Das Wissen um die Erwählung und das Wissen um die Unwürdigkeit, eine vielleicht süße

und drückende Last. Sie erinnern sich jenes Verses, der Verlaines
›Sagesse‹ zusammenfasst:
›Zur Seligkeit hab' ich das Grau'n, erwählt zu sein.‹«

Ich [Jean Guitton]
»Seligkeit und Grauen – wie sehr passt das zusammen!«

Er [Papst Paul VI.]
»Glauben Sie mir, ein Papst versteht diesen Zusammenhang
besser als jeder andere Mensch.«

(JEAN GUITTON, DIALOG MIT PAUL VI., WIEN 1967, S. 237/238)

2 Vor dem Kreuz

Mitschuldig am Kreuz Christi

Wir haben die Via Crucis, den Kreuzweg, beendet. Wir sind diese traurige und tragische Wegstrecke gegangen (...). Vor unseren Augen und in unseren Herzen hat sich diese Leidensgeschichte Jesu wiederholt. Wir sind dadurch beeindruckt und vielleicht auch bewegt, wie es bei den blutigen Szenen und bei den einzigartigen und dramatischen Vorfällen geschieht. Doch bleibt ein Zweifel, eine Frage offen, die es zu lösen gilt und die jetzt uns selbst ganz persönlich betrifft. Sind wir an diesem Drama beteiligt? Wie haben wir hier daran teilgenommen? Als einfache und gleichgültige Zuschauer? Als Neugierige oder Intellektuelle, die sich nur für den Tod eines Weisen und Gerechten interessieren, wie es etwa der des Sokrates gewesen ist?

Wir waren die Schergen und sind zu Beschenkten geworden
Nein, geliebte Söhne und Töchter, wir sind keine neugierigen und unbeteiligten Zuschauer! Nein, wir betrachten aufmerksam das Ende dieses Geschehens, das uns alle miteinbezieht. Ob wir wollen oder nicht, wir sind mitverantwortlich am Tode Jesu. Dies ist die erste Schlussfolgerung, die diese Kreuzwegandacht uns ins Bewusstsein rufen soll. (...) Die zweite Konsequenz ist folgende: Wir waren die Schergen und sind zu Beschenkten geworden, die durch das Opferlamm, das sich an unser Statt für unser Heil geopfert hat, erlöst worden sind. Wenn wir von Erlösung, vom göttlichen Opfer sprechen, beziehen wir uns auf dieses Drama, wo die Schuldigen durch die Reue über ihre Missetat zu Belohnten werden können.

Das ist das Geheimnis, welches dem Kreuzweg zugrunde liegt. Es ist das Geheimnis der Erlösung, das Geheimnis unseres Heiles, das Geheimnis der erlösenden Kraft unseres Schmerzes, wenn er sich mit dem Leiden Christi verbindet, das Geheimnis der Opferliebe Christi, die seinen Tod zur Quelle unseres ewigen Lebens gemacht hat (vgl. *Hebr* 5,9).

(KREUZWEG AM RÖMISCHEN KOLOSSEUM, 16.4.1976)

Warum das alles?

Am Ende dieses Kreuzwegs fühlen wir unsere Hände noch immer an das grobe, schwere Holz, an das Kreuz Christi, gebunden. Wir meinen noch, seine letzten Worte zu vernehmen, die sich dem Gedächtnis der Anwesenden in ihrem ursprünglichen Klang unvergesslich eingeprägt haben, jene Worte, von diesem Sterbenden am Kreuz mit lauter Stimme hinausgeschrieen: *»Elí, Elí, Lemá sabachtáni?«* Das heißt: »Mein Gott, mein Gott, warum hast du mich verlassen?« (Mt 27,46) Das ist wörtlich der Anfang von Psalm 22: Sicher wird hier nicht Verzweiflung ausgedrückt – die es ja unmöglich in Christus geben konnte –, sondern die tiefe, unermessliche Trauer seiner Seele auf dem Höhepunkt der Leiden und unter dem Druck einer menschlichen Qual ohnegleichen. All dies ballt sich in Jesus zusammen und drückt sich in seiner Seele aus, weil es sich auf den tiefsten und ursprünglichen Grund seines Leidens bezieht, auf die Sünde. (...) Jesus ist zerbrochen unter der unerträglichen Last der ihm auferlegten Bestimmung: Lamm Gottes, Ganzopfer durch die Hingabe seines Lebens zu sein.

Bestürzt halten wir den Atem an und schauen uns gegenseitig fragend an: Warum das alles? Für wen? Wir möchten gern, dass alle, die diesen Kreuzweg miteinander gegangen sind, für einen kurzen Augenblick bewusst einem spontanen Mitgefühl Raum gäben und diesen Moment der inneren Bewegung und Anteilnahme erfahren könnten, der schon die Anzeichen der Freude in sich trägt, der Freude, weil wir uns unverdient und doch unendlich tief geliebt wissen.

Der Glanz des Morgenlichtes

Hierin liegt das Geheimnis des Kreuzes. Es ist das Geheimnis der Liebe Gottes durch Christus zu uns allen, zu jedem einzelnen von uns. Der hl. Paulus wiederholt es immer wieder:»Christus hat mich geliebt und sich für mich dahingegeben« (*Gal* 2,20). (...)

Jeder von uns möge im eigenen Herzen diese Erfahrung des Kreuzwegs machen und zu sich selbst die soeben zitierten Worte sprechen: Ich bin von Christus geliebt bis in seinen Tod hinein! Er hat mich geliebt und sich für mich dahingegeben! (...) Der Sieg des Kreuzes ist der Sieg der Liebe Christi. Über dem heilbringenden Holz des Kreuzes liegt schon der Glanz des Morgenlichtes; schon zeigt sich daran das junge Grün eines neuen Lebens.

(KREUZWEG AM KOLOSSEUM, 24.3.1978)

Das Kreuz – zentraler Angelpunkt

Dieses Kreuz, das er selber vorhergesagt hatte, führt uns (...) zu dem Urteil, das der Verurteilte in Voraussicht seiner Kreuzigung über die Welt gefällt hat:»Wenn ich von der Erde erhöht bin (womit er die Art seines Todes andeutete), werde ich alle an mich ziehen« (*Joh* 12,32). Hier fühlt sich die Welt angezogen, ja fasziniert vom göttlichen Gekreuzigten. Von ihm geht ein geheimnisvoller Zauber aus, der dieses Kreuz zum Mittelpunkt der gesamten gläubigen Menschheit macht. Um das Kreuz Christi sammeln sich die neuen

Menschen. Der hl. Paulus sieht in dieser paradoxalen Erhebung des gekreuzigten Christus zum Mittelpunkt das bestimmende Kennzeichen der neuen und wahren Religion, wenn er sagt:»Als ich zu euch kam, Brüder, ... hatte ich mich entschlossen, bei euch nichts zu wissen außer Jesus Christus, und zwar als Gekreuzigten« (1 Kor 2,1–2).

Diesem Aspekt unseres religiösen und christlichen Lebens, dessen zentraler Angelpunkt das Kreuz Christi ist, muss daher unsere ganze Aufmerksamkeit gelten, vor allem in der Erinnerung an das österliche Geschehen, das sich ja für uns sogar wirklich erneuert. Wie kommt es, dass der Wissenschaft vom Kreuz (wie es die Heiligen nannten) die Macht innewohnt, uns im Tode Christi – und was für einem Tode – den eigentlichen Kernpunkt seiner Lehre und seiner Sendung aufgehen zu lassen, so dass jeder, der ihm nachfolgen will, sie anerkennen und leben muss? Wie kann ein Drama des Todes in sich selber und für uns zum Geheimnis des Lebens werden?

Damit ist alles gesagt

Glücklich wir, wenn wir den Schlüssel zu diesem Reich der christlichen Heilsökonomie finden, also zum göttlichen Plan für unsere Erlösung, zur Offenbarung der Liebe Gottes zu uns:»Gott hat die Welt so geliebt, dass er seinen einzigen Sohn hingab, damit jeder, der an ihn glaubt, nicht verlorengeht, sondern das ewige Leben hat« (Joh 3,16). Dieser göttliche Plan unermesslicher Liebe wird in Christus selbst erfüllt, wie die Worte des hl. Paulus bestätigen:»Er hat mich geliebt und sich für mich hingegeben« (Gal 2, 20).

Damit ist alles gesagt. Mehr wollen wir euch jetzt auch nicht sagen. Es mag genügen, damit wir dem eigentlichen Geheimnis des Kreuzes verbunden bleiben und das Los der Liebe wählen, das uns alle, einen jeden persönlich, anruft: Wie antworte ich auf diese Liebe?

(GENERALAUDIENZ, 30.3.1977)

Den Herrn auf dem Weg begleitet

Wir sind zutiefst bewegt. Man geht nicht den Kreuzweg, ohne dabei den Nachhall des Dramas der ergreifenden und schmachvollen Hinrichtung zu spüren, welcher der Herr sich unterworfen hat: Die grausame Strafe und die ungerechte Verurteilung treffen uns tief. »Er hat nichts Schlimmes getan« (Lk 23,41). Selbst der Hauptmann, der die Hinrichtungsmannschaft befehligte, musste anerkennen: »Dieser Mann war gerecht« (Lk 23,47). Ebenso sprachen die anderen, die bei diesem grausamen Schauspiel zugegen waren.

Und wir, liebe Brüder, liebe Söhne und Töchter? Auch wir, wenn wir den Herrn auf seinem schmerzlichen Weg begleitet haben, wenn wir das Opfer und damit den universellen Charakter des Christustodes erfasst haben, sind mit hineingezogen in seine Hinrichtung, sind Mittäter. Aber gerade in dem Augenblick, in dem unser Mitleid sich gegen uns selbst wenden will in unausweichlicher Anklage wegen Tötung dieses unschuldigen Opfers, verwandelt sich das Schuldgefühl in Hoffnung, ja in Dankbarkeit und in Freudentränen. Er, Jesus Christus, der Menschensohn, er ist der Sohn Gottes. Er ist von unseren Sünden ans Kreuz geschlagen worden. Wir weinen darüber. Er ist unserer Sünden wegen ans Kreuz geschlagen worden; das ist auch Grund zu tiefer Freude. Wir haben die Erinnerung an den tragischen Erlösungstod des Lammes wachgerufen, das sein Leben für uns dahingegeben hat, für einen jeden von uns. (...)

Und die anderen? Wir denken an die zahllose Menschheit, die weit mehr Menschen umfasst als die vor uns versammelten, an die ganze menschliche Gesellschaft in allen Teilen der Welt. Wird zu ihnen wenigstens das Echo dieses gewaltigen Dramas des Schmerzes und der Liebe dringen, wie es der Kreuzweg darstellt?

(NACH DEM KREUZWEG AM RÖMISCHEN KOLOSSEUM, 8.4.1977)

Am Kreuz festhalten

Wir als gläubige Christen wollen uns bemühen, am Kreuz Christi, an seiner lehre und seiner Kraft festzuhalten. So wird es weder dem einzelnen noch unserer Kirche jemals an der Kraft des wahrhaft Guten mangeln, wie sie aus Erziehung und Beachtung des Naturgesetzes hervorgeht, das zutiefst in seinem Sein steckt, aber erst durch das Wort Christi und seinen Geist belebt wird.

Unser Glaube an das Kreuz wird uns die Geheimnisse des Opfers enthüllen, das heißt, den Heroismus des Guten und die sich verschenkende Liebe. Wir werden den Wert unseres Leidens und des Leidens der anderen erkennen, die nun nicht mehr ohne Sinn und Trost sind, sondern in Gemeinschaft mit dem Kreuz Christi heute Quelle unserer Erlösung werden und morgen Quelle ewiger Glückseligkeit im Jenseits.

(GENERALAUDIENZ, 10.9.1975)

Der Weg, der zum Leben führt

Das Kreuz ist unsere Gerechtigkeit, das Kreuz ist unsere Erlösung. Das Kreuz ist die Offenbarung der Liebe. Es ist das Zeichen und das Unterpfand für unsere Hoffnung und unsere künftige Auferstehung.

Sagen wir es uns selbst, sagen wir es unserer Welt, wo sich die wirkliche Quelle der Auferstehung und des Lebens befindet und welches der Weg ist, der dorthin führt: der Kreuzweg.

(NACH DEM KREUZWEG AM RÖMISCHEN KOLOSSEUM, 12.4.1974)

3 Auferstehung: Wir sind nicht bloß Zuschauer

Ostern – das vorausgenommene Fest unserer eigenen Auferstehung

Ja, er lebt. Er lebt auch für uns. Der Stein an seinem Grabe ist weggewälzt. Eines Tages wird auch der Stein von unsrem Grab weggewälzt, und unsere zu Staub gewordenen Gebeine werden in einer Umwandlung, die unsere jetzige Natur übersteigt, wieder Gestalt und Lebenskraft zurückerhalten. Ein Wunder, gewiss. Aber gerade dieses Wunder der Auferstehung des Fleisches hat unser Glaube zum Ziel: »Ich glaube an die Auferstehung des Fleisches und das ewige Leben.«

Das ist unsre Freude. Es ist unser Sieg. Es ist unser Heil, jetzt noch von uns erhofft, jedoch in der Wirklichkeit der Auferstehung Christi begründet und durch die Wahrheit des Gotteswortes verbürgt.

Sieg über den Tod? Ist das je möglich?

Ja, das ist unsere Osterbotschaft. Hier liegt der Grund für unsere Freude, die keine Grenzen und keinen Vergleich kennt.

Das Evangelium des Kreuzes: Sinndeutung des Lebens

Zwei Wahrheiten müssen wir besonders hervorheben, wenn es auch in dieser Osterbotschaft nur kurz geschehen kann.

Erstens verändert diese Botschaft grundlegend unsere Einstellung zu den Werten dieses zeitlichen Lebens. Für den menschlichen Geist können sie nicht zu absoluten Werten aufsteigen; sie bleiben auf das gegenwärtige Leben bezogen, das, wie wir alle wissen, kurz und vergänglich ist. (...)

Zweitens ist das Evangelium des Kreuzes – nämlich das Gesetz der Pflichterfüllung, des Dienstes, des Duldens, der Liebe und des Opfers (...) – nach dem Beispiel und mit der Gnade Christi die weise und wahre Sinndeutung des menschlichen Lebens. Wenn dieses auch in den zeitlichen Tod einmündet, so behält es doch in sich den unsterblichen Samen der Wiedergeburt, der Auferstehung und des ewigen Lebens. Darum sind wir als Jünger des Glaubens auf dem Weg zum wahren Glück. Deshalb ist der heutige Tag, der Ostertag, der das Fest der bereits erfolgten Auferstehung Christi ist, auch das vorausgenommene Fest unserer eigenen Auferstehung. Ja, so ist das.

(OSTERBOTSCHAFT URBI ET ORBI, 14.4.1974)

Wie in einer Spirale empor

Wir werden unseren »Kreuzweg« nie zu Ende führen können, wenn wir nicht die universale und unvergängliche Bedeutung des Kreuzes erkennen. Wir müssen also das Leiden und die Auferstehung des Herrn in Verbindung bringen mit dem Geschick der Menschheit und ihre Bedeutung für unser Heil zu verstehen suchen. Es genügt nicht, dass wir nur den szenischen Ablauf der im Evangelium berichteten Ereignisse, welche die göttliche Person Christi betreffen, verfolgen und uns zuerst von seiner Erniedrigung und dann von seiner Erhöhung erschüttern und ergreifen lassen, wie es wohl bei einer griechischen Tragödie oder einem eindrucksvollen Schauspiel geschehen mag, das uns aber persönlich nicht eigentlich betrifft. Wir müssen die Beziehung der Berichte vom Tode Jesu und seiner Auferstehung zu unserer eigenen Existenz erkennen. (...)

Einverleibung unseres Lebens in das Leben Christi
Diese Feststellung ist äußerst wichtig. Wir sind nicht bloß Zuschauer bei den Ereignissen am Ende des Erdenlebens des Herrn und beim Beginn seines neuen, überzeitlichen Lebens. Wir sind, ob wir wollen oder nicht, mitbetroffen von diesem Christusgeschehen, das Opfercharakter hat. Das heißt, Christus hat für uns gelitten; er ist für uns auferstanden. Der hl. Paulus wird später das Opfer Christi auf sich selbst beziehen, wenn er an die Galater schreibt:»Er hat mich geliebt und sich für mich hingegeben« (*Gal* 2,20). Ein jeder kann und muss von sich dasselbe sagen:»Als unser Paschalamm ist Christus geopfert worden« (1 *Kor* 5,7). Ja, der Apostel führt seinen Gedanken noch weiter und bringt das ganze Schicksal eines auf Jesus Christus getauften Christusjüngers mit dem Schicksal des Herrn in Verbindung. Mit ihm sind wir»begraben« (*Röm* 6,4) und»auferweckt« worden (*Eph* 2,6). Dies ist kein bloßes Bild, es geht vielmehr um ein Zusammenwachsen, um die Einverleibung unseres Lebens in das Leben Christi. Hingeopfert am Kreuz, wird Christus Verdienstursache unserer Rechtfertigung; durch seine Auferstehung wird er Hochbild und Urheber unseres neuen Lebens. Vergebens würde man behaupten, diese göttliche, kosmische und anthropologische Schau sei lediglich die Frucht des paulinischen Geistes, finden wir diese Sicht doch bereits in einer der ersten Reden des hl. Petrus in Jerusalem zum Ausdruck gebracht:»Durch keinen anderen kommt die Rettung als durch unseren Herrn Jesus Christus von Nazaret« (*Apg* 4,10–12). (...)

Ostern, das Nachdenken über sein Geheimnis, die Verpflichtung, die es mit sich bringt, die Freude, die immer neu von ihm ausgeht, die Kraft zum Guten, die es schenkt – all dies muss in uns bleiben und die Schritte unseres Herzens auf den Pfad des christlichen Le-

bens lenken, der in den Tagen nach Ostern wie eine Spirale empor-
führt und uns auf die Endbegegnung mit Christus, unserem Herrn,
vorbereitet.

(GENERALAUDIENZ, 4.5.1977)

Neue Quelle des Lebens, hineingetragen in die Welt

Die Auferstehung Christi ist nicht nur sein persönlicher Tri-
umph, sondern ebenso der Ursprung unseres Heiles und folglich
unserer Auferstehung. Sie ist schon jetzt gleichsam eine Befreiung
von der ersten und schicksalhaften Ursache unseres Todes, nämlich von der Sünde, die die Trennung von Gott, der einzigen und
wahren Quelle des Lebens, darstellt (vgl. *Röm* 4,25). Sie ist gleichsam ein Unterpfand unserer künftigen leiblichen Auferstehung, da
wir gerettet sind in der Hoffnung, die nicht trügt (*Röm* 8,24), für
den Jüngsten Tag, für das Leben, das keinen Untergang kennt (*Joh*
6,49 ff). (...)

Es ist unerheblich, Brüder und Schwestern, ob durch unsere Erfahrung der Hinfälligkeit menschlicher Kräfte Tag für Tag unsere
zerbrechlichen Hoffnungen auf eine dauerhafte Ordnung der
menschlichen Gesellschaft enttäuscht werden. Es ist ferner unerheblich, ob gerade aus dem Fortschritt der modernen Entwicklung
und Kultur, die sich souverän die Geheimnisse der Natur dienstbar
macht, dem Menschen doch nicht die Fülle und Sicherheit des Lebens erwächst, sondern eher die Qual ungestillter Erwartungen.
Das ist wirklich unerheblich. Denn eine neue, ursprüngliche, unerschöpfliche Quelle des Lebens ist durch den auferstandenen Christus in die Welt hineingetragen worden.

(OSTERSEGEN URBI ET ORBI, 30.3.1975)

Eine neue Form des Lebens

Ostern bleibt nicht nur als Erinnerung an das historische Ereignis, dessen wir gedenken: den über Jesus verhängten Kreuzestod, weil »Jesus von Nazaret der König der Juden war«, wie Pilatus auf die Tafel über dem Kreuz schreiben ließ, und die Auferstehung des geheimnisvollen Gekreuzigten am dritte Tag. Nein, Ostern dauert fort als Wirklichkeit des wunderbaren Geschehens, das ins Glaubensbekenntnis, ins »Credo« aufgenommen wurde. Die Kirche lässt es uns bei der Taufe und dann bei der Messfeier jeweils mit innerer Festigkeit sprechen. Ostern dauert fort im inneren Leben eines jeden Gläubigen, es dauert fort in der Überzeugung der Jünger Christi, zu denen wir alle uns voll Stolz und Freude zählen dürfen, da wir zu der religiösen Gemeinschaft gehören, die ihren Ursprung vom auferstandenen Gekreuzigten herleitet. Es dauert fort in der mystischen und sakramentalen Gegenwart Christi, der gerade so die Kirche auf ihrem Weg durch die Zeit begleitet, in der Erwartung, dass am Ende er, der gestorbene und auferstandene Christus, die Menschheit aus dem Todesschlaf wiedererwecken, sie richten und ihr, wenn sie dessen würdig ist, eine neue Form des Lebens schenken wird, ein in unsagbarer Fülle ganz mit ihm verbundenes Leben. Das ist unser Glaube, das ist die Wahrheit. Das ist unsere Sicht der Vergangenheit und unsere Voraussage für die Zukunft, die in Tod und Auferweckung Jesu ihren Brennpunkt hat, um in die Welt auszustrahlen. Das ist unsere »Weltanschauung«, unsere Perspektive des Ganzen.

Das ist unser Glaube, das ist die Wahrheit

Wir werden gut daran tun, unser Leben im Licht dieser Offenbarung zu betrachten. »Ich bin das Licht der Welt« (*Joh* 8,12), hat Jesus gesagt. Wenn wir versuchen, in uns eine österliche Haltung zu schaffen, zieht uns heute besonders der Gedanke an, dass Jesus selbst den beiden betrübten und enttäuschten Emmaus-Jüngern, wie wir sie zu nennen pflegen, die Zusammenschau dieses »religionsgeschichtlichen« Planes erschloss, der eben in ihm seine Mitte hat. (…) Immer neu sollten wir über dieses Ostergeheimnis nachdenken, denn es ist der Angelpunkt des göttlichen Heilsplanes für die Welt. Dem Nachdenken aber soll das Nachleben folgen.

(GENERALAUDIENZ, 11.5.1977)

Hoffnung auf die kommende Welt

Frohe Ostern! Gesegnete Ostern! Wer kennt nicht den Sinn dieses staunenswerten Segenswunsches? Zwei wunderbare Wahrheiten werden euch darin verkündet. Erstens, dass jener Jesus von Nazaret (…) wahrhaft auferstanden ist und dadurch dem Leben einen neuen, unbegrenzten Horizont eröffnet hat. (…)

Zweitens verkündet euch dieser Ostergruß die Auferstehung aller Menschen. Christus ist nicht der einzige Auferstandene, Christus ist der erste:»Denn wie in Adam alle sterben, so werden in Christus einst alle lebendig gemacht« (1 Kor 15,20–22). Christus ist das Paschalamm der Auferstehung auch für uns. Der Tod ist nicht mehr das Ende unserer Existenz. Christus ist die Tür (Joh 10,9). Die eschatologische Eingangstür in ein Reich, das sich nicht in der Zeit erschöpft, hat sich vor uns geöffnet. Wer in Christus gestorben ist, wird auch in Christus auferstehen. Der leibliche Tod ist nicht mehr das unerbittliche Ende unserer Existenz; er ist gleichsam der Schlaf, der einem neuen Tag vorausgeht, welcher kein Ende mehr kennt.

Das ändert die Rangordnung der diesseitigen Werte

Welch wunderbare Wahrheit! Aber so ist es in der Tat! Ändern sich damit aber nicht auch die Wertmaßstäbe für alle diesseitigen

Dinge und Geschehnisse? Wenn auf diese kurze, von Unsicherheit und Leid geprägte Existenz, die nach dem Gesetz der Weltuhr, der Zeit, gemessen wird, eine andere folgt, die ohne Ende ist, wird dann nicht auch die Rangordnung der diesseitigen Werte verändert? Müssen diese dann nicht in ihrem Verhältnis zu jenen zukünftigen beurteilt werden? (...)

Das Leben ist schön, wenn es neu ist
Ja, das kann bewirken, dass wir aus dieser optimistischen Sicht unsere gesamte Lebensauffassung ändern. Diese österliche Wandlung bedeutet hier nicht nur einen konventionellen und gefühlsbetonten Wunsch, sondern ist als Orientierungsprogramm für unser Leben zu verstehen.

Wie wir glauben, ist gerade die heutige Jugend besonders aufgeschlossen, diesen Segenswunsch zu verstehen und aufzugreifen, der voller Hoffnung und voller Kraft ist. Deshalb rufen wir mit Absicht vor allem der Jugend zu: Das Leben ist schön, wenn es neu ist; es ist neu, wenn es gesund, vom Geist erleuchtet und kraftvoll ist, mit einem Wort, wenn es christlich ist!

(OSTERSEGEN URBI ET ORBI, 10.4.1977)

Ein Heil, das alle Grenzen übersteigt

Die Evangelisierung wird (...) immer – als Grundlage, Zentrum und zugleich Höhepunkt ihrer Dynamik – klar verkünden müssen, dass in Jesus Christus, dem menschgewordenen, gestorbenen und auferstandenen Sohne Gottes, das Heil einem jeden Menschen angeboren ist als ein Geschenk der Gnade und des Erbarmens Gottes selbst. Dabei geht es nicht etwa um ein diesseitiges Heil nach dem Maß der materiellen Bedürfnisse oder auch der geistigen, die sich im Rahmen der zeitlichen Existenz erschöpfen und sich mit den zeitlichen Wünschen, Hoffnungen, Geschäften und Kämpfen gänzlich decken, sondern um ein Heil, das alle Grenzen übersteigt, um sich dann in einer Gemeinschaft mit dem einen Absoluten, mit Gott, zu vollenden: ein transzendentes, eschatologisches Heil, das seinen Anfang gewiss schon in diesem Leben hat, aber sich erst in der Ewigkeit vollendet.

Das Jenseits ist eine tiefe, endgültige Berufung des Menschen
Die Evangelisierung muss folglich die prophetische Verkündigung eines Jenseits enthalten, das eine tiefe, endgültige Berufung des Menschen ist, die zugleich eine Fortsetzung und ein völliges Übersteigen des jetzigen Zustandes darstellt: jenseits der Zeit und der Geschichte, jenseits der Wirklichkeit dieser Welt, deren Gestalt vergeht, und der Dinge dieser Welt, deren verborgene Dimension eines Tages offenbar werden wird; jenseits des Menschen selbst, dessen wahres Geschick sich nicht in seiner zeitlichen Gestalt erschöpft, sondern erst offenbar werden wird im ewigen Leben. Die Evangelisierung enthält somit auch die Verkündigung einer Hoffnung auf die Verheißungen, die von Gott im Neuen Bund in Jesus Christus gegeben worden sind; die Verkündigung der Liebe Gottes zu uns und unsere Liebe zu Gott; die Verkündigung der Bruderliebe zu allen Menschen – der Fähigkeit zur Hingabe und zum Verzeihen, zum Verzicht und zur Hilfe des Bruders –, die aus der Liebe Gottes entspringt und den Kern des Evangeliums bildet; die Verkündigung des Geheimnisses des Bösen und des Strebens nach dem Guten.

(APOSTOLISCHES SCHREIBEN *EVANGELII NUNTIANDI*, 8.12.1975, NR. 27f.)

Sieg über die Vergänglichkeit

Durch unsere wirkliche Eingliederung in den mystischen Leib Christi ist uns ein neues nicht nur im Willen, sondern in der Wirkung übernatürliches Leben verliehen worden. Christus ist das Haupt, wir sind die Glieder; er ist der Weinstock, wir sind die Reben. Wir sind zu neuen Geschöpfen geworden (2 *Kor* 5,17). Niemals werden wir die Umwandlung auf eine neue Ebene des Lebens, der Würde, des Glücks – über die bloß sittliche Verpflichtung hinaus – hinreichend abzuschätzen vermögen, in die wir durch die Taufe aufgenommen worden sind, die uns eben nicht nur dem Namen, sondern dem Sein nach zu »Christen« macht. (...)

Unsere Seelen genießen schon die Unsterblichkeit
Eine großartige Entdeckung, die aber überraschenderweise einen schwerwiegenden Einwand möglich macht: auch für den Christen, der teilhat an der Auferstehung Christi, bleibt die Macht des Todes. Der Tod, der große Widersacher (1 *Kor* 15,26), bleibt unerbittlich siegreich! Hatte unsere lebendige Verbindung mit der Auferstehung Christi nicht vermocht, ihn zu bezwingen? Hatte wirklich nur die Muttergottes das Privileg, nicht die Auswirkungen des »Todesschlafes« erleiden zu müssen, sondern gleich auch leiblich in das neue Leben, in die Fülle des Lebens, wie sie der Auferstehung der Toten verheißen ist, aufgenommen zu werden? Ja! Doch Auferstehung der Toten ist, wenn auch noch keine irdisch greifbare, doch eine allen verheißene Wirklichkeit. Sie wurde nur aufgeschoben, ist uns aber verheißen, zugesichert, garantiert durch Christi Wort. Seit den frühesten Anfängen des Christentums wird sie von der über die Erde pilgernden Kirche gepredigt, die auf eine Unsterblichkeit zugeht, in die nicht nur unsere Seelen, die sie schon genießen, sondern auch unsere arm-

seligen Leiber, denen es bestimmt ist, zu vergehen und zu Staub zu zerfallen, eingehen werden.

Das ist kein phantastisches Bild

Wie denn? Unsere Gedanken zum Ostergeheimnis kommen nun zu diesem schwierigen Punkt. Schwierig erscheint uns das, weil uns bis jetzt noch das Vorstellungsvermögen dafür fehlt, wie eine derartige Wiedergeburt vor sich gehen könne. Doch die Schwierigkeit ist keineswegs unüberwindlich für denjenigen, der sein Credo mit den siegreichen Worten schließt:»Ich glaube an die Auferstehung des Fleisches und das ewige Leben.« Das ist kein phantastisches und triumphalistisches Bild, das sich unserem Geist darbietet, weil er sich dagegen auflehnt, dass sich unser Sein in nichts auflösen sollte, und weil er dazu neigt, von einem Endsieg über die uns unerträgliche Vergänglichkeit zu träumen. Es ist das Wort Christi, der in Allmacht und einem Nachdruck von Herausforderung und Sieg spricht. (...)

Ja, das Ostergeheimnis mündet in die Eschatologie, das heißt in die Lehre von unserer endgültigen Bestimmung. Wir feiern hier den Augenblick seiner Erfüllung durch Christus im Evangelium; wir realisieren damit für uns den ersten Abschnitt seiner zeitlichen Anwendung im kirchlichen und liturgischen Leben; doch das ist für uns nur der Beginn – seine Erfüllung wird am Jüngsten Tag eintreten.

Staunen wir darüber und seien wir glücklich: so ist es, so wird es sein! Preisen wir den Herrn!

(GENERALAUDIENZ, 26.5.1976)

Im Licht des künftigen Lebens

Wir blicken (...) in die Zukunft auf das neue Kommen Christi in Herrlichkeit (vgl. 2 *Thess*). Dieser Vorausblick ist voller Geheimnis, aber auch erfüllt von einer unaussprechlichen Wirklichkeit. Der hl. Paulus schreibt:»Wir verkündigen, wie in der Schrift steht, was kein Auge gesehen und kein Ohr gehört hat, was keinem Menschen in den Sinn gekommen ist: wie Großes Gott denen bereitet hat, die ihn lieben. Denn uns hat es Gott enthüllt durch den Geist ...«(1 *Kor* 2,9ff.). Wir dürfen diese zukünftige eschatologische Ankunft Christi nicht vergessen: sie wird das Reich Gottes für alle Ewigkeit vollenden und unser Schicksal für immer besiegeln. Sie kommt auf uns zu als die angekündigte Sanktion am Ende der Zeit für unsere Annahme der ersten Ankunft Christi in der uns jetzt gewährten Zeit. Der Sinn des gegenwärtigen Lebens wird klar im Licht des künftigen Lebens.

(GENERALAUDIENZ, 7.12.1977)

Eine Hoffnung, die nicht trügen kann

Christus, der Herr, ist wahrhaft auferstanden. Auch Maria, die unbefleckte und begnadete Mutter, wurde schon auferweckt (...). Auch wir, Brüder und Schwestern, auch wir werden auferstehen! Es bebt die Stimme, wenn sie eine solche erhabene Prophezeiung ausspricht. Nicht hingegen soll der Glaube erbeben, wenn wir mit reinem und aufrichtigem Herzen unsere Osterpflicht erfüllt haben; wenn wir uns mit dem Fleisch und Blut Christi genährt haben, das er uns in der Eucharistie darbietet. Denn, so hat er gesagt,»wer mein Fleisch isst und mein Blut trinkt, den werde ich auferwecken am Jüngsten Tage« (*Joh* 6,54). Die Auferstehung Christi spiegelt sich wider heute in der Hoffnung und morgen in einer verwandelten Wirklichkeit.

Wir dürfen darüber nicht schweigen, dass das Heer der Leugner und der Kritiker dieses so hohen Geheimnisses sich darum bemüht hat und noch bemüht, ihm den einzig wahren Sinn zu rauben. Aber wir sind heute so froh und voller Gewissheit, dass wir nichts anderes wünschen, als sie demjenigen mitzuteilen, der sie noch nicht hat, um so Gefährten unseres Glaubens und unserer Freude zu gewinnen.

Missverständnisse um das magische Wort »Auferstehung« vermeiden

So sollten auch Missverständnisse um das magische Wort »Auferstehung« vermieden werden, das den bezaubert und oft täuscht, der es auf die Grenzen der sichtbaren zeitlichen Ordnung beschränkt. Eben dieses Wort ist seinem Sinn nach in der wissenschaftlichen Kausalität und der geschichtlichen Erfahrung enthalten, wenn man unter Auferstehung den Einsatz von Methoden und Kräften versteht, die die natürliche Ordnung nicht übersteigen. Niemand kann sich mehr freuen – wenn man im Zusammenhang mit wirtschaftlicher, kultureller und sozialer Verbesserung zum Trost und zur Heilung menschlichen Leides von »Auferstehung« spricht – als der, der die Menschen und ihre mühevolle gesellschaftliche Arbeit für einen wahren Fortschritt im Zusammenleben und in einem gerechten Wohlstand aus den Motiven des Evangeliums liebt. Es wäre aber eine Selbsttäuschung, die wirkliche und transzendente Auferstehung zu erhoffen, nach der das Leben des Menschen sich zutiefst sehnt, wenn man dabei die »Hoffnung, die nicht trügt« (Röm 5,5), ausklammert und sich nicht über die unausweichliche Gefahr belehren ließe, dass von der blinden Gier nach ausschließlich zeitlichem Wohlergehen für den Menschen ein größeres Unglück entstehen könnte, eben von seiner Fähigkeit, mehr zu ersehen und von seiner Möglichkeit, mehr zu genießen.

(OSTERSEGEN URBI ET ORBI, 18.4.1976)

Die Stunde wird kommen ...

Da wir das Glück haben, uns als gläubig bekennen zu dürfen, sind wir verpflichtet, gewisse Stadien des Denkens zu überwinden, die typisch sind für diskutierbare Tagesmeinungen und Ideologien, die auf dem Boden einer rein menschlichen Sichtweise konstruiert sind, oder für handfeste Sonderinteressen. Statt dessen müssen wir dem Glauben seine volle Berechtigung zuerkennen, die ihm vom Wort Gottes her zukommt, auch wenn unsere Erkenntnis der Offenbarung gegenwärtig noch einem Spiegelbild voller Rätsel gleicht (vgl. 1 Kor 13,12). Die Stunde wird kommen, da uns die Binde von den Augen genommen wird; inzwischen aber müssen wir treu und mutig das Gesetz des Denkens und Handelns übernehmen (...).

Nein, wir scheuen uns nicht, das Credo, dessen Wahrheit uns durch die Auferstehung Christi garantiert ist, zum Ausdruck unserer Hoffnung zu machen. Wir wissen, dass der Nebel des Zweifels, der Skepsis, der Ablehnung durchstoßen werden kann, der auf dem Denken so vieler Menschen liegt (...).

(OSTERSEGEN URBI ET ORBI, 26.3.1978)

4 Das Testament

Ich rühme die Schönheit dieser flüchtigen Existenz

In nomine Patris et Filii et Spiritus Sancti. Amen.
Ich richte meinen Blick im Lichte Christi, das allein alles erhellt, und darum mit demütigem und heiterem Vertrauen auf das Geheimnis des Todes und das, was ihm folgt. Ich spüre die Wahrheit, die von diesem Geheimnis her immer auf mein jetziges Leben ausgestrahlt hat, und preise den Sieger über den Tod dafür, dass er die Finsternis zerstreut hat und das Licht aufleuchten ließ.

Im Angesicht des Todes, dieser totalen und endgültigen Loslösung vom irdischen Leben, empfinde ich es als meine Pflicht, das Geschenk, das Glück, die Schönheit und die Bestimmung dieser flüchtigen Existenz zu rühmen: Herr, ich danke Dir, dass Du mich ins Leben gerufen hast, mehr noch: dass Du mich zum Christen, mich wiedergeboren und zur Fülle des Lebens bestimmt hast.

Nun, da der Tag sich neigt ...
In gleicher Weise empfinde ich es als Pflicht, denjenigen zu danken und sie zu segnen, die mir Übermittler des von Dir, o Herr, geschenkten Lebens und aller seiner Gaben waren: die mich ins Leben eingeführt haben (ja, gesegnet seien meine geliebten Eltern!), die mich erzogen, geliebt, umsorgt und mir geholfen haben, die mich mit guten Beispielen, mit Fürsorge, mit Zuneigung, mit Vertrauen, mit Güte, mit Zuvorkommenheit, mit Freundschaft, Treue und Ergebenheit umgeben haben. Ich blicke mit Dankbarkeit auf die natürlichen und geistlichen

Bande, die meinem bescheidenen Dasein Ursprung, Beistand, Kraft und Bedeutung verliehen haben: Wie viele Gaben, wie viele schöne und große Dinge, wie viel Hoffnung habe ich in dieser Welt erhalten!

Nun, da der Tag sich neigt und alles endet, da diese prachtvolle und dramatische irdisch-zeitliche Szenerie mir entschwindet — wie soll ich Dir, o Herr, über das Geschenk des natürlichen Lebens hinaus noch danken für jenes höhere, das Geschenk des Glaubens und der Gnade, zu dem allein am Ende mein Sein Zuflucht nimmt? Wie soll ich würdig Deine Güte, o Herr, dafür preisen, dass ich, kaum in diese Welt eingetreten, in die geheimnisvolle Welt der katholischen Kirche aufgenommen wurde? Dafür, dass ich zum Priester Christi berufen und eingesetzt wurde? Wie soll ich Dich preisen dafür, dass mir die Freude und der Auftrag zuteil wurden, den Seelen, den Brüdern, den Jugendlichen, den Armen, dem Volke Gottes, zu dienen, und dass mir die unverdiente Ehre zukam, Diener der heiligen Kirche zu sein, zunächst in Rom an der Seite des Papstes, dann in Mailand als Erzbischof, auf dem verehrungswürdigen, für mich allzu hohen Stuhl der hll. Ambrosius und Karl (Borromäus), und schließlich auf diesem höchsten und heiligsten Stuhl des hl. Petrus? *In aeternum Domini misericordias cantabo.*

Ich bitte alle um Verzeihung, die ich verletzt habe
Ich grüße und segne alle, die mir auf meiner irdischen Pilgerfahrt begegnet sind: meine Mitarbeiter, Berater und Freunde — es waren ihrer so viele, und sie waren so gut, so großzügig und lieb! Gesegnet seien, die meinen Dienst annahmen und mir Söhne und Brüder im Herrn waren!

Euch, Lodovico und Francesco, meine leiblichen und geistigen Brüder, und euch Lieben zu Hause, meinen Friedens- und Segensgruß! Ihr habt von mir nie irdische Gunst erbeten noch erhalten.

Ihr habt mir immer das Beispiel menschlicher und christlicher Tugend gegeben. Ihr habt mich verstanden mit so viel Taktgefühl und Herzlichkeit und mir vor allem geholfen, in diesem irdischen Leben den Weg zum künftigen Leben zu suchen.

Der Gedanke wendet sich zurück und weitet sich aus. Ich weiß wohl, dass dieser Abschied nicht glücklich wäre, wenn ich diejenigen nicht um Verzeihung bäte, die ich verletzt, denen ich den Dienst versagt, die ich nicht genug geliebt habe. In gleicher Weise schenke ich Verzeihung dem, der immer dies von mir wünscht. Der Friede des Herrn sei mit uns.

Ich preise die Liebe, die niemals stirbt
Und ich fühle, dass die Kirche mich umgibt. O heilige Kirche, du eine, katholische und apostolische Kirche, empfange mit meinem Segensgruß den höchsten Erweis meiner Liebe. (...)

Mit besonderer Achtung und Anerkennung wende ich mich an die Herren Kardinäle und die gesamte Römische Kurie: vor euch, die ihr mir so nahesteht, bekenne ich feierlich unseren Glauben, erkläre unsere Hoffnung, preise die Liebe, die niemals stirbt. Ich nehme demütig vom Willen Gottes den Tod an, der mir bestimmt ist. Dabei rufe ich die große Barmherzigkeit des Herrn an, flehe um die milde Fürbitte der Gottesmutter Maria, der Engel und der Heiligen und empfehle meine Seele dem Gebet aller guten, Menschen. (...)

Ich empfehle eindringlich, für angemessene Gottesdienste für mein Seelenheil und — soweit dies möglich ist — für großzügige Almosen Sorge zu tragen.

Über die Exequien: Sie sollen ehrfürchtig und einfach sein. (Man möge den bis jetzt für die Exequien des Papstes gebrauchten Katafalk abschaffen und ihn durch eine bescheidene und würdevolle Aufbahrung ersetzen.)

Diese schmerzerfüllte, großartige Erde

Das Grab: Ich möchte gerne, dass es wirklich in der Erde ist, versehen mit einem schlichten Zeichen, das den Ort bezeichnet und zu christlicher Andacht einlädt. Kein Monument für mich. (...)

Ich schließe die Augen auf dieser schmerzerfüllten, dramatischen und großartigen Erde und rufe noch einmal die Güte Gottes auf sie herab. Nochmals segne ich alle, Rom besonders, Mailand und Brescia. Dem Heiligen Land, dem Land Jesu, wo ich als Pilger des Glaubens und des Friedens war, einen besonderen Segensgruß.

Der Kirche, der so sehr geliebten katholischen Kirche, der ganzen Menschheit meinen Apostolischen Segen!

Sodann: *In manus Tuas, Domine, commendo spiritum meum.*

Ich: PAULUS PP. VI.

(TESTAMENT, BEGONNEN IM JUNI 1965, LETZTE EINTRAGUNGEN IM SEPTEMBER 1972, NACH DEM TOD PAULS VI. IM AUGUST 1978 VERÖFFENTLICHT)